主编简介

张振飞 男，1979年10月生，汉族，湖北丹江口人。兰州大学研究生毕业，云南师范大学在读博士，讲师，中共党员。曾任重庆科技学院党委宣传（统战、网络工作）部理论宣传科科长、思想政治工作科科长，现任学校副处级组织员。曾多次被评为重庆市高校"优秀思想政治教育工作者"、学校"优秀党务工作者"、"优秀共产党员"。

范明英 女，1971年12月生，汉族，四川西昌人。研究生，硕士，讲师，中共党员。本科毕业于四川大学汉语言文学专业，硕士研究生毕业于西南民族大学中国古代文学专业。曾任墨西哥维拉克鲁斯大学对外汉语和中国文化讲学教师，现为重庆科技学院人文艺术学院教师。

高校校园文化建设成果文库

应用型高校文化建设创新与实践

张振飞　范明英◎主编

光明日报出版社

图书在版编目（CIP）数据

应用型高校文化建设创新与实践 / 张振飞，范明英

主编 . -- 北京：光明日报出版社，2018.3（2023.1 重印）

ISBN 978 - 7 - 5194 - 4069 - 5

Ⅰ.①应… Ⅱ.①张…②范… Ⅲ.①高等学校—校

园文化—建设—研究—中国 Ⅳ.①G647

中国版本图书馆 CIP 数据核字（2018）第 047736 号

应用型高校文化建设创新与实践

YINGYONGXING GAOXIAO WENHUA JIANSHE CHUANGXIN YU SHIJIAN

主　　编：张振飞　范明英

责任编辑：许　怡　　　　　　　责任校对：赵鸣鸣

封面设计：中联学林　　　　　　责任印制：曹　净

出版发行：光明日报出版社

地　　址：北京市西城区永安路 106 号，100050

电　　话：010 - 67078251（咨询），63131930（邮购）

传　　真：010 - 67078227，67078255

网　　址：http://book.gmw.cn

E - mail：gmrbcbs@gmw.cn

法律顾问：北京市兰台律师事务所龚柳方律师

印　　刷：三河市华东印刷有限公司

装　　订：三河市华东印刷有限公司

本书如有破损、缺页、装订错误，请与本社联系调换

开　　本：710×1000　1/16

字　　数：252 千字　　　　　　印　　张：14.5

版　　次：2018 年 3 月第 1 版　　印　　次：2023 年 1 月第 2 次印刷

书　　号：ISBN 978 - 7 - 5194 - 4069 - 5

定　　价：68.00 元

前　言

　　大学文化是大学的灵魂和血脉,是大学履行办学使命的重要凭借,也是大学软实力的集中体现。从根本上说,大学作为教育机构,承担着知识的继承、传播、创新的使命,肩负着培养人才、发展科学,进而以专业知识人才和科学文化创新应用服务社会的职责,文化行为是大学与生俱来的社会特质。大学的气质和风范反映着大学文化,大学的价值追求和办学方式体现着大学文化,办大学的内涵就是办文化。

　　大学文化内涵深刻、外延丰富。在内容上,可分为物质文化、精神文化、行为文化和制度文化;在功能上,具有导向功能、激励功能、规范功能、熏陶功能等。大学文化的内涵和外延决定了它是一个开放而非封闭的有机整体,大学文化精神是大学形而上的哲学追求,属于宏观范畴;大学文化的理念和模式则具有大学文化建设的方法论特点,属于中观范畴;大学文化的载体是大学文化实现的现实途径,属于微观范畴,大学文化内部各要素相互作用而又有条不紊。

　　习近平总书记在全国高校思想政治工作会议上指出,要更加注重以文化人以文育人,广泛开展文明校园创建,开展形式多样、健康向上、格调高雅的校园文化活动,广泛开展各类社会实践。中共中央国务院《关于加强和改进新形势下高校思想政治工作的意见》指出,要弘扬中华优秀传统文化和革命文化、社会主义先进文化。要加强对校园各类思想文化阵地的规范管理,加强校园网络安全管理,营造风清气正的网络环境。这些论述,为新时期高校落实以文化人以文育人指明了方向、提出了要求,同时也为大学文化建设的研究探索提供了理论视野和实践方法。

本书正是以习近平总书记系列重要讲话精神特别是在全国高校思想政治工作会议上的讲话精神为指导，结合地方应用型高校办学实际，特别是应用型高校大学文化的特征，多维度、多方面、多层次探讨大学文化建设，特别是应用型高校大学文化建设的方向、目标、原则、任务、措施等。坚持大学文化体现在大学发展的全过程全方位，从办学治校理念到具体业务工作，都充分发挥并体现大学文化涵养思政工作、引领科学发展、提升人才培养质量的作用。

本书由散篇文章集成，主要收录"十二五"以来，特别是党的十八以来，重庆科技学院党政干部和共青团干部、思想政治理论课教师和哲学社会科学课教师、辅导员班主任和心理咨询教师等关于论述大学文化建设的理论文章。共计34篇。这些文章或是具有创新性的理论探索，或是实际工作中的经验体会，或是省部级课题项目的研究成果，或是普通专题类的理论文章。作者中，既有具有丰富经验的思想政治工作者，也有刚刚参加工作不久的青年教师。根据内容，全书分为上篇和下篇两大部分，上篇为理论探索篇，主要是对大学文化建设的理论思考；下篇为实践育人篇，主要是反映大学文化建设的实践实务。文章内容丰富、风格多样，紧扣以文化人、以文育人的主题。文章有谈思想政治工作的，也有谈就业择业与创新创业的；有谈高校党的建设的，也有谈校风学风建设的；有谈线上文化建设的，也有谈线下文化建设的。总之，本书收录的文章涉及应用型高校文化建设的诸多方面，既是学校近年来文化建设的成果荟萃和经验总结，也对地方应用型高校的文化建设具有重要的启发和借鉴意义，同时也对高校广大教师和青年学生参与和研究大学文化建设具有重要的帮助作用。

毫无疑问，由于编者水平有限，在编写过程中，广泛地学习和借鉴了国内外同行的相关成果，由于涉及人士较多，恕未一一列举，特此说明，在此致以衷心的感谢！书中存在许多不足，诚恳地欢迎各位同行和读者批评指正，谨致以崇高的敬意！

编者

2017 年 6 月

目　录
CONTENTS

上篇 **01**

| 理论探索篇 |

新时期社会思潮影响青年的趋向与应对*

摘　要:改革开放以来,各种社会思潮争相涌动,纷沓而至,既有助于促进社会文明多元发展和青年群体的个性化成长,又对青年群体确立正确的世界观、人生观和价值观产生消极影响。当前社会思潮与青年群体的互动更为紧密,具有明显的生活化、浅层性和信息化特征。积极引领社会思潮促进青年健康成长,就是要增强青年对社会思潮的辨识能力、强化对社会思潮引领的隐性化、推动对社会思潮引领的生活化、加强对社会思潮引领的网络化。

关键词:社会思潮;青年;影响;引领

党的十八大报告强调要用社会主义核心价值体系引领社会思潮、凝聚社会共识,指出中国特色社会主义事业是面向未来的事业,需要一代又一代有志青年接续奋斗,号召全党都要关注青年、关心青年、关爱青年,倾听青年心声,鼓励青年成长,支持青年创业。新时期新形势下,主动引领社会思潮发展,帮助青年正确辨识急剧变化和纷纭复杂的社会思潮,是积极培育和践行社会主义核心价值观的必然要求,对于青年成长成才和全面建成小康社会具有重要意义。

一、高度重视新时期社会思潮在青年群体中的涌动

改革开放以来,伴随社会主义百花齐放、百家争鸣文化格局的逐步形成,精神

* 本文作者:陈超,重庆科技学院人事处处长,教授,主要从事教育管理、高校党建与思想政治教育研究;姜华,重庆科技学院法政与经贸学院教师,副教授,主要从事高校思想政治教育研究。

基金项目:本文系2012年国家社科基金项目"改革开放以来中国共产党引领多元化社会思潮的基本经验研究"(项目批准号:12XKS034)的阶段性研究成果。

文化领域日益思想活跃、观点纷呈,为各种社会思潮的产生营造了良好氛围。各种社会思潮争相涌动,纷沓而至,既有助于促进社会文明多元发展和青年群体的个性化成长,又一定程度上冲击社会主导价值体系的引领作用,对青年群体确立正确的世界观、人生观和价值观产生消极影响。

伴随经济社会迅速发展,当前社会思潮更为多元多样多变。"现在的社会不是坚实的结晶体,而是一个能够变化并且经常处于变化过程中的有机体"[1],社会生活的迅速发展与急骤变化使得社会思潮多元多样,良莠不齐:中国、西方社会思潮共涌,前现代、现代、后现代社会思潮并存,精英思潮、大众思潮竞现,依附于大众文化之上的社会思潮异军突起。目前我国正处在深化改革开放的攻坚期和社会矛盾的凸显期,经济社会正在发生广泛而深刻的变革,社会价值更加多元、社会思想更加多样、社会心理更加多变,社会思潮更加活跃,思想理论领域杂音噪音有所增多,各种非马克思主义甚至反马克思主义粉墨登场,跃跃欲试,多样化社会思潮的肆意发展一定程度上削弱了马克思主义对青年价值取向的主导力。

新时期新形势下,社会思潮逐渐成为影响青年群体心理和行为的风向标,值得引起高度重视。"如果不注重对多样化社会思潮的引领,必将会影响和冲击社会主义主流意识形态,影响和冲击党和人民团结奋斗的思想政治基础"[2],社会思潮是社会运动、社会变革的先导,加强对社会思潮的引领,是巩固党的执政基础,把青年群体更好地团结在党中央周围,引导青年勇于投身中国特色社会主义事业的必要要求。社会思潮依托于对青年群体的统治,往往成为一个社会中青年运动的先导,成为社会主流意识形态变动的先声。青年群体社会阅历有限,政治态度、政治认知和政治情感尚未定型,处于不断变化之中,心理上具有典型的好奇、求新、求异等特征,在社会思潮多元、多样、多变的复杂形势下,他们往往难以认清良莠不齐的社会思潮的本相。面对复杂多变的社会思潮,一些青年还存在思想困惑和模糊认识,用社会主义核心价值体系统一思想、凝聚力量的任务更加艰难,引领多样化社会思潮的任务更为紧迫、更加繁重、更是艰巨。

二、准确把握新时期社会思潮影响青年的趋向

进入新世纪以来,随着改革开放的持续深入推进和社会主义市场经济体制的不断完善,社会思潮对青年的影响体现出显著的时代趋向性。

首先,青年群体与社会思潮的互动体现出明显的紧密性特征。一定意义上,青年是各种社会思潮的创生者、参与者、传播者和实践者。青年既以自己独特的方式在社会思潮的形成、发展和传播中发挥创造和推动作用,又不可避免地经历着社会思潮的冲击和洗礼。青年群体与社会思潮时刻处于交互作用之中,青年群体既易受到社会思潮的影响,同时又是创生和推动社会思潮发展的重要力量。一定程度上,青年群体与社会思潮之间的互动是一个双向建构的过程,青年是建构社会思潮的重要力量,社会思潮亦是塑造青年的力量源泉。社会思潮是社会心理和社会情感的表征,是社会潜意识的集体反映,基于好奇心理、从众心理和自我表达心理,青年群体极易成为各种社会思潮的推动力量。由于特殊身心特征,青年易于受到各种社会思潮影响,成为社会思潮的忠实追随者和实践者;同时,社会思潮亦为青年提供了全面参与社会生活的机会,依托于对社会思潮的认同和接受,青年向社会表达了自己的愿望和诉求,彰显了自己的个性与价值取向。综上,伴随新时期社会思潮的多元多样多变,青年群体与社会思潮的互动更为紧密、更加频繁、更是持久。

其次,青年群体对社会思潮的认同具有明显的生活化特征。当前我国已进入改革发展的关键时期,经济体制深刻变革,社会结构深刻变动,利益格局深刻调整,思想观念深刻变化,各种社会思潮开始向青年的生活领域扩张,以增强其对青年的吸引力和说服力。青年与社会思潮的互动更多地在自己的生活领域中发生。社会思潮内容更加贴近世俗生活世界,更为大众化和平民化,经过生活化包装的社会思潮更易于被青年所接受和认同,青年对社会思潮的认识和接受更显生活化、日常化、个性化。

再次,青年群体对社会思潮的认同具有明显的浅层性特征。在时代转换、社会转型、体制转轨的大背景下,各种社会思潮大量产生,社会思潮之间相互激荡,各种思想文化交流交融交锋更加频繁,一些青年在多元多样、纷繁复杂的社会思潮碰撞中出现思想困惑,感到无所适从。青年群体更多关注社会思潮的情感性内容,重视自我的个性彰显。社会思潮的娱乐化趋向使得青年群体对社会思潮的认识处于较浅层次,对社会思潮的理解是碎片化的,缺乏系统全面性。一些青年对社会思潮的理解不够准确,分辨不够清晰,在社会思潮选择上显得更轻率和浅层。同时,青年对社会思潮的选择更为务实。

最后,青年群体对社会思潮的认同具有明显的信息化特征。随着新科技革命成果的广泛应用,网络逐渐成为创生和推动社会思潮发展变化的重要平台,同时亦是社会思潮影响青年的重要平台。"青年是整个社会力量中的一部分最积极最有生气的力量。他们最肯学习,最少保守思想,在社会主义时代尤其是这样"[3],

作为时代弄潮儿,青年是社会群体中使用网络极为频繁、受到网络影响较为深刻的特殊群体,伴随网络媒体和大众传媒的推波助澜,社会思潮对青年群体的影响更为全面、深刻和广泛。

三、加强引领更好发挥社会思潮促进青年成长的积极作用

青年是民族的希望、祖国的未来,青年群体的健康成长和顺利成才事关中华民族伟大复兴和中国特色社会主义事业的实现。积极引领社会思潮促进青年健康成长,就是要不断探索引领多样化社会思潮的有效途径,增强引领实效。

首先,增强青年对社会思潮的辨识能力。一种社会心理、社会情感和社会潜意识之所以能上升并凝聚成为社会思潮,主要缘于知识分子的话语讨论、统治阶级的主导引领、大众传媒的推波助澜。基于个体差异性,青年对社会思潮的接受往往缘于不同原因。无论如何,青年对纷繁复杂的社会思潮的辨识能力始终是其自觉规避社会思潮负面影响的内在依据。当前世界范围内社会主义与资本主义在意识形态领域的斗争将长期存在并更为尖锐复杂,一些腐朽落后的社会思潮正逐渐成为青年成长的绊脚石和社会发展进步的障碍。增强青年对社会思潮的辨识能力,就是要用社会主义核心价值观引领社会思潮,在青年群体中大力培育社会主义核心价值观,引导他们以自身运动践行社会主义核心价值观,真正确立正确的价值取向,帮助青年科学鉴别形形色色的社会思潮样态,引导青年善于辨识纷繁复杂的社会思潮,明确社会思潮产生的影响,预测其发展趋势,透过现象把握本质,既尊重多样化,又弘扬主旋律,在尊重差异中扩大社会认同,在包容多样中形成思想共识,不断壮大健康向上的思想舆论,有效抵制各种错误思潮的影响,科学审视社会思潮,在多元中立主导、在多样中谋共识、在多变中定方向,充分发挥社会思潮在青年成长和社会进步中的积极作用,坚决抵制其消极作用。

其次,强化对社会思潮引领的隐性化。社会思潮在占领青年初期往往处于潜伏、隐性、边缘状态。当一种潜隐、郁积已久的社会心理经由传播而引起青年群体强烈、广泛的认同与共鸣时,这一社会心理即具备了上升为社会思潮的条件。社会心理的涌动、凝聚和分化,导致了社会思潮的产生、发展和消逝。随着对外开放不断扩大、社会主义市场经济的深入发展,我国社会经济成分、组织形式、就业方式、利益关系和分配方式日益多样化,青年群体的竞争意识、公民意识、民主意识、创新意识、法制意识不断增强,思想活动的独立性、选择性、多变性和差异性日益凸显。同时,国际敌对势力与我争夺下一代的斗争更加尖锐复杂,大量西方文化

思潮和价值观念涌入国内,对青年群体形成较大冲击。社会价值取向多元多样,使青年群体的价值选择陷入迷茫,更易被各种社会思潮影响。在这一时代条件下,显性正面的社会思潮引领虽然不可避免,却易于由于青年的逆反心理而引起青年的排斥,难以收到理想效果。为此,对社会思潮引领的隐性化势在必行。把对社会思潮的引领浸润于青年的日常学习生活中,使他们潜移默化地得到心灵的净化、思想的指引、精神的引导,从而自觉规避错误社会思潮的负面影响。

再次,推动对社会思潮引领的生活化。社会思潮对青年的影响必然立足于青年的现实生活,脱离青年的现实生活,社会思潮就无法对青年产生作用。"学生们可能对国内主流媒体缺乏信任。问题出在话语系统不对接。主流媒体的话语系统大多是文件式、教条式的,而大学生们更愿意接受的是一种轻松的、直白的、一针见血的语言"[4],显见,生活化语言是青年接受和认同社会思潮的重要前提。从发展演进过程而言,青年对社会思潮的认识首先以自我人生探索为中心,进而拓展到民族国家发展进步层面。社会思潮对青年的影响初期是以一种社会潜意识、社会心理现象或社会舆论的形式出现的,由于这一社会潜意识、社会心理现象和社会舆论展现了青年的生活话题,反映了多数青年的心声,得到较广泛青年的认同,因而在青年群体中广为流传,广泛传播并为青年所践履,进而上升为社会思潮。一种社会思潮实现对青年群体的占领,必然是因为这一社会思潮反映了青年群体的时代利益和生活要求、契合了青年的特殊身心特征,满足了青年顺利实现社会化的群体需要。青年在与社会思潮的接触中,通过对社会思潮的理解和调适,进而实现对社会思潮的认同,而社会思潮亦得以实现对青年群体的统治。社会思潮统治青年群体的凭借一方面在于对青年群体利益诉求的表达,另一方面在于对青年群体主体意识的彰显。利益诉求是青年一切社会行为萌动的动力,而主体意识则是青年群体话语权力的凸显。为此,应推动对社会思潮引领的生活化,立足于青年的现实生活和利益诉求进行引领,才能获得青年认同,确保引领实效。

最后,加强对社会思潮引领的网络化。"青年一代相当比例的信息来自网络,其中又有不少来自微博,这些信息在传播的同时也承载着价值判断"[5],数字化生存、网络化生活是当前青年群体行为方式的重要体现,社会思潮对青年的影响更多地在虚拟空间中产生。网络时代信息泛滥既加重了青年群体的信息处理压力,同时鱼龙混杂、泥沙俱下的信息流中,不良信息对青年群体产生负面影响。网络平台上复杂、多元、差异的社会思潮是新时期经济社会发展的鲜明特征。这既利于青年思想的解放和社会活力的激发,同时亦给统一青年思想增强了难度。网络上的社会思潮杂乱迷离,一些消极腐朽的社会思潮对青年群体而言极具欺骗性,容易误导青年走上歧途,在人生道路抉择上偏离中国特色社会主义方向。为此,要开辟引领社会思潮的网络平台,建立引领社会思潮的网络队伍,大力开展网络社会主义核心价值观建设,加强对网络上各种社会思潮的导引,引领价值追求,引领时代风尚,大力弘扬正确思潮,积极引导进步思潮,全力改造落后思潮,坚持抵制反动思潮,在资本主义国家立足于科技经济优势加大网络垄断和网络社会思潮渗透的背景下,把学习借鉴资本主义国家反映人类文明进步的优秀成果与坚决抵制腐朽落后的价值观念结合起来,科学把握网络社会思潮演进规律,增强网络平台上社会主义意识形态的吸引力和凝聚力,密切关注网络上社会思潮的动向,厘清网络上社会思潮的本质,明辨理论是非,形成网络空间正面引导的舆论强势。

参考文献

[1]《马克思恩格斯选集》,人民出版社1995年版。

[2]毕京京:《坚定不移走中国特色社会主义文化发展道路》,载《求是》,2012年。

[3]《毛泽东文集》(第6卷),人民出版社1999年版。

[4]中共中央党校第32期中青一班课题组:《当代大学生政治态度调研报告》,中国党政干部论坛,2012。

[5]杨雪梅等:《建设一个更加文明的中国》,载《人民日报》,2012年11月15日。

思想政治教育视域下大学生网络集群探析 *

摘　要:作为网络时代的产物,大学生网络集群是思想政治教育的重要命题,具有对抗性、公益性和娱乐性等特征。新时期新形势下,大学生网络集群既为改进和完善思想政治教育提供了良好契机,又增加了思想政治教育的难度,蕴藏着深层次的隐忧和思想政治教育危机。

关键词:思想政治教育;大学生;网络;集群

伴随大学生学习生活的网络化趋向日益深刻,大学生网络集群事件随之出现并时有发生。关注大学生网络集群的生成与发展,明确大学生网络集群的走向与挑战,成为当前大学生思想政治教育的重要任务。

一、大学生网络集群是思想政治教育的重要命题

大学生群体是网络集群事件的重要主体,思想政治教育对此不能视而不见。网络是一个新的活动场域,为全体社会成员创设了一个新的社会空间。这一社会空间除了实体化内容无法实现外,能全方位多渠道立体化展现现实社会生活。简言之,对于人类而言,网络空间与社会空间具有同质性、同构性、重复性,网络社会是真实社会的映射。毋庸置疑,信息时代,网络社会已经成为真实社会之后人们

＊ 本文作者:张振飞,重庆科技学院党委宣传部思想政治工作科科长,讲师,主要从事高校党建与思想政治工作研究;姜华,重庆科技学院法政与经贸学院副教授,博士,主要从事高校思想政治教育研究。

基金项目:本文系 2013 年重庆市教委高校人文社会科学研究专项(大学生思想政治教育)重点项目"网络集群现象——新媒体环境下大学生思想政治教育的挑战与应对"(项目编号:13SKSZO01)的阶段性研究成果。

学习生活必不可少的又一社会空间。"在容易制造舆论热点的网络新闻、博客、论坛 BBS 的网络应用方面，大学生、办公室职员的关注度和渗透率相比较于其他群体，明显偏高"，在网络领域的舆论制造与舆论导向方面，大学生网民群体具有显著优势，大学生网民群体基于其知识构成、兴趣爱好、关注热点、年龄结构等方面与网络媒体的高度黏性，成为当前网络媒体最为庞大的使用者和引领者，直接或间接地对以移动传媒为主要代表网络舆论的发生和走向产生影响，成为网络集群事件的重要主体。相对于其他群体而言，大学生精力充沛，业余时间多，更热衷在网络上消费闲暇时间，他们的身影经常活跃于各种网络集群事件中，成为当前网络集群事件的重要创造者和推动者。伴随网络媒体的迅速发展，大学生网民群体的舆论能力随之不断增强，对经济社会发展的影响与日俱增。"互联网的迅猛发展，以惊人的深度和广度影响着经济社会生活，深刻改变着舆论生成方式和传播方式，改变着媒体格局和舆论生态"，网络媒体的赋权使大学生网民群体拥有更为宽广的话语空间和更为强大的演说能力，他们于网络媒体上的各种自由讨论往往在网络集群效应下易于汇聚为强大的舆论力量，并将这种舆论力量延伸到现实生活中，对大学生思想政治教育产生的重要影响，大学生思想政治教育只能适应不能逃避。

大学生群体一定程度上左右着网络集群事件的生成与发展，大学生网络集群成为思想政治教育的重要命题。首先，大学生网民群体的主体意识和权利意识较强，他们崇尚自我，忽视传统，抵制权威，热衷于利用网络媒体对各种社会现象发表言论，表达观点，引领思想，成为各种网络舆论的制造者，促进网络集群事件的发生。其次，大学生网民群体基于特殊的身心特征，他们好奇、好动、好玩，积极参与各种网络媒体的舆论讨论和网络互动，成为各种网络舆论的推动者，促进网络集群事件的持续发展。再次，大学生网民群体基于年龄限制社会阅历不足，他们的价值观尚未稳定，易于受外界影响和左右，在网络媒体舆论讨论中看待各种社会现象易于以情感统摄理性，以自我感受统摄客观事实，易于偏听偏信，盲信盲从，在网络舆论表达中背离事实、显失公平甚至个人极端主义等思想动向时有发生，影响网络集群事件的正确走向。综上，网络舆论涌动中，大学生网民群体总是主动介入、自发参与、积极推动，大学生网络舆论涌动会强化大学生网民的群体认同，大学生网民的群体认同进而催生大学生网络集群事件，大学生网络集群事件继而强化并不断壮大网络舆论，网络舆论的持续发酵易于扩大演变并渗透至社会现实生活，对国家治理和社会管理的各个环节产生影响。综上，网络舆论向现实社会生活渗透和转化,使移动传媒为代表的网络场域成为大学生思想政治教育的新阵地、新空间,成为大学生思想政治教育不可忽视的重要领域,使大学生网络集群成为新时期新形势下思想政治教育的重要命题。

二、大学生网络集群具有典型的群体特征

作为网络空间中的一种常态性网络舆论形式,大学生网络集群具有专属于这一群体的典型特征:

其一,对抗性。对抗性在大学生网络集群中体现得比较充分,较为常见,是促成大学生网络集群的重要诱因。大学生正处于自我意识和权利意识的急速增长阶段,青春性特有的叛逆使得他们更易于因为某种个体性或群体性的权利主张而选择对抗立场。如果社会上发生了一起显失公平的事件暂未引起有关部门的重视或暂未获得妥善解决,大学生往往就会失去等待事件后续发展的耐心,在自我膨胀的权利意识推动下,他们会率先在网络上发出呼声,倾力要求事件的完美解决。在这种大学生之间不断传递和持续增长的群体性呼吁下,大学生群体不自觉地以"弱势阶层"的身份选择了与他们心目中"强势阶层"对抗的立场,其网络集群中的舆论展现亦体现出显著的对抗性特质。具有对抗性特质的大学生网络集群事件往往以群情激愤的平民形象出现,由于在传播过程中渗透了大学生群体的发泄性情绪和非理性声音,易于使网络舆论的发生演变脱离掌控,开始偏离事件真相并逐步走向误区,进而引发网络舆论危机。"理论上,微博用户人人享有发言权、传播权,但实际上这种权利是极不平等的。拥有众多粉丝的大 V,其微博的传播呈原子裂变方式扩散,一传十、十传百、百传千千万,可以在最短时间内形成集群传播效应",虽然这种网络舆论危机并非大学生群体的真实所愿,但一经形成却会在网络上甚至社会现实生活中造成各种消极影响,而此时大学生群体对于消除这种"变形舆论"所造成的消极影响已经无能为力,只能任其漫延。显见,具有对抗性的大学生网络集群事件向大学生思想政治教育提出了严峻挑战。

其二,公益性。公益性是大学生网络集群的另一重要特性,是大学生网民善意道德关怀和良好价值观念的集体展现。网络在信息承载上的快捷性和便利性,为大学生了解民生、把握国情、关心社会提供了良好平台,亦为他们参与社会讨论、贡献个人力量提供了可能。当社会上发生了极特殊、极典型、极艰难的事件或个案时,大学生群体会自发在网络上呼吁和号召,邀约起庞大的网民群体群策群力共同解决,如为地震等灾难性事件网络募捐,为留守儿童送关爱等。具有公益性的大学生网络集群一般是大学生践行社会主义核心价值观的真实体现,是大学生科学理想信念的真实表达,是作为社会主义建设者和接班人的群体素质展现,能极大激发社会成员的善良本性,净化社会风气,优化社会环境,对社会成员的精神世界产生积极影响。这种网络集群所催生的网络舆论往往会引起社会上大多数社会成员的共鸣,具有渗透到社会现实生活、转变为社会现实力量的可能,成为大学生社会实践和政治参与的独特方式。

其三,娱乐性。大学生网络集群还具有娱乐性的特质,充分体现了信息时代大学生群体的网络化生活方式和数字化生存境遇。当一种行为方式、生活状态、社会思潮正好契合了大学生群体的特殊性娱乐需求时,就会在大学生之间广为传播。这种传播往往首先依凭于网络,并借助网络的力量而肆意发展壮大,迅速风靡全体大学生之中。作为契合于大学生群体特殊需求的娱乐形式,这种网络集群往往具有年轻化、知识化、消遣性等特征,能够引起大多数大学生的心理共鸣,对于多数大学生而言具有精神消费的功用。显然,具有娱乐性特征的大学生网络集群在网民构成上主要局限于大学生这一固定群体,具有与"大学生"相适应的特殊烙印或群体符号,其他网民群体由于年龄、知识、品位等差异无法在这种网络集群中实现群体认同,亦无法参与到这种网络集群中,因而具有娱乐性特征的大学生网络集群在规模上相对稳定,在成员上相对固定。一定意义上,具有娱乐性特征的大学生网络集群所催生的网络舆论本无所谓好坏,但当这种网络集群带着泛政治化、泛娱乐化、低级庸俗等特性时,就会对大学生及其他群体产生消极影响。

三、大学生网络集群创生了思想政治教育新境遇

其一,大学生网络集群为改进和完善思想政治教育提供了良好契机。网络集群是了解大学生真实思想的理想平台。毋庸置疑,网络的开放性、匿名性和互动性使大学生相对于社会现实生活而言更多地表达真实的自己。社会现实生活中,基于权威畏惧和各种规范束缚,大学生更多地选择屏蔽自己的不满而表现出假意服从,更习惯于在网络上张扬自己的个性、展示真实的自我,更习惯于在现实生活中注重行为规范,隐藏真实的自我,使思想政治教育工作者难以把握大学生真实的思想状况,难以获知学校教育的真实效果。网络一定程度上降低了大学生呈现真实自我面临的风险,解除了大学生表达真实自我的顾虑,使他们更多地展示真实的内心世界,有助于思想政治教育工作者更好地把握大学生的思想动态。大学生网络集群事件一定意义上展现了网络空间的民意涌动,推动并左右了网络民意

的发展,这种网络民意在肆意传播下会持续演变为现实民意,对当代中国社会进程产生影响。在大学生网络集群事件中,大学生网民群体以独立的价值判断和主动的介入精神催生了网络舆论,并以持续的热情推动网络舆论发展演变,大学生思想政治教育依托于网络集群能更好把握前期教育取得的成效、存在的不足,更真实地把握大学生的真实所想、内心所需,为改进和完善思想政治教育提供了良好契机。

其二,大学生网络集群增加了思想政治教育的难度。前网络时代,传统媒介基于固定的传输模式向全体社会成员提供整体性的同一信息资源,为思想政治教育工作者和大学生群体提供了共同的信息体验;网络时代,这一传输模式和信息呈现方式被打破,网络向思想政治教育工作者和大学生群体提供了海量的信息资源,一方面增加了思想政治教育工作者和大学生群体的信息选择压力,易于滋生信息焦虑,另一方面无意中分离和扩大了思想政治教育工作者与大学生群体的信息距离。面对网络带来的海量的信息资源,无论是思想政治教育工作者还是大学生群体都无法再像传统媒体时代那般照单全收,他们往往只会选择自己感兴趣或需要的信息,现代科技的发展为他们的这种个性化信息选择提供了便利,使得他们能够只接收自己想要的信息。不难发现,一方面现代科技为思想政治教育工作者和大学生群体提供了获取个性化信息资源的手段,另一方面各种新兴媒体在激烈竞争中不断创生具有局域性受众特征的信息资源,这种信息供给方式的转变剥夺了传统传播格局下思想政治教育工作者与大学生群体之间的共同信息体验,使思想政治教育工作者与大学生群体之间的信息链接变得日益脆弱,扩大了思想政治教育工作者与大学生群体之间的心理距离,增加了思想政治教育的难度。

其三,大学生网络集群蕴藏着深层次的隐忧和思想政治教育危机。一方面,网络时代大学生群体在信息资源获取上基于与思想政治教育工作者等其他群体的差异而具有高度同质性,使他们易于产生心理共鸣,获得群体认同和制造群体效应,使得群体网络舆论易于在不断传播中陷入狂热,走向极端,产生网络舆论暴力。伴随着大学生网络集群规模的不断壮大,网络舆论随之不断发展,这种发展存在相应的思想政治教育隐忧。"集群行为缺乏组织性和明确纲领,而以集群认同、集群情绪、集群效能感相互影响,动员参与者为实现集群目标而共同行动。谣言会使一些人原本方向及强度不一致的情绪趋于一致,使原本较弱的负面情绪得到增强,从而增加了参与集群行动的可能"。虽然大学生网络集群一经形成即会迅速发展,并催生与之适应的网络舆论,然而,这种网络集群毕竟产生于大学生的自发性纯粹情感表达,缺乏完善的组织机制架构,缺乏稳固的群体认同,具有自发形成并自行发展的特性,显得较为零散,易分裂,集群的发展易于被其他群体所掌控,因而在发展过程中易于陷入失控状态,演变为伪民意或网络舆论暴力,对大学生思想政治教育产生不利影响。另一方面,不难发现少数大学生网络集群事件携带着与社会主流价值倾向相背离的负能量,其所产生的社会消极影响不言而喻,增加了大学生网络集群向现实行为转化的风险。网民的网络行为一定程度上不可避免地会转化为其现实行为,差别仅仅在于这种转化的速度与程度。首先,无论是网络行为还是现实行为,均具有共同的主体基础,均是网民个人行为在不同场域的不同展现,显然是单一主体和同一主体,行为特征具有同一性;其次,无论是网络行为还是现实行为,均是网民个人行为的同一事件表达,即网民个人对同一社会现象或同一社会活动的在不同场域的不同动作,在行为内容上具有高度相关性和重复性。显见,网民的网络行为一定程度上将不可避免地向其现实行为转化。据此,大学生网络行为一定程度上不可避免地向现实行为转化。进而,那些携带着负能量的大学生网络集群行为在传播中失控演变为伪民意或网络舆论暴力的网络行为,一旦转化为现实行为,将引起极大的大学生思想政治教育危机。

参考文献

[1]张秀敏:《大众的角色扮演与群体互动》,社会科学战线,2010年版。

[2]《习近平总书记系列重要讲话读本》,载《人民日报》,2014年7月9日。

[3]石平:《让网络空间清朗起来》,载《求是》,2013年第18期。

[4]王二平:《铲除滋生谣言的土壤》,载《求是》,2013年第18期。

论当代中国高校的政治使命*

摘　要:政治使命是大学自身在政治方向上的鲜明体现。当代中国高校的政治使命,不仅仅是政治层面的社会主义性质和政治稳定,还必须提升到民族的未来与发展的高度,在社会主义价值的确立、科学研究水平的提高、社会文化的构建与反思、世界主义和人类和平等更高、更深远的层面上做出贡献。

关键词:政治使命;大学教育;中国大学;中国文化

中国当前正处于重要的战略机遇期,在经济和社会高速发展的同时,社会文化及社会深层的思想观念也正处于一个发展的重要时期。基于中国当前具体国情,以及中华民族文化传承和发展的需要,当代中国高校有着自身极为重要而光荣的政治使命。胡锦涛同志在庆祝清华建校百年大会讲话上提出,全面提高高等教育质量,必须大力提升人才培养水平,必须大力增强科学研究能力,必须大力服务经济社会发展,必须大力推进文化传承创新。这四个必须是当代中国高校的政治使命的重要组成部分。当代中国大学的政治使命如何定位,如何融入社会主义现代化建设之中,这是当代中国高等教育领域最核心的课题之一。

一、大学的政治使命

大学是知识的殿堂,民族文化精英的聚集之地,是学术科技研究的主阵地,是现代国家人才的培养重地,也是决定民族竞争力的核心要素之一。大学从最初诞生以来,基于其自身的重要性,就被赋予了浓重的政治色彩,这种政治色彩或者是

＊ 本文作者:包翠秋,重庆科技学院工商管理学院讲师,教育学硕士,美国南卡罗纳大学访问学者,主要研究方向为高校德育和学校心理学。

外显的政治宣传,或者作为国家发展的资本,或者作为民族文化的传承者,或者作为国家精英的培养之地而得以实现。"对高等教育在政治上的合法地位用不着大惊小怪,所有伟大的教育哲学家都把教育作为政治的分支来看待,如柏拉图的《理想国》、亚里士多德的《政治学》、约翰·杜威的《民主主义与教育》等都是如此"。[1]现代大学最初发源于中世纪西方基督教的神学院,是基督教为了培养神学人才而建立的,最初大学身上有着浓浓的宗教色彩,阿拉伯国家的宗教学校也是如此。近代意义上的大学,即洪堡所改建的普鲁士的柏林大学,同样是作为国家的"能下金蛋的母鸡"而构建的,不管大学内部的学术自由和学术自治如何,至少大学本身就是民族之间、国家竞争发展的砝码和利器之一。

当代大学的政治使命,即指大学自身在国家和社会体系中所承担的基于国家、民族和社会文化等竞争而产生的意识形态、政治文化、学生培养目标等政治途径和政治目的上体现出的本质性的职责和定位。政治使命是大学自身在政治方向上的鲜明体现,同时也决定着培养什么样的人、用什么文化去培养人、培养人做什么等根本性政治问题的基本答案,是国家和民族的政治竞争在大学领域中的直接体现。基于现代大学在国家发展中的重要作用,特别是在社会文化的引领、社会价值观的构建、社会意识形态的奠定和发展,以及科学技术文化的传承和发展上的巨大影响,大学自身的政治性在现代社会中显得越来越重要。但需要明确的是,大学的政治使命不是将大学束缚在教条主义之中,而是在明确大学自身的政治性和政治行为的背后,让大学能够更准确、更有效率、更科学地承担自己的责任。

二、中国当前的现实国情对大学的政治要求

不做旁观者,而做一个勇敢的实践者,这是当今中国大学必须清醒意识到的责任。中国发展的道路是全世界独一无二的,这也是中国社会自身的独特性和复杂性使然。中国社会经济的发展之路既不同于西方资本主义国家发展的自由经济道路,也不同于日本的社会出口型经济,更不同于前苏联僵硬的计划经济模式。中国巨大的农业人口、相对贫乏的资源和地区发展之间严重的不均衡,都注定了中国只能走一条独特的自我发展之路。

正是因为没有任何国家的经验可资利用和全盘吸收,同时也没有真正的可资参考的发展模型可用,这就要求中国的精英人才必须为自己国家的发展寻找适合的道路。"在中国建设社会主义这样的事,马克思的本本上找不出来,列宁的本本

上也找不出来,每个国家都有自己的情况,各自的经历也不同,所以要独立思考。不但经济问题如此,政治问题也如此"。[2] 在这一过程中,中国的大学必须能够为这种探索前进创造条件,为稳妥渐进性的模式提供理论上的探索和论证,并到实践中调研和总结。这些对于中国发展是如此重要,以至于必然要把探索中国式发展道路作为高校的政治任务,即在改革理论上的创新、经验上的提高和具体技术上的革新,三者对于当今的中国都是极为重要的。特别是理论上的创新,胡锦涛指出,胡锦涛 2004 年在会见出席中央实施马克思主义理论研究和建设工程工作会议的全体代表时指出,"思想理论建设是党的建设的根本。一个马克思主义政党,只有坚持以科学的理论为指导,才能制定正确的路线方针政策,才能凝聚全党全国人民为崇高的理想和目标而奋斗"。对于中国的高校来说,这既是实现自我价值的良好时机,同时也是巨大挑战。科学技术是第一生产力,现代经济竞争的实质是科学技术的竞争,同时也是民族文化之间的竞争。大学是民族与国家科技发展的主动力源,纵观现代历史的发展,英国的一流大学奠定了日不落帝国的辉煌,德国大学的高水平奠定了近代德国的强盛,美国世界一流大学的研究水平决定了美国在当今世界仍然垄断着科技与经济的至高宝座。现代大学的本质任务即培养人才、科学研究与服务社会,这三点的核心是科学研究,因为培养人才是为了社会的发展,而服务社会的核心也是为了向社会提供先进的科学技术和先进文化。中国当今的经济发展仍然是低附加值、低效益的资源消耗型经济,这种经济模式是中国环境所不能承受的,中国必须更大力地提高科学技术的含金量,以提升经济发展的质量和效益,这也是中国大学的根本任务。民族文化对于国家的发展具有重大意义,是民族自我认同、民族团结和民族和谐的根基。正是基于中华民族的独特文化,中国拥有强烈的凝聚力。对于民族文化的发掘、提升、重建和反思,正是当代中国大学的最神圣的使命之一,并成了政治上的重任之一。

三、当代中国大学的政治使命

当代中国大学的政治使命,不仅仅是政治层面上的社会主义性质和政治稳定,那只是基本层面的政治使命。中国大学的政治使命,还必须提升到民族的发展与未来的高度,在社会主义价值的确立、科学研究水平的提高、社会文化的构建与反思、世界主义和人类和平等更高、更深远的层面上做出贡献。正是在对这些政治使命的坚守,中国大学才可能成为民族发展的推动器,扮演社会正义的体现者和建设者的角色。

（一）政治上的坚定性：稳定，团结

中国大学最基本层面的政治使命是保持政治上的坚定性，即保证大学在政治方向上的坚定性，以此确保国家、社会的稳定和团结。具体来说，在指导思想层面，大学必须坚持马克思主义、列宁主义、毛泽东思想、邓小平理论、"三个代表"重要思想和科学发展观的指导思想。理论创新才是一个民族发展的不竭动力，仅仅局限于故纸堆中的理论势必陷入教条主义的死胡同之中，导致社会思想层面的停滞与保守。"如果我们不注意，不搞'百花齐放、百家争鸣'，思想要僵死起来，马克思主义要衰退，只有搞'百花齐放、百家争鸣'，各种意见表达出来，进行争辩，才能真正发展马克思主义，发展辩证唯物主义"。[3]今日的中国大学必须在社会主义理论的自身发展上与时俱进，走勇敢的创新之路，在理论发展上力求解放思想，同时必须确保大学自身发展的稳定，在知识层面和政治价值观层面，为青年学生创造一个良好的、稳定的、正向的环境，这是基本任务，也是必须达到的政治任务。

（二）学术上的先进性：民族的发展与未来

邓小平曾经说过，"如果我们的科学研究工作不走在前面，就要拖累整个国家建设的后腿"。[4]胡锦涛2006年在两院院士大会上的讲话指出，"我们一定要有高度的历史责任感和宽广的世界眼光，按照自主创新、重点跨越、支撑发展、引领未来的要求，坚定不移地把科学技术作为第一生产力，坚定不移地实施科教兴国战略和人才强国战略，坚定不移地贯彻经济建设和社会发展必须依靠科学技术、科学技术发展必须面向经济建设和社会发展的方针，制订科技发展的重大政策和配套措施，推进国家创新体系建设，加强基础研究、高技术前沿研究、可持续发展相关研究，加快把知识和技术转化为现实生产力，为我国经济社会发展提供强大的科技支撑，真正使科学技术现代化成为实现中华民族伟大复兴的强大动力"。联合国教科文组织指出，"发展中国家的大学应该吸取自己过去的教训，分析自己国家目前面临的困难，同时应当开展有助于解决它们最为迫切的问题的研究工作"。[5]大学自身根本使命是为了民族和国家的科技文化发展而努力，大学的政治使命之一必然是自我科学建设、努力奋斗，在科学技术和学术研究上抢占世界一流位置。高校必须在学术研究上寻找自身的进步，科学建构大学内部的学术研究制度和机制，创新管理。以学术创新为高校发展的第一生命力，以此为目标，改革大学内部管理机制，灵活大胆地吸取国外一流大学的科学技术和学术研究发展的经验，大胆试验，科学汲取，在学术研究、学术自由方面真正迈开步子，同时确保高校自身政治上的稳定和方向上的正确性。大学的改革必须要大力推行，大胆地实施改革,只有构建世界一流的大学,才可能真正构建世界一流的科学技术水平,也才能够构建真正世界一流的世界经济强国。

(三)民族文化的传承和构建:中国特色

当代中国大学的政治使命之一是对我国民族文化的传承和构建,这是中华民族的根基,也是中国社会主义现代化建设和中国革命者强国之梦的原动力。正如李光耀所说:"身居迅速变化的时代,我们希望在探索走向未来的同时不割断与过去的联系。在告别过去的时候,我们有一种深刻的不安,失去传统会使我们一无所有。"[6]中华民族的文化以其社会本位和和谐理念为特色,被公认为是真正走向21 世界的人类能够和谐并存的最优秀的文化和人类哲学之一。中国文化的和谐、人与自然的和谐以及内部的礼、仁等思想,是人类思想中的精华。在西方基督教文化中的历史充满了杀戮,但在中国文化中,和谐是最高理念。"教育,特别是高等教育,不仅要为民族国家的行政的和经济的利益服务,而且要成为发展民族身份的重要方面;不仅要成为国家的一个工具,而且要成为社会的灵魂和人民大众的有机组成部分"。[7]中国文化博大精深,中国大学必须要深入中国文化的历史、内容、特色和轨迹,从中寻找民族文化的根基和精华,进而反思、扬弃和构建中国特色民族文化,成为人类整体文化的促进者。

(四)社会正义的捍卫者、反思者、批判者和维护者:正义和理性

现代大学的政治使命之一是成为社会良心的捍卫者、批判者和维护者,以此维护民族自身发展的正义性。现代社会是一个多元化发展的社会,社会利益的多元化倾向强烈,极容易形成对社会内部正义价值观的严重冲击。严重者甚至成为既得利益集团割据,导致整个社会内部价值观的冲突和社会的分裂,导致全社会道德价值观的大滑坡。"在中国来说,谁有资格犯大错误? 就是共产党。犯了错误影响也最大。因此,我们党应该特别警惕。宪法上规定了党的领导,党要领导得好,就要不断地克服主观主义、官僚主义、宗派主义,就要接受监督,就要扩大党和国家的民主生活。如果我们不受监督,不注意扩大党和国家的民主生活,就一定要脱离群众,犯大错误"。[8]而这一点,中国的高校相对超脱的地位和高层次的知识分子的集体,是社会其他群体所不具备的,高校应该成为社会行为的反思者,批判者和社会正义的维护者,"大学不是风向标,不能什么流行就迎合什么。大学应该不断满足社会的需求,而不是它的欲望"。[9]中国大学要捍卫知识分子的良心,不需要成为政府的反对者,但出于国家民族发展的需要和高校自身的党性,必须确保自身的正义性,成为社会正义和价值观的推动者。

（五）提升民族科学价值观的构建：科学与民主

一个民族要拥有自身发展的生命力，必须崇尚科学与民主的价值观。提升民族的科学价值观的构建对于民族的现状和未来都是至关重要的。大学作为知识的殿堂，人类学术精英聚集之地，必须体现出大学自身的民主与科学的特色。不惟权，不畏上，因为学术本身就是唯学术、唯科学的。正是这种科学的价值观，才可能引导整个社会的正向发展。一个连大学都腐败的民族必然失去发展的新希望，腐败的大学的最大问题不只是腐败了自身，还腐化了全社会的价值观。这样的民族除了堕落，恐怕不会再有第二条道路可走。当前中国大学的政治使命之一就是坚守自身的学术良心、追求科学精神和人文精神，以此引导整个社会的正面价值观的发展进步，发掘民族智慧，在科技和人文上为民族的发展服务。

（六）人类和平与世界主义的和谐文化的传播和交流：和平，理解

当今世界是一个发展中的社会，人类文化发展的必然带来文化价值观的交流与碰撞。世界走向战争，还是走向和平？最终取决于人类自身的文化价值观。中国文化是人类走向和平的希望。作为社会主义国家，中国必然具有真正意义上的世界主义的精神。这是鲜明的有别于目的是抢占资源、抢夺领土的西方血腥的殖民主义和帝国主义。中国一直试图建立一个人与自然、民族与民族之间和平的世界。基于对中国的敌视，西方在中国伟大成就面前往往从他们自身的根深蒂固的帝国主义价值观出发，把中国想象成为一个文化输出、军事侵略的国家。事实上，这是西方自身的有色眼镜的缘故。中国高校的政治使命之一就是，澄清中国文化的世界和平的真正理念，但不搞文化输出，而是对外加强国际理解，对内强调文化的和而不同，从而为人类的和平与世界的和谐交流创造良好的机会，为各民族之间的国际理解打下坚实的基础。中国不需要霸权，中国也不搞帝国主义，这些都是与中国的文化相悖的。在这一点上中国大学需要更广泛地交流中国文化，从而确保中国良好的和平的世界环境的构建。

四、中国大学发展的政治使命的展望

当代中国大学的发展，绝不能单纯地站在大学自身的层面审视自身，必须站在民族、国家层面定位自身的政治使命。中国大学必须成为中国科学技术文化发展的强大引擎，在社会的发展中推进社会理论的创新，服务于中国社会的稳定发展，成为社会和谐发展的推动者、奠基者和稳定器，并自觉地推进民族文化传承。中国高等教育坚定中国社会主义道路，才能真正构建服务于民族发展的有民族志

气的大学;中国高等教育更好地提高科学研究水平,才能为中国的经济提供科学动力,并服务于中国社会发展;中国高等教育必须保持自身社会正义价值观的进步,促进社会平等、民主、正义的稳定发展,成为社会发展的反思者、批判者、构建者,保持自身的科学研究和学术精神,才能确保社会发展的理性和民族价值观的稳定发展;中国高等教育必须致力于民族文化传承和世界文化交流和国际理解,才能为人类的和平发展和自身的发展做出贡献。而这些方面,共同构成了当代中国大学的政治使命。

参考文献

[1]约翰·S.布鲁贝克:《高等教育哲学》,王承绪等译,浙江教育出版社1987年版。

[2][4]邓小平:《邓小平文选》(第3卷),人民出版社1993年版。

[3][8]邓小平:《邓小平文选》(第1卷),人民出版社1989年版。

[5]联合国教科文组织:《教育——财富蕴藏其中》,教育科学出版社1996年版。

[6]吕元礼:《亚洲价值观:新加坡政治的诠释》,江西人民出版社2002年版。

[7]克拉克、克尔:《高等教育不能回避历史》,王承绪译,浙江教育出版社2001年版。

[9]亚伯拉罕、弗莱克斯纳:《现代大学论——美英德大学研究》,浙江教育出版社2001年版。

组织文化视域下思想政治教育集体价值的实现*

摘　要:集体价值的实现实质上是在一定组织文化统摄下群体价值观的形成过程。组织文化的集体意蕴给思想政治教育集体价值的实现提供了积极的借鉴意义。集体环境、集体价值观、榜样示范、集体仪式、信息传播是思想政治教育集体价值实现的重要因素。

关键词:组织文化;思想政治教育;集体价值

一、问题的提出

当前,对于思想政治教育价值形态的划分,理论界一般把思想政治教育价值划分为个体价值和社会价值,社会价值又分为政治价值、经济价值和文化价值。虽然这种划分方式被大多教学界同仁认可,但在学术视野上忽视了集体价值的存在。实际上,从外延观之,人类文明的起源和进步离不开团体、群体、团队等表征集体主义精神的集体性组织;从内涵视之,集体价值观抑或集体主义价值观念是人类自产生以来最为重要的精神资源,更是社会主义社会的本质要求。如果按照逻辑的视角审视,个人与集体始终是两个统一的范畴,二者缺一不可。集体是由无数之个人构成,个人是在集体的界域中行事,文化与价值观的产生恰恰源于个人与集体的辩证法则。然则,个人始终无法脱离集体关照,无论国家、社会、政府、单位,就人类历史而言,集体的魅力似乎变成了一种"普照的光"印证着人类社会

＊ 本文作者:张振飞,重庆科技学院党委宣传部思想政治工作科科长,讲师,主要从事高校党建与思想政治工作研究;张波,重庆科技学院党委宣传部网络舆情与信息安全科科长,讲师,主要从事高校思想政治教育研究。
基金项目:本文系重庆市教委人文社会科学项目(思政专项)"学生事务管理的德育导向研究"(项目编号:13SKSZ02)阶段性成果。

的进步。可以说,集体是人类社会要素形态中一个重要的表现形式。在学术研究的视域,学者们对各种机构、团体、社会等的研究都可以抽象为对集体的研究,集体以一种形而上的运思统摄着几乎所有的研究对象。集体内涵如此博深,其体现出的价值观——集体主义无论在日常生活还是学术研究、无论在街头巷尾还是在庙堂之上,都成为人们关注的重点。

组织与集体既有联系又有区别。严格来说,组织是一个管理学概念,从广义上讲,组织是指由诸多要素按照一定方式相互联系起来的系统。从狭义上说,组织就是指人们为实现一定的目标,互相协作结合而成的集体或团体,如党团组织、工会组织、企业、军事组织等。而集体是一种组织形式团体,具有一定的活动范围,共同的经济基础、思想基础、政治目的和共同的社会利益。因此,集体是组织的一种表现形式,包含在组织中,组织是集体的环境系统,统摄集体。基于集体与组织间的密切关联,我们对思想政治教育集体价值的解读离不开组织文化理论的关照,集体价值的实现实质上是在一定组织文化统摄下的群体价值观的形成过程。因此,从组织文化视域来研究思想政治教育集体价值对于我们理解集体主义具有重要意义。

二、组织文化的内涵及集体意蕴

组织文化作为一个管理学概念,其研究的兴起具有一定的社会历史性。二战后,日本经济发展势头强劲并迅速跃居世界经济强国之列。到20世纪70年代后期,日本企业的生产效率远高于美国,经济增长力大大超越美国。这引起了美国管理学界的反思,通过研究发现日本成功的秘密要大大归功于其企业文化精神,特别是对人的精神因素的调动,这和美国本土企业只注重企业制度规章制定有很大的差异,于是源于企业文化研究的一种新的组织文化理论的研究便兴起了。对组织文化的内涵的理解,国内外学者从不同的角度都做了阐释,比较典型的有国外学者沙因(Schein),他给组织文化归纳了十类定义,而其中第三种定义即"信奉的价值观,组织所公开表达及公告的方针、价值观"。为国内外学者所广泛赞同。国内学者石伟将组织文化定义为"组织在其内外环境中长期形成的以价值观为核心的行为规范、制度规范和外部形象的总和"。尽管国内外学者从不同视角对组织文化的内涵进行了解读,但在核心要义的理解方面都有一个共同点,即认为组织文化为组织提供价值观和基本信念等精神动力,而且特别强调调动组织成员的积极性。

虽然组织文化研究的本体是企业管理,但组织文化理论的研究对企业、单位、机构、政党等集体性组织的文化培育、精神激励、价值观塑造带来了巨大的启发和借鉴。随着全球化的不断深入，人的社会化也趋向于个性化特征，个体更倾向于表达自己的观点和展现自身的个性，以此来表现自己的竞争力。这也给集体性组织提出了一个难题：如何既能有效维护集体的权威和规范，又能充分调动差异化集体成员的积极性，塑造个体的集体主义价值观？进言之，靠什么把不同地区、不同民族、不同国籍、不同语言、不同文化背景的成员凝聚起来？只能依靠共同的价值观、共同的集体性目标、共同的行为方式、共同的集体形象等。组织文化首先强调的是集体目标，集体目标的实现有不同的路径，既可以以集体的权威和规范制约个人对集体目标的有效执行，也可以以有效的价值观塑造激发个人对集体目标的自觉实现。显然，第二种途径是最为有效的。

组织文化的集体意蕴给思想政治教育集体价值的实现提供积极的借鉴意义。我们知道，思想政治教育的价值即是通过思想政治教育的功能和属性满足主体的需要，这里的主体既可以是个体与社会，也可以是集体。集体是个体到社会的过度，社会价值的实现不能单靠个体价值的发挥，它总是要在一定的集体环境下形成合力从而达到社会的经济、政治和文化目标。正如涂尔干所说"如果在政府与个人之间没有一系列次级群体的存在，那么国家也就不可能存在下去如果这些次级群体与个人的联系非常紧密，那么它们就会强劲地把个人吸收到群体活动里，并以此把个人纳入到社会生活的主流之中"。可见，集体作为个人与社会之间的中介范畴具有重要的社会学意义，它的吸引力在于其浓厚的集体主义价值观。然而，思想政治教育集体价值的实现并非天然产生，其中必然经过思想政治教育的过程逻辑，通过知、情、意、信、行的转化而逐步形成，这是一个持续的矛盾转化过程。因此，集体价值最终还是要通过思想政治教育完成对集体成员的动员、集体凝聚力的促进以及集体目标的确立，等等。因此，从这个意义上讲，思想政治教育集体价值就是通过建立集体文化、塑造集体价值观、激励和引导集体成员等方式促进集体目标的实现，这与组织文化强调组织通过文化的营造对核心价值观的塑造是一致的。只不过，组织文化理论从实然层面给我们提供了清晰的集体价值观塑造的路径和架构。

三、集体文化的塑造：思想政治教育集体价值的实现

组织文化理论中比较有代表性的是特伦斯·迪尔（Deal）和艾伦·肯尼迪（Kennedy）提出的组织文化因素理论。他们认为组织文化是由企业环境、价值观、

英雄人物、习俗和仪式、文化网络五个因素组成,五个因素的作用是各不相同的。企业环境即组织所处的外部影响因素,价值观是组织文化的核心,英雄人物是典型模范人物,习俗和仪式是集体活动的程序和惯例,文化网络则是传播组织基本信念的沟通渠道,如信息宣讲者、小道消息传播者等。我们从组织文化因素的视角来对比思想政治教育在塑造集体文化时就会发现,思想政治教育具有塑造集体文化的自觉优势。因为思想政治教育的本质是基于集体利益的意识形态性,社会主义的思想政治教育强调个人利益和集体利益的统一,并且通过调动人的积极性实现人的全面发展。根据组织文化因素理论,我们可以将集体环境、集体价值观、榜样示范、集体仪式、信息传播作为思想政治教育集体价值实现的重要因素。

(一)优化思想政治教育集体价值实现的环境

这里所说的环境并非只是集体的内部环境,而是集体所处的广阔的社会环境和业务环境。社会环境是集体面临的最为广泛和复杂的外部因素,社会发展的每一个阶段的政治、经济和文化运行范式都会对集体产生重要影响;业务环境是集体功能运行时所面临的最为直接的环境要素,业务的程序、规则、对象等都会对集体产生重要的影响。集体所处的环境是思想政治教育集体价值实现的最为重要的影响因素。基于此,优化思想政治教育集体价值实现的环境不应忽视社会环境和业务环境的重要影响。一方面,应充分发挥社会环境中的自觉因素和积极因素,大力培育社会环境中的积极因素,对充满正能量的社会环境要素引入集体中来,构成对集体成员的正面引导;另一方面,加强业务工作的凝聚作用。业务工作是最能够体现集体共识的方式,在业务工作中集体更容易形成凝聚力,更能有效地倡导集体目标、集体价值观并形成集体文化。

(二)集体价值观是思想政治教育集体价值实现的核心要义

价值观是一个集体的基本信念和信仰,构成了集体文化的核心。集体价值观的塑造是思想政治教育集体价值实现的关键,一旦集体成员认同并信仰集体价值观,那么集体的凝聚力、集体计划的执行力和集体目标的实现就成为可能。由于传统文化的基因以及社会主义的根本原则的影响,集体主义本身是中国社会倡导的核心价值准则,"修身、齐家、治国、平天下"的行事逻辑内含了个体的集体主义目标。因此,对集体价值观的认可和信仰在我国具有天然的优势。作为整个社会子系统的重要组成部分,每个集体都要孕育本单位、机构的价值观,集体价值观既表现于一系列的规章制度、组织结构、行事规则等正式的显文化,也表现于集体成员之间的交往关系、集体内部的小团体间的关系以及领导者的个人好恶等非正式的潜文化。

(三)榜样示范是思想政治教育集体价值实现的方法论形态

榜样的力量是无穷的,人类历史的书写留下了无数英雄模范人物的印记。在人类社会交往活动中,榜样示范似乎是个体终其一生都无法回避的法则。在家庭、单位、企业往往都会以榜样的作用激励个体按照集体的目标行事,因为榜样是集体价值观精髓的集中表现,是值得塑造的一个永恒话题。榜样人物是集体价值观的化身,是集体价值观的支柱和希望。无论是哪种类型的榜样人物,他们都强化了集体文化中的最为基本的价值观准则。榜样人物对集体成员的影响主要表现在以下几个方面:一是给集体成员提供学习的榜样,激励成员按照榜样的精神行事;二是榜样可以对外展示集体的形象和精神,体现集体价值观的最为集中的成果;三是榜样还可以为集体提供一个良好的行为评价考核标准,成为考核过程中的一个重要组成部分。

(四)集体仪式是思想政治教育集体价值实现的有效载体

仪式是集体日常活动过程中一些系统化合程序化的惯例,集体通过仪式来营造良好的集体氛围,激励成员融入集体的话题讨论和实践活动中,鼓励成员自觉认同集体价值观并形成集体主义精神,等等。对于集体来说,仪式是非常必要的,如果没有仪式和庆典、没有集体游戏和联欢、缺乏富有表现力的集体事件等,那么集体文化就会有消亡的可能,个体对集体的认同感就大幅度下降。

(五)非正式交往是集体沟通的重要工具

非正式交往是指集体内部以猜测、机密、私人关系构成的独立于集体正式的沟通方式的一种交往方式。在正式交往中,由于集体内部成员的角色各有不同,每个人都在集体中发挥着各自的作用。有的人作为集体价值的宣扬者和领导者、有的人作为执行者、有的人作为集体价值的阐释者和传播者。然而,在非正式交往中,由于集体内部人与人的关系呈现出不同的亲疏之分,在日常生活中人们的私密关系更真实地展现了对集体领导及价值观的看法。

参考文献

[1]石伟:《组织文化》,复旦大学出版社2004年版。

[2]涂尔干:《社会分工论》,三联书店2000年版。

[3]李成彦:《组织文化——基于组织效能的视角》,北京大学出版社2013年版。

浅论高校思想政治教育的新定位[*]

摘 要:新世纪的思想政治教育随着物质文明的进步变得越来越复杂。人文精神的弘扬、心理素质的健全、精神家园的营造等已是关系到现代人生存和发展的突出问题。思想政治教育铸造的是人的灵魂,是人的精神世界中最深层的部分。现代思想政治教育如果缺少对人的精神关怀、缺少一种"真诚的精神权威",如果还执着于只注重外在功能的层次,那它就只能是内容高尚的形式教育。因此,需要从问题意识、思维方式、价值取向和人性认定方面重新定位思想政治教育。只有这样才能发挥思想政治教育以精神造就品质的能力,真正担负起建构人的精神世界,提升人的精神品质的重任。

关键词:思想政治教育;精神教育;定位;路径探析

一、问题的提出

在党和国家的高度重视下,经过广大思想政治教育工作者的共同努力,高校思想政治教育无论在理论上还是在实践上都实现了丰硕的成果。在理论研究方面,从2002年初到2011年8月在"中国期刊全文数据库"中,以"高校思想政治教育"为篇名检索到的核心期刊论文近800篇,以"思想政治教育"为篇名检索到核心期刊论文近4800篇,研究成果可谓汗牛充栋。认真分析这些研究成果,虽然思想政治教育的基础理论研究以及应用理论研究都有所加强,提出了思想政治教育

──────────

* 本文作者:刘剑波,重庆科技学院学工部,副教授,主要从事大学生思想政治教育研究。
基金项目:本文系2011年重庆科技学院课题"思想政治教育与创新社会管理研究"(项目编号:XG2011013)的阶段性成果。

"生活化""以人为本"思想政治教育等新理念,但是总的说来,思想政治教育的理论研究与经济社会发展相比,与党和国家的要求相比,与广大理论工作者的理想期望相比还存在不小的差距。在实践方面,正如2004年8月中共中央、国务院颁布的《关于进一步加强和改进大学生思想政治教育的意见》中指出的那样:"一些大学生不同程度地存在政治信仰迷茫、理想信念模糊、价值取向扭曲、诚信意识淡薄、社会责任感缺乏、艰苦奋斗精神淡化、团结协作观念较差、心理素质欠佳等问题。"[1]上述理论和实践中的这些困境迫使我们不得不追问:什么才是真正的思想政治教育? 当下的思想政治教育存在着什么样的病灶? 思想政治教育要向怎样的方向努力,才能使当代大学生的思想和行为不至于与社会发展和自身发展的需要相背离,才能使高校思想政治教育向着我们"理想的思想政治教育"逼近而不是相反? ——要回答这些问题,我们唯一的办法就是紧跟新世纪以来时代发展的潮流,牢牢把握十六大以后我国政治经济社会发展的脉搏,对思想政治教育本性进行深刻的反思,以改革创新的精神推动思想政治教育不断走向本真。

二、重新定位思想政治教育之缘由

随着我国改革开放的纵深发展,在世情、国情和党情以及当代大学生思想观念、行为方式、价值取向都发生显著转变的背景下,重新审视和定位思想政治教育不仅是时代发展的现实需要也是理论自身发展的必然要求。

1. 应对经济全球化、社会信息化挑战的需要

根据马克思的世界市场理论,可以说自资本主义产生以来,世界经济就开始了全球化的进程。但是世界经济真正的全球化却是和通信技术特别是互联网技术的高速发展以后的事情。美国哲学家拉兹洛指出:"世界范围内的信息流动已经成为经济全球化进程的主要驱动力。"[2]进入21世纪以后,随着多媒体技术和网络技术的不断更新升级,网络化、信息化渗透到经济社会的各个领域和各个环节,不仅促使社会经济、政治、文化、教育、医疗等行业加速从资本、劳动力密集型向知识、智力和技术密集型转型,而且也加快了以物质生产、物质消费为主的工业社会向以精神生产、精神消费为主的信息社会的转变。这一方面给世界各国提供了广阔的国际资源和国际市场,极大地促进了各个国家政治、经济、社会更好更快的发展;另一方面也给各国政治、经济、文化、教育包括思想政治教育带来了严峻的挑战。特别是进入新世纪以后,西方国家对我们的意识形态、价值观念渗透采取了更有诱惑、更加隐蔽和更具欺骗性的形式和手段。他们借助与我们国家扩大

文化艺术交流的机会,通过科幻、好莱坞大片、提供培训研修、参观访学等方式大力传播、宣扬他们的价值观念和生活方式。美国商务部就曾经在《全球信息基础实施合作议事书》中就鲜明地表达了他们进行意识形态渗透的倾向和企图:"世界上的公民,通过全球基础实施,将有机会获得同样的信息和同样的规则,从而使世界具有更大意义的共同性。"而广大青年大学生中那些意志薄弱或涉世未深的人就会因此深受其影响,盲目相信甚至认同西方价值观念、生活方式,认为它们是全世界共享的普世价值、全球伦理、标准的生活方式,进而对中国特色社会主义道路、中国特色社会主义理论体系乃至共产主义信仰产生动摇。面对此种情况,思想政治教育如何发挥自己在开放环境中和整个教育过程中的主导作用,提高当代大学生辨析、甄别西方各种社会思潮、抵御西方价值观念诱惑的能力无疑成了一个巨大的挑战。

2. 适应新世纪党和国家工作重心变化的需要

紧紧围绕党和国家的中心任务开展工作,服从服务于党和国家的工作大局,是我们党思想政治教育的一个优良传统和中心环节,也是经济基础决定上层建筑,上层建筑反作用于经济基础这一客观规律的必然要求。毛泽东在 1944 年就曾明确指出:"整个军队的方向是政治工作的方向,因此,政治工作的任务,只能根据我军的基本任务与当前具体任务来规定,不能在我军基本任务与当前具体任务以外再有所谓政治工作的独立任务。"[3] 十一届三中全会以后,随着我党"一个中心,两个基本点"的基本路线的确立。邓小平明确指出:"经济工作是当前最大的政治","马克思主义的思想理论工作是不能离开现实政治的"。[4]进入新世纪以后,由于市场经济的深入发展,一方面促进了经济社会的大发展,另一方面也诱发了拜金主义、享乐主义、利己主义的大面积泛滥,中国社会出现了如贫富悬殊、司法不公、阶层固化、信仰缺失、道德沦丧、人性溃败等严重的社会问题。不仅如此,整个社会还弥散着犬儒主义的味道,很多人也不再推崇什么远大的志向,崇高的理想,甚至有的人把获得什么样的生活利益、取得什么样的社会地位当成自己人生的唯一追求。面对社会生活的新情况和新问题,以习近平同志为核心的中央领导集体立足国内的实际,紧紧把握时代发展潮流,审时度势、高瞻远瞩地提出了新时代中国特色社会主义思想。这些战略性的理念不仅意味着中国的改革开放和现代化建设已进入新的阶段,而且意味着我国的政治、经济、文化和社会建设在内涵上将发生实质性的变化。切实关注民生、民权、民主的"新三民主义"问题,实现人与自然、人与生态、人与人之间的和谐和可持续性发展问题是今后我们党和国家最要紧的事情。因此如何在多样化多元化背景下用中国特色社会主义理论体系来教育全国人民,真正回答人民群众在人生的价值和意义,理想信念和终极关怀等问题上产生的种种困惑和疑问,坚定人们对党和社会主义的信念,树立正确的世界观、人生观、价值观和社会主义道德观,已经成为新世纪思想政治教育不容回避的艰巨任务。

3. 化解当代大学生精神困境的需要

当代大学生的精神面貌总体上是健康、积极、向上的。但是,随着国内外经济社会以及高校自身功能的飞速变化,当代大学生在世界观、价值观、道德观、人生观等方面也出现不少的问题。首先,理想信仰的虚无化。根据刘继勇等人在《大学生理想信念教育调查与思考》一文中调查显示,很多大学生对加入中国共产党组织有着很高的愿望,明确回答"有加入中国共产党组织的愿望"的同学占了62.78%,可是当他们在回答"为什么要入党"时,真正"积极要求进步"的只有18.31%。而且在讲理想时,他们更多的人是不脱离实际利益;在回答"毕业后选择工作的首要标准是什么"时,他们大多数人首先选择的是"经济收入高"。可见,相对于20世纪的大学生,部分当代大学生在人生的理想信念上已经呈现出多元化趋势,甚至部分大学生还崇尚信仰的虚无化。其次,在价值观上物欲化、势利化。所谓物欲化、势利化就是从人的物质欲望出发,把追逐实际的利益作为行为的根本原则,本质上对物质需求的极端化、放纵化。在对500多名大学生的调查问卷中,当问及人生最值得追求的是什么时,选择金钱的多少占了34.48%,是否有自己的事业的占28.31%,生活得是否舒适占15.65%,社会名望的高低占了1.25%,权力的大小占了15.31%。由此可见,很多大学生在价值观上已经金钱化。最后,在道德观上的冷漠化、无责化。随着市场经济的深入发展,社会不良风气全面掏空了我们道德教育的基石,不但降低了道德教育的水准和影响力,甚至还助长受教育者对道德教育的排拒和抵触等逆反心理。一部分社会成员不仅已经抛弃了传统道德观念,而且还进一步极端化,走向了反道德的一面。受此影响,在大学生群体中也出现道德无责任化、公德冷漠化倾向。当代大学生的确更关心自己的现实利益,这种关心是现实也是合理的,但是不要忘了,人是要点精神的,人不能失掉心中支撑性的价值与信念,人不能没有安身立命之本,没有自己的精神家园。

三、重新定位思想政治教育的主要路径

随着新世纪以来世情、国情和当代大学生精神世界所发生的重大变化以及以人为本、科学发展观、建设社会主义和谐社会等根本性理念的提出和实践,我们越来越进入一个"人的自觉为人"的时代,一个"人的自觉时代"。人自身的生存发展已经占据世界舞台的中央。虽然资本的逻辑,强权的专制还依旧存在着相当势力,也照样是那样的凶残,但是人的权威,"以人为中心""一切为了人生存发展"成了所有征服和集团都不得不承认的根本价值原则和绝对命令。这必然要求我们深化和全面推进思想政治教育的认识和实践,推动思想政治教育与时俱进地走向本真思想政治教育。

首先,在问题意识上,要由探求"思想政治教育是什么"转向追问"思想政治教育何以可能"。

学界对思想政治教育几十年的研究已经为进一步研究思想政治教育积淀了丰厚的思想理论资源。但这并不意味着"思想政治教育"的全部问题已经得到全部澄清。我们继续追问"思想政治教育"的相关问题并不是要去寻求一个终结性的人所公认的思想政治教育定义,而是要在不断的追问中深化对思想政治教育学科及其实践的已有认识。马克思主义一再指出,人类创造的一切文明成果,其最有价值的地方不在于它的具体内容,而在于它在前人的基础上提出了什么新的问题。著名哲学家黑格尔也认为,如何提出问题以及提出什么样问题既标志着对问题理解的深度,也孕育着如何解决问题的全部思考。虽然提问还不是答案,但提问启示着答案。对于思维着的人们来说,最重要的是活在问题的怀中而不是栖息在答案的胯下。反观现有思想政治教育的教材、专著以及相关论文,我们可以发现,人们对思想政治教育的思考几乎都是从"思想政治教育是什么"切入问题的。这种追问"思想政治教育是什么"的方式,从研究者的目的看,是企图寻求那个变幻不定的现象背后那个确定不移的"本质",以便在公认的名义上给思想政治教育下一个本质性定义,从而期望得到所有人对定性的认同或肯定。但是自柏拉图以来一直到黑格尔,哲学家们都认为本质是藏在现象背后的那个使这一事物区别于其他事物的恒定不变的东西,本质并不直接显现,更不可实地观摩。由此我们不难推出:人们如何"看视",如何"思维"就决定着事物本质的显现方式和品质。这样一来,就像康德和黑格尔所认为的那样,随着人类历史的发展,所有事物的本质最终都将大白于天下。但是我们也可以由此认为,事物的本质并不取决于事物本身,而是决定于思维者、研究者"看视"事物的方式和角度,这样"本质"说到底也就只不过是思考者对事物本质的一种人为的建构。在这个意义上,本质只不过是研究者的一种欲求,一种对自身欲望的反映。按此逻辑,我们也可以认为,思想政治教育的本质并不像以往研究者所认为的那样是恒定不变，一以贯之的；相反倒是可能随着人的实践活动和认识能力的变化而发生根本的变化。这样，我们越是想寻求"什么是思想政治教育"，实际上我们离思想政治教育本身越远；我们越是想揭开思想政治教育的面纱，实际上我们就越是遮蔽思想政治教育的本真。马克思主义认为，永恒的变化发展是客观世界万事万物的本性。因此，开拓思想政治教育新境界，推动高校思想政治教育不断与时俱进的庄严使命迫使我们必须改变思考问题的方式，由探求"什么是思想政治教育"转向追问"思想政治教育之何以可能"。只有这样，我们才能冲破已有的藩篱走向完成光荣任务的可能。

其次，在价值取向上，要由注重外在价值、社会价值转向更加突出人的内在价值、个体价值。

众所共知，思想政治教育是随着无产阶级的革命运动孕育而生的。紧紧围绕无产阶级的革命活动开展思想政治工作是思想政治工作的一贯作风和基本要求。在中国共产党领导中国人民争取国家独立和人民解放的新民主主义革命中，我们党把思想教育定位在服从、服务于"打仗、建立革命根据地、组织动员群众参军参战"等三个方面，是完全符合当时革命斗争需要的。在新中国建立后的社会主义改造和建设时期，从刘少奇1951年在全国第一次宣传工作会议上对"思想政治教育"的强调，到毛泽东1957年做《关于正确处理人民内部矛盾的问题》的报告中对"思想政治教育"的集中论述，都是与当时"一化三改造，建立社会主义制度"的时代任务相一致的。进入改革开放的社会主义现代化建设新时期，邓小平指出，"马克思主义的思想理论工作是不能离开现实政治的"[5]。但是，进入新世纪以后，我国进入了一个既是战略机遇期也是各种人民内部矛盾的凸显期。这时仍然以满足社会需要为宗旨，紧紧服务于革命、经济社会建设的传统思想政治教育越来越脱离国内外的社情民意和当代大学生的实际情况，其远离人、压抑人、束缚人的弊端也日趋严重。概而言之，当前的思想政治教育过于注重其外在功能的实现，忽视学生的情感和精神生活要求，忽视了思想政治教育对个体精神素养的提升。随着经济社会发展的"以人为本"的转向，坚持以人为本、促进人的全面发展是当今时代的心声，保障人权、尊重人性、培育人的创新精神、构建人的精神家园成为不可逆转的时代潮流。思想政治教育要与时代精神相结合，从服务于"政治"转向"人本身"的建设，坚持以人为本，注重人文精神的教化，建构人的精神世界，提升人的精神品质，努力使人们成为一个身心和谐、充满生机与活力的真实之人。

最后，在人性认定上，要由注重人性的自然性、社会性转向强调人性的精神性、超越性。

人性问题是复杂而又常讲常新的一个人类性问题。著名哲学家张岱年指出："自来论性者并非专为研究性而研究性,而是为讨论修养、教育、政治、不得不讨论性。"[6]从哲学的视角看,人性问题即人的本性问题,亦即人区别于其他事物的质的规定性问题。在《1844年经济学哲学手稿》中马克思指出:"动物和自身的生命活动是直接同一的,动物不把自己的生命活动同自己区别开来。它就是自己的生命活动,人则使自己的生命活动变成自己意志和意识的对象,他具有有意识的生命活动。这不是人与之直接融为一体的那种规定性。有意识的生命活动把人同动物的生活活动直接区别开来。"[7]正是人把自己的生命活动当成意志和意识对象,使得人具有超越生命活动的社会活动和精神活动,人也因此在具备自然性的同时,具备了社会性和精神性。其中,精神性表现为人所独有的能动性和创造性以及自我意识和价值定向。精神性是人之为人的根本特性之一。正如美国心理学家马斯洛所说:"精神生命是人的本质的一部分,从而,它是确定人的本性的特征,没有这一部分,人的本性就不完满。"[8]精神性是人性中的灵性部分。自然性、社会性和精神性在人类或个体发展中具有渐次生成、发展和不断递进、辩证否定的性质。精神性是自然性、社会性真正成为人的自然性、社会性的内在原因。但是由于各种复杂的原因,人们多用两分法的形式谈论人性,认为人性就是自然属性与社会属性的统一。这种人性论成了思想政治教育的主流,即认为人性就是人的社会性,思想政治教育只是满足社会需要的手段。但是正如有的学者指出的那样:"人作为精神存在物,他不再服从自然律,而是遵循道德律,这才是人的真正的'自由王国'。"[9]因此我们不但要看到人性的自然性和社会性,而且还要认识到人在社会生活中的自主性、能动性、创造性等精神属性。不但要看到人的社会价值,更要重视人的主体性和自我价值。特别是在以人为本,构建和谐社会的今天,面对我们日益严重的物欲泛滥,精神空虚,信仰缺失的社会现实,我们必须认识到:现实生活中的人都是自然属性、社会属性和精神属性的有机统一。只有坚持这样的人性观,我们的思想政治教育工作才能真正以人为本、尊重和理解每一个现实的人,切实从他们的生存发展的现状出发,更加注重思想政治教育内容、形式、方法的人性化、人本化,不断满足受教育者精神物质文化生活的需要。思想政治教育无疑要"培养人、建设人",但是思想政治教育不同于其他教育的特殊之处就在于它是对人的精神世界的教育,精神世界的关怀。"如果一个正在构建自己精神世界的人,不曾读过动人心弦、激荡心潮的书,不曾有自己百读不厌的优秀书籍,不曾为人类的智慧惊叹不已,不曾从书籍那里广泛地汲取人类智慧和精神力量,不曾从书籍中得到一种雄浑博大的崇高气质的感染,那么,他就没有受到地地道道的、货真价实的教育,难以想象会得到智力和精神的充分和谐的发展,会有充实、丰富、纯洁的内心世界。"[10]

四、结 论

通过问题意识、人性认定和价值取向人本化转型,我们认为,思想政治教育就是一种旨在通过生产、传递、倡导主流精神文化,从思想观念上建设人的精神世界,从而不断提高人精神发展水准的教育实践活动。思想政治教育应该关注的是人生存发展中的价值意义、理想信念、终极关怀等内在性、终极性、超越性的精神意识问题。其根本目的是教育者和受教育者通过在人生价值意义、理想信念和终极关怀等方面的思想观念交流、融合,不断提升人生的精神发展水平和精神境界,最终实践每一个人自由全面的发展。思想政治教育作为一种特殊的教育,无疑要培养人,但是思想政治教育对人的培养、塑造不可能是全方位的,思想政治教育既不同于技术教育也不同于其他的人文社科教育的特殊之处就在于思想政治教育本质上是一种从思想性、精神性上把握、塑造人,构建人的精神世界的精神性活动。

参考文献

[1]教育部思想政治工作司组:《加强和改进大学生思想政治教育重要文献选编》,中国人民大学出版社 2008 年版。

[2]拉兹洛:《决定命运的选择》,三联出版社 1997 年版。

[3]中央档案馆编:《中共中央文件选集》(第 12 册),中共中央党校出版社1986 年版。

[4]邓小平:《邓小平文选》(第 2 卷),人民出版社 1994 年版。

[5]邓小平:《邓小平文选》(1975－1982),人民出版社 1983 年版。

[6]张岱年:《中国哲学史大纲》,中国社会科学出版社 1982 年版。

[7]马克思:《1844 年经济学哲学手稿》,人民出版社 2000 年版。

[8]马斯洛:《人的潜能和价值》,华夏出版社 1987 年版。

[9]何中华:《关注人的精神世界》,2002 年版。

[10]肖川:《教育与文化》,湖南教育出版社 1990 年版。

列宁关于加强俄国社会主义文化
自觉性的战略思考[*]

摘　要:十月革命胜利后,俄国建立了社会主义意识形态,但文化水平不高直接影响和制约了社会主义经济和民主的发展进程。列宁指出,社会主义的优越性不仅表现为经济的发展,还应表现为文化的繁荣,这样的社会主义才是人们所向往和期盼的。因此,要加强党对文化的领导,用先进文化武装党;要以教育为切入点,加强文化全方位建设;要以经济建设为基础,注重提升国家文化实力。列宁的文化战略主张对当今时代具有重要的现实启示意义。

关键词:列宁;文化战略;文化自觉

十月革命胜利后,列宁从历史和现实的高度,理性思考俄国社会主义文化所面临的问题,充分意识到要加强俄国社会主义文化的自觉性以推进俄国社会主义事业的建设和发展。

一、加强党对文化的领导

列宁十分关注布尔什维克党在苏维埃国家政权中的地位和作用。列宁认为,坚定不移地坚持党的领导是一条不可动摇的原则。第一,要实现党的全面领导。主要是指党对整个国家政治经济生活和劳动者的一切组织实行领导。第二,要实现党的"总的领导"。这是列宁正确处理和把握党对文化工作领导的基本主张。列宁认为,党对包括文化在内国家各项事业工作的领导,是通过苏维埃政权机关

---

* 本文作者:张晓玲,重庆科技学院党委宣传部教授,研究方向为马克思主义中国化。
基金项目:重庆科技学院宣传思想文化科研项目"多元文化背景下大学文化建设研究"
(2012XCB03)。

完成的,党领导苏维埃的一切工作,对于文化工作,不越俎代庖,不参与具体的文化行政事务,而是在大的方面通过党的正确的文化方针、政策和策略去指导俄国文化建设,即实行文化的"总的领导",以加强党对文化的绝对领导。

在1917年十月革命胜利后,列宁感悟到,"要使整个苏维埃建设获得成功,就必须使文化和技术教育进一步上升到更高的阶段"[1]176,并对如何加强党的文化建设问题展开了思索。

其一,俄国经济文化落后的现实严重影响了苏维埃政权作用的发挥,妨碍了社会主义民主的实现。列宁强调,党必须坚定不移地推进文化建设,发展先进文化,尤其是注重加强党自身的文化建设。列宁把文化建设问题上升到苏维埃政权生死存亡的高度来阐述,其意义是深远的。

其二,坚持党对文化建设的领导,是社会主义文化建设的政治保证。历史唯物主义认为,经济是基础,政治是经济的集中体现,文化是经济、政治的反映,一定的经济政治决定一定的文化,一定的文化又反作用于一定的政治与经济,并给予重大影响。这说明,如果没有高度发展的文化和科学,也不能建成真正的社会主义国家。列宁敏感地意识到社会主义先进文化建设的重要性,指出推进文化建设,必须在党内率先进行。现在,执政党迫切需要做的,"第一是学习,第二是学习,第三还是学习"[2]380。党的干部和党员必须不断地加强学习,建设学习型政党,党才会形成持久战斗力和凝聚力,才会更好地领导人民群众进行社会主义建设。

其三,大力发展教育文化事业,提高人民科学文化水平、思想觉悟和道德素质,必须重视教育和灌输,使他们掌握科学和文化,具有较高的思想觉悟和道德素质,使之适应新社会发展的需要。

二、发展文教事业,加强文化建设

晚年的列宁全面论述了发展社会主义先进文化的重要性,提出了俄国建设社会主义先进文化的构想。

其一,应客观看待俄国整体文化水平。俄国整体文化水平很低,"我们距离普遍识字还远得很,甚至和沙皇时代比,我们的进步也太慢。""我们还要做多少非做不可的粗活,才能达到西欧一个普遍文明国家的水平"。[2]356-357这种"半文明"状态,已严重影响了苏维埃政权作用的发挥,极大地妨碍了社会主义民主的实现。列宁指出,执政后共产党员缺少的不是政治权力,也不是经济力量,而是文化。作为执政党,要实现党的正确领导,必须加强教育和文化工作,提升领导水平和执政能力,制定科学的政策以领导俄国的各项建设。

其二,文化建设是社会主义经济建设不可缺少的保证。"我们在一个文化不够发达的国家里推行社会主义,而我们没有从理论所规定的那一段开始,我们的政治和社会变革成了我们目前正面临的文化变革,文化革命的先导"。[2]368关于文化建设和经济建设的辩证关系,列宁认为经济建设为文化建设提供物质基础和物质条件,文化建设为经济建设提供精神动力与智力支持,两者相互联系、相互促进。列宁认为,一个缺乏文化支撑单靠专政、暴力、强制建立起来的社会主义,是不能巩固和发展的。只有建立高度发达的文化与科学,才能建成真正的社会主义国家。

(一)大力发展文化教育事业

第一,加大教育事业的经费投入。教育事业的发展离不开党和国家对教育事业的重视和支持,只有不断地加大对教育事业的经费投入,俄国的教育才会上一个更高的台阶。在国家财政紧张以至于不得不削减项目经费的时候,列宁坚持"应当削减的不是教育人民委员部的经费,而是其他部门的经费,以便把削减下来的款项转用于教育人民委员部"。[2]57列宁根据俄国的国情,强调要把发展国民教育放在首位,并作为整个社会主义革命的首要任务。

第二,加强教师队伍建设,提高教师的地位和待遇。教育发展,教师队伍质量的优劣至关重要。列宁认为应有步骤地进行组织人民教师的工作,一方面要注意培养具有共产主义思想的新的教师骨干,使他们成为苏维埃制度的坚定支柱;另一方面要帮助从旧社会过来的几十万教师为苏维埃教育事业服务。在列宁看来,在政权建立伊始,对原有教师的争取、改造和教育更为迫切和重要。为了发挥教师的作用,列宁主张提高教师的地位,改善他们的待遇。"在今年这个粮食供应还不错的年份,不要再不舍得增加教师的面包配给额了。""把国民教师的地位提到应有的高度"。[2]357列宁认为,提高教师地位、改善教师待遇是提高教师质量和保持教师队伍相对稳定的基本条件。

第三,精简教育行政机构。列宁认为,俄国发展教育文化的目的不是增加教育和文化行政机构,而是要提高俄国教育和文化水平。为了减少不必要的行政开支,必须不断地缩减教育和文化行政机构,"仔细考虑一下职业教育总局的编制,其中有很多是臃肿的和形同虚设的,应予撤销"。[2]358这样既可以提高教育和文化部门的办事效率,又可以节省行政开支。

第四,改组国家出版机构。列宁认为,"国家首先要关心的不应是出版机构,而是有读书的人,有更多能阅读的人,使出版机构在未来的俄国有更大的政治影响"。[2]358也就是说,要通过出版优秀的文化作品为俄国文化事业的发展提供保障。

(二)加强理想教育,形成共同文化思想基础

苏维埃政权建立以后,列宁始终强调苏维埃的主要任务是用共产主义思想去教育和引导人民大众,使他们抵制封建主义和资本主义的影响和侵袭。列宁特别强调,不能因意识形态的灌输而忽视知识和科学的启蒙,意识灌输、政治教育必须与科学文化知识的传播结合起来,这样通过持之以恒的努力,把共产主义道德灌输到群众的思想中去,变成他们的习惯、生活规范,提高他们对马克思主义的认同感,提高人民的科学文化水平,促进人的全面发展。

(三)持之以恒发展文化教育

俄国社会主义政权建立在落后的经济文化基础之上,其特殊国情决定了教育和文化事业的发展是一个长期艰巨的过程。列宁指出:"这个文化革命,无论在纯粹文化方面(因为我们是文盲)或物质方面(因为要成为有文化的人,就要有相当发达的物质生产资料的生产,要有相当的物质基础),对于我们说来,都是异常困难的。"[2]368列宁认为,农民文化教育工作是完全合作化的条件,要完全实现合作化,必须让农民经历整个一个提高文化水平的时代。

三、经济建设为基础,提升国家文化实力

列宁针对俄国刚确立社会主义制度的时代条件,认为俄国的中心任务是进行经济建设,这是俄国全部工作的中心。然而列宁又不是完全的"经济决定论"者,他认识到俄国包括经济建设在内的各项建设是一个系统任务,要充分发挥文化在发展国家各项事业中的基础性和战略性作用。为了增强人民对社会主义优越性的认同感,要在不断加强经济建设的同时,注重提升国家的文化实力。

马克思在《黑格尔法哲学批判导言》中指出:"批判的武器不能代替武器的批判,物质的力量只能用物质的力量来摧毁。但是理论已经掌握群众,也会变成物质力量。"[3]9这是马克思对理论作用的精辟阐述。列宁继承和发展了马克思主义的基本原理,对建设社会主义先进文化问题进行了深入思考。他认为,在基本政治制度和基本经济制度初步确立之后,要想在落后的国家建设社会主义,关键的问题就在于无产阶级及其先锋队的文化力量。针对俄共(布)和俄国社会主义政

权的具体特点,列宁提出了在经济文化比较落后的俄国如何建设社会主义先进文化的构想,并揭示了社会主义建设和国家文化发展的联系。在他看来,"现在,只要实现了这个文化革命,我们的国家就能成为完全的社会主义国家了"。[2]368

列宁之所以注重文化力量,其重要原因在于,经济文化比较落后的俄国要巩固和建设新生的政权,必须建设高度的物质文明和精神文明。要完成这一任务,必须在发展社会主义经济的同时,通过文化革命,发展社会主义先进文化。正如列宁在《论合作社》中指出的:"我们不得不承认,我们对社会主义的整个看法根本改变了。这种根本的改变表现在:从前我们是把重心放在而且也应该放在政治斗争、革命、夺取政权等等方面,而现在重心改变了,转到和平的文化组织工作上去了。""如果把国际关系撇开不谈,只就国内经济关系来说,那么我们的工作重心的确在于文化主义"。[2]367列宁强调,在俄国这样落后的国家建设社会主义文化,并不是一件轻而易举的事情。文化建设有自己的特殊规律,由于俄国工人阶级文化水平太低,所以文化建设只能从启蒙开始,不能急于求成。

另外,当时孟什维克宣扬"文化前提论",认为俄国建设社会主义的条件尚未成熟,应当先提高文化,然后再过渡到社会主义。列宁认为,既然建设社会主义需要有一定的文化水平,我们可以在无产阶级及其政党的领导下首先取得政权,取得社会主义革命的胜利,然后再凭借无产阶级政权的力量,组织社会主义经济建设。程序可以颠倒,任务必须完成。无产阶级夺取政权之后,必须为创造文明的基础而奋斗,完成"文化革命"的任务。

要在经济建设的基础上,推进国家文化实力的提升以增强社会主义俄国的优越性和吸引力,党和国家就要重视教育科学文化事业,提高全民族的素质。列宁从多个方面强调了他对教育和文化事业的重视。他认为,制约现代化的因素很多,但根本性的因素是人。要解决该问题,必须重视教育科学文化事业。教育科学文化建设所要解决的问题,就是提高整个民族的科学文化素质、思想觉悟和道德素质,进而为社会主义现代化建设提供智力支持。

作为一位思想家、革命家和战略家,列宁站在历史和现实的时代高度,理性思考和运用马克思主义基本原理和俄国具体实践的有机结合,科学分析了文化在整个俄国建设中的基础性和战略性地位,自觉地把文化建设和发展摆在俄国全方面建设的战略层面,以实现俄国党和国家的持续发展。

参考文献

[1]《列宁全集》(第38卷),人民出版社1986年版。

[2]《列宁全集》(第43卷),人民出版社1987年版。

[3]《马克思恩格斯选集》(第1卷),人民出版社1995年版。

新时代境遇下大学生理想信念发展态势与应对*

摘 要:新时代境遇下,大学生理想信念功利性日渐突出,变异性日渐增长,感性化日渐显现。适应时代发展要求,推动大学生理想信念教育与时俱进,就是要深入开展大学生理想信念教育信息化建设,加大用社会主义核心价值体系引领社会思潮的力度,推进大学生理想信念教育协调发展。

关键词:大学生;时代境遇;理想信念;发展态势

党的十八大报告指出,中国特色社会主义事业是面向未来的事业,需要一代又一代有志青年接续奋斗。大学生是青年群体的优秀分子,他们的理想信念如何,事关中国特色社会主义事业兴衰成败和中华民族伟大复兴。新时代境遇下,大学生理想信念呈现出新的发展态势。准确把握这一态势,推动大学生理想信念教育与时俱进,是当前高校的重要任务。

一、新时期新形势下大学生理想信念发展呈现新态势

进入新世纪以来,国际国内形势发生了深刻变化,伴随我国经济体制深刻变革、社会结构深刻变动、利益格局深刻调整、思想观念深刻变化,带来了社会思潮的空前活跃和价值取向的复杂多样,对大学生理想信念产生深刻影响,使大学生

* 本文作者:陈超,重庆科技学院人事处处长,教授,主要从事教育管理、高校党建与思想政治教育研究;姜华,重庆科技学院法政与经贸学院教师,副教授,主要从事高校思想政治教育研究。

基金项目:本文系2011年度教育部人文社会科学研究青年基金项目"大学生理想信念教育历史发展与现实境遇研究"(项目批准号:11YJC710021)、重庆科技学院2011年度校内科研基金项目"当代大学生理想信念教育研究"(项目编号:CK2011B31)的阶段性研究成果。

理想信念发展呈现出新的态势。

1. 大学生理想信念功利性日渐突出

大学生理想信念务实色彩强烈。当前，大学生价值取向主要在"求知热""入仕热""创业热"中变迁，大学生理想信念亦深受这几种价值文化的影响。"求知热"，展现了大学生理想信念的理想主义色彩；"入仕热"，展现了大学生理想信念的激越色彩；"创业热"，展现了大学生理想信念的务实色彩。在这几种价值取向中，大学生理想信念的功利性趋势日渐突出。随着知识经济的到来和社会主义市场经济的迅速发展，个体立足于社会所需的知识、学历和技能日益提高，知识成为经济社会发展的基本资源和重要元素。立足于这一时代背景，"求学"成为大学生生存与发展的必然手段。"求学"与未来幸福生活直接联系到一起，使大学生的理想信念定位更多地归结到个人生存发展和现实目标上，理想信念追求更多地体现到生活压力应对和个人物质利益上。大学生在"求学"过程中，更多关注的是知识的效用性，而非知识的真理性。大学生理想信念定位，更多地立足于个人前途命运和价值满足，一定程度上降低和削弱了对社会发展和民族国家命运的关注。大学生理想信念追求在务实作风推动下，变得浮躁、短视和狭隘，缺乏终极关怀意义，充斥着强烈的功利色彩。大学生往往把理想信念追求定位在具体的人生目标上，既缺乏对民族国家应有的社会责任感，又缺乏提升自我精神境界的内在支撑。与之适应，大学生的理想信念追求更多地体现为对现实生活压力的应对，目标指向明确，使得理想信念层次较低，缺乏长期性与持续性。

2. 大学生理想信念变异性日渐增长

当前，大学生群体中存在极少数同学信仰宗教现象，并且信仰宗教的大学生数量呈逐年上升趋势。"中国目前正在崛起的信教群体正是以大学生等为代表的'知识精英'群体"[1]，由于缺乏正确的导引，少数大学生把对伦理生活的改善和精神生活的升华付诸宗教，导致理想信念变异，偏离了社会主义理想信念的正确方向。毋庸置疑，共产党员是无神论者，马克思主义主张信仰的确立需以人为中心而不是以神为中心，这是科学信仰的基本前提。大学生把理想信念定位于宗教，是一种理想信念变异，值得引起重视和警惕。二战以来，在西方国家文化殖民政策的推动下，国外宗教信仰、价值取向等借助于传媒、投资、商品等方式迅速涌入国内，境外敌对势力利用宗教对大学生进行渗透，企业消灭中华民族的文化自主性，催生境外宗教信念，伺机制造宗教狂热和极端现象。在潜移默化的影响下，一些大学生逐渐偏离了理想信念的正确轨道，陷入宗教信仰误区。

3. 大学生理想信念感性化日渐显现

大学生理想信念情绪性、非理性有日益强化的趋势。由于生活阅历简单,社会经验不足,成长于和平年代的大学生对社会现象和政治问题的认识和评判理想主义色彩强烈,政治情感往往停留于表象的浅层,无法触及政治生活本相。同时,在价值选择上以感性统率理性,导致其理想信念存在偏差,感性化日渐显现。当代大学生政治热情高涨,具有较强的政治参与热情,较丰富的参与途径,但在政治参与过程中呈现出活动无序、经验缺乏、意识淡漠、纪律性差、唯我性强等问题。当代大学生理想信念的感性化较为突出,对中国共产党执政兴国过程中少数党员经济腐败、道德腐化、思想腐朽等问题认识不够正确,易于以点带面,把个别党员行为等同于全党行为,片面夸大个别现象,对中国共产党的评价主观情感重于客观实际,感性情感重于理性认识。在主观情感的左右下,大学生理想信念呈现出一种矛盾特征:理想信念既充分彰显个性,个体化特色突出,同时又易于受到同辈群体和社会环境影响,呈现出浮躁易变态势,多样性有余而坚定性不足,个体性有余而集体性不足,功利性有余而崇高性不足,自发性有余而纪律性不足。

二、准确把握大学生理想信念变动的致因元素

在表象上,理想信念危机仅仅是大学生个人层面问题,然而,这一现象的出现与社会环境的变革变迁不无关系,"目前我国青少年所面临的信仰危机从本质上来讲是我国由传统社会向现代社会转型的过程中所出现的价值体系断层的现象"[2],在经济全球化、政治多极化、文化多元化和社会信息化时代境遇下,大学生理想信念变动的致因元素主要有以下方面:

1. 网络化生存制造了大学生理想信念教育盲区

作为新技术革命成果,电脑和网络正迅速融入人类生产生活,网络化、数字化是当代大学生学习生活的普遍样态。网络的出现,在开辟大学生学习生活新空间的同时,使大学生理想信念教育出现了新的盲区,面对大学生学习生活的网络空间,理想信念教育在制度、实践、规范、引领、监控等层面尚未做好充分准备。

当代大学生崇尚个性、自由,他们蔑视并解构一切社会权威和规范,追求个人生活和精神世界的解放,他们内心体验丰富,情感变化细腻。网络的出现为大学生破除和逃离以往主导价值统率的同一性生活提供了平台和可能。网络融入当代大学生生活空间,提供了大学生展现和彰显自我个性的平台和机遇,使大学生价值取向和理想方位更为多元多样,更重个性个体,传统整齐划一的理想信念教

育模式与当代大学生思想实际的距离越来越远。网络成为大学生政治参与的重要平台,网络参与是当代大学生政治参与的重要形式。同时,由于网络的虚拟性和网络监控盲区的存在,导致大学生网络政治参与的无序性、非理性、随意性和情绪性,易于导致大学生网络政治行为失范,削弱了党和国家的政治权威。规范性与合法性成为当前大学生网络政治参与的主要障碍。网络世界的虚拟性,一定程度上消解了大学生社会结构与生活模式的在场感与现实性。网络文化的开放性、网络犯罪、网上暴力、网络色情、网络黑客等,消解了大学生的正确价值取向。大学生的网络化生存使他们与父辈之间、老师之间的距离日益扩大,加剧了当代大学生的代际冲突,使他们对源自学校和家庭的理想信念教育接受度日益降低。

2. 外来思潮涌入增加了大学生理想信念教育难度

大学生群体既是各种社会思潮的创立者和促发者,又是各种社会思潮争相抢占以传播和扩大思潮影响力的重要载体。当前各种外来思潮纷至沓来,使大学生的思想统一工作难度增强。

随着外来思潮的涌入,西方国家和平演变更为隐蔽,敌对势力与我争夺下一代的斗争更加尖锐复杂,大学生面临着大量西方文化思潮和价值观念的冲击,大学生理想信念教育受到各种社会思潮尤其是西方社会思潮的挑战。新时期新形势下,科学技术日新月异,各种思想文化交流交融交锋更加频繁,发达资本主义国家基于经济和科技优势,依托于网络平台,肆意传播其价值观念、意识形态和社会思潮,把英语作为网络主导语言,在网络世界处于垄断和独占地位,网上文化渗透、价值输入和意识形态颠覆已成为日益严峻的现实问题。在求新求异的心理推动下,异域世界物质文明和社会文化对大学生充满了吸引力和影响力,与之适应,他们日益远离了我国源远流长、博大精深的优秀传统文化,大学生群体中逐渐产生一些文化浮躁情绪,崇洋媚外之风日盛,伴随网络化迅速涌进国门的韩流、日流,迅速占领一些大学生的精神世界,推动大学生中"哈日""哈韩"群体的产生并不断壮大。大学生"哈日""哈韩"族不以忘却历史为耻,反以盲目追随和模仿国外社会生活方式和价值观为荣,这一趋势并非当代大学生理想信念的正确发展路向。依托于网络的文化渗透易于导致一个社会一个国家主流文化逐步发展嬗变,潜移默化地导致一些民族文化处于边缘地位并不断消亡。当前,社会生活依托于网络普及而处于一个信息泛滥的时代,大学生在庞大的信息面前缺乏清醒的政治意识和正确的价值立场,对西方社会思潮理解不足,鉴别不够,认识不清,易于受到经过精心包装的外来思潮和异域文化的影响,逐步削弱了他们的社会主义理想信念,强化了源自西方发达国家的资本主义价值取向。这一过程缓慢而隐蔽,往往不易察觉,但却成为影响大学生树立正确理想信念的重要干扰和障碍。

3. 转型期体制不完善冲击了大学生理想信念教育实效

当前,中国正步入社会转型期、改革攻坚期和矛盾凸显期,许多深层矛盾逐步凸显,一些社会问题有所抬头,价值取向扭曲、道德领域失范、诚信行为缺失等问题较为突出,一些社会丑恶现象沉渣泛起,中国处于解决"发展的问题"和解决"发展起来的问题"同步推进的阶段,这一特殊的时代背景冲击了大学生理想信念教育效果,降低了大学生理想信念教育实效。

新时代境遇下,市场经济的快速发展,民主政治的加快推进,对当代大学生理想信念产生重要影响。市场经济的趋利性导致大学生理想信念出现了一定的功利性;民主政治建设的加快推进增强了大学生对中国共产党的信任和信心,同时亦导致当代大学生理想信念多样化发展趋势有所增强,加大了大学生理想信念教育难度。"由于社会经济成分、组织形式、就业方式、利益关系和分配方式日益多样化,人们思想活动的独立性、选择性、多变性、差异性明显增加;市场经济活动存在的弱点及其带来的消极影响,反映到人们的思想意识和人与人关系上来,容易诱发自由主义、分散主义和拜金主义、享乐主义、利己主义"[3],社会主义市场经济条件下,人们更多地强调现实,追求实在,讲究利益,使得社会环境日益浮躁、务实、短视、急功近利,理想被物质所俘虏,工具理性战胜并统率了价值理性,理想信念逐步让位于现实利益。加之我国社会主义道德建设和文化建设落后于经济发展步伐,导致社会生活中一定程度上存在唯利是图、道德败坏和风气不正等现象,一些大学生不能认识社会主义现代化建设的艰巨性和复杂性,从而出现了政治失望、理想动摇、信念模糊、价值摇摆等危机,在各种"西方中心主义"潮流侵袭下,一些大学生逐渐背离和放弃了社会主义意识形态,逐步背离和放弃了以儒家思想为核心的优秀传统道德体系,各种庸俗化、功利化、个性化、娱乐化潮流逐渐占据大学生的精神世界,使得大学生群体中拜金主义、享乐主义和极端个人主义有所滋长。

三、着力推动大学生理想信念教育与时俱进

大学生理想信念教育一定程度上是大学生"举什么旗""走什么路""以什么样的精神状态""向什么样的目标"前进的问题,妥善安排并有效推进大学生理想信念教育,对于确保中国特色社会主义事业后继有人,实现中华民族伟大复兴意

义重大。

1. 深入开展大学生理想信念教育信息化建设

网络的普及及大学生网络化生存方式,使大学生理想信念教育信息化建设成为当前高校加强和改革大学生思想政治教育的一项重要任务。当前,网络阵地已成为各种势力渗透和争相占领的一个重要领域,开展大学生理想信念教育信息化建设是适应这一时代趋势的必然选择。

拓展大学生理想信念教育网络空间,主动占领大学生理想信念教育网络阵地。"资本主义在全国网络信息化中居于强势地位,资本主义国家通过对全球网络信息的控制来维护其根本的政治经济利益"[4],当前大学生理想信念教育网络信息覆盖范围低,还存在一些盲区。为此,应把保护优秀传统文化和民族理想信念作为大学生理想信念教育信息化建设的重要原则,加强中华民族优秀传统文化资源的网络建设,在网络建设和网络发展中坚持语言和文化多样性,不断拓展大学生理想信念教育的网络生存空间,加大大学生理想信念教育资源在各级各类网络领域的有效融入。在国内知名门户网站中积极融入大学生理想信念教育信息,增强和扩大理想信念教育网络信息对大学生学习生活空间的覆盖,依托于理想信念教育网络空间的拓展扩大理想信念教育信息对大学生的吸引力和感染力,提高大学生的马克思主义理论素养,增强他们的政治鉴别力。

加强和改进大学生理想信念教育网络内容建设,提高大学生理想信念教育网络内容的有效性。一些高校一些部门把大学生理想信念教育信息化建设简单等同于大学生理想信念教育网站建设,忽略了网站的内容建设,导致大学生理想信念教育网络资源同质化现象比较突出,创新能力不足,共享程度不高,主流网站对大学生理想信念的引领有待提升。为此,应进一步开发和建设大学生理想信念教育网络内容,使之更为符合于大学生心理实际、思想需求和民族需要,更为符合于大学生政治认知、政治参与和利益诉求表达需要。"一个有远见的民族,总是把关注的目光投向青年;一个有远见的政党,总是把青年看作是推动历史发展和社会前进的重要力量"[5],当前大学生理想信念教育网络内容建设应以弱化理论性、强化通俗性为准绳,以形式新颖、生动活泼、通俗易懂、贴近实际的网络内容开展理想信念教育,在生活化的内容呈现中吸引大学生的眼球、激发大学生参与、引导大学生接受,唱响网上主旋律,使互联网等新兴媒体真正成为社会主义先进文化新阵地、公共文化服务新平台、大学生精神文化新空间。

2. 加大用社会主义核心价值体系引领社会思潮的力度

大学生群体是各种势力争夺的重点对象,马克思主义不去占领,非马克思主义就会占领。大学生理想信念教育应对各种社会思潮急骤涌入的挑战,就是要加大用社会主义核心价值体系引领社会思潮力度,不断凝聚和扩大社会共识,大力弘扬社会主义主旋律,营造大学生理想信念教育的良好氛围。

尊重差异、包容多样,提高社会主义核心价值体系引领多样化社会思潮科学化水平。大学生理想信念教育的目标和归宿在于促进大学生顺利实现政治社会化,实现对社会主义理论与实践的高度认同和自觉维护,形成坚定信念并终生实践。加大用社会主义核心价值体系引领社会思潮力度,并不是用一元取代多元,并不是搞思想垄断,而是既旗帜鲜明地反对西方自由化思潮又坚持马克思主义一元指导与多样兼容并存,坚持不懈地用中国特色社会主义理论体系武装大学生的头脑,积极探索用社会主义核心价值体系引领社会思潮的有效途径,持之以恒地用社会主义核心价值体系引领社会思潮,既尊重差异、包容多样,又有力地抵制各种错误和腐朽思想的影响,引导大学生以当代中国发展大局为重,以国家民族利益为先,在大学生群体中切实形成统一指导思想、共同理想信念、强大精神力量、基本道德规范,不断增强社会主义核心价值体系对大学生的吸引力、说服力、凝聚力,切实把社会主义核心价值体系转化为大学生的自觉追求,注意方式方法,既理直气壮反对资产阶级利己主义,又不强行灌输社会主义意识形态,在关心和照顾大学生个人利益中开展理想信念教育,充分发挥大学生群体的积极性和创造性,引导大学生自觉投身于全面建设小康社会、开创中国特色社会主义事业新局面的伟大实践中,进一步提高用社会主义核心价值体系引领多样化社会思潮的水平,使社会主义核心价值体系始终成为大学生理想信念教育的方向和旗帜。

3. 推进大学生理想信念教育协调发展

大学生理想信念教育应坚持个性与共性的协调发展。把握社会发展规律并促进社会发展进步是大学生理想信念教育内容的重要方面,大学生理想信念教育必然具有立足民族国家的共性要求和前进方面;同时,大学生之间又具有个体差异,不同时代不同年龄不同专业的大学生理想信念需求因之不同,大学生理想信念教育亦具有皆顾理想个体性的个性教育内容。然而,片面强调共性的理想信念教育模式易于导致对大学生个性化心理特征的背离,引起大学生的逆反心理而降低教育实效;片面强调个性的理想信念教育模式则易于导致大学生的理想定位和信念归宿缺乏正确导向和同一目标,易于偏离社会主义大学的办学要求。为此,大学生理想信念教育应坚持个性与共性协调发展,既关注大学生的思想需求实施个体化理想教育,同时牢牢把握大学生理想信念发展的社会主义方向。

大学生理想信念教育应坚持现实与未来的协调发展。理想是现实的延续,大学生理想信念教育既要回归生活世界同时亦超越现实生活世界,缘自生活,同时高于生活,把直面现实与超越现实统一起来,避免那种脱离生活世界的理想信念教育误区。"我们对社会未来发展的方向可以做出科学上的预见,但未来的事情具体如何发展,应该由未来的实践去回答。我们要坚持正确的前进方向,但不可能也不必要去对遥远的未来做具体的设想和描绘"[6],过度强调未来发展目标,易于导致基于对大学生世俗生活内容的忽略而使理想信念教育缺乏吸引力、说服力,难于激发大学生的参与热情;过度强调回归生活世界,脱离未来发展目标,理想信念教育却只能带给大学生激情式的短期导引,缺乏根深蒂固的精神支柱和长久发展的动力。

参考文献

[1]华桦:《大学生信仰基督教的原因与路径分析》,载《中国青年研究》,2010年第11期。

[2]李庆真:《从社会转型的视角解析当前我国青少年面临的信仰危机》,载《青年研究》,2005年第6期。

[3][6]《江泽民文选》(第3卷),人民出版社2006年版。

[4]高乃云:《网络化对马克思主义大众化的传播方法和手段提出了挑战》,载《红旗文稿》,2012年第23期。

[5]胡锦涛:《迈向新世纪创造新业绩——在共青团第十四次全国代表大会上的祝词》,载《人民日报》,1998年6月20日。

大学生社会实践对高校思想政治教育的积极意义 *

　　摘　要:大学生社会实践是我国高校教育教学工作的重要组成部分,是高校思想政治教育工作的重要措施。大学生社会实践在我国具有优秀的传统,以对比的视角看,与美国的大学生的服务学习有相似之处,但我国大学生社会实践更强调组织性。对于高校思想政治教育工作,大学生社会实践具有以下积极意义:引导大学生走入社会,积极认识社会和构建社会经验;个人到社会,视角转换和集体主义精神的培养;认识国情,爱国主义教育和社会教育;个人价值重塑,树立科学的人生观和价值观。

　　关键词:社会实践;思想政治教育;大学生;高校

　　大学生社会实践是我国大学教育阶段的重要教育措施,对于高校思想政治工作、学生能力提升以及大学服务社会的职能均有重要意义。如何认识大学生社会实践对于高校思想政治教育工作的重要意义,特别是以一种国际对比的视角,是当前高校教育教学中的重要课题。

一、大学生社会实践的新发展

　　我国大学生社会实践活动具有良好的传统,1950 年政务院《关于实施高等学校课程改革的决定》中就指出"有计划地组织学生的实习和参观,并将其作为教学的重要内容"。后来国家教育部专门成立了直属高等学校学生生产实习指导委员会,并颁布了《学生实习指导委员会暂行组织规程》。在 1953 年还专门成立了中

---

　　* 本文作者:包翠秋,重庆科技学院工商管理学院讲师,教育学硕士,美国南卡罗纳大学访问学者,主要研究方向为高校德育和学校心理学。

央生产实习指导委员会,负责全国高等学校和中等技术学校学生生产实习的组织领导工作,并于1954年由高教部颁布了《高等学校与中等技术学校学生实习暂行规程》,对实习的方针、原则和具体办法等做了明确规定。

从20世纪50年代到现在为止,我国大学生社会实践活动从最初的主要是社会调查、勤工助学等扩展为"三下乡""四进社区"创业实践"红色之旅"参观考察等。近年来重庆市进一步规定大学生社会实践工作要做到"六个一",具体是:每名大学生种100棵树,每所大学建一片"大学林",组织大学生带薪实习一个月,到农村"三进三同"一个月,到企业做工一个月,开展学军一个月,撰写一篇有价值的社会调研报告。这是我国大学生社会实践的重要改革和发展。

大学生社会实践活动作为高校学生培养过程中的实践活动的重要组成部分,主要指大学生在学习过程中理论联系实际,并注重社会应用与创新,是大学生在发展过程中的重要社会和教育活动,也是大学生注重走向社会并与生产劳动相结合、适应社会、承担社会责任的活动。总体上看,大学生实践活动是我国高等教育阶段重要的教育和教学的组成部分。

近年来我国大学生社会实践有着重要的发展和改革,有学者总结出我国近年来大学生的社会实践主要呈现出以下变化特征:一是大学生生活实践活动经历了一个由自发到自觉、由单一到全面、由小规模到大规模的发展过程;二是大学生社会实践内容丰富,形式多样,时代特色越来越鲜明,更加突出了"三贴近"的要求;三是大学生社会实践活动呈现出由被动实践向主动实践、由认知社会向服务社会、由改造思想向全面提升自身素质的转向,已越来越引起全社会的关注,得到全社会的支持和帮助,正在日趋系统化、规范化和制度化。

二、大学生社会实践与高校思想政治教育的关系

高校思想政治教育主要分为思想教育和政治教育两部分。思想教育,主要是一种关于社会个体的世界观、方法论和社会认识能力的教育。政治教育,主要指学校教育中有计划、有目的地对学生个体进行政治理论、政治观点、政治价值观、政治倾向的、以政治意识形态为核心的教育。所有国家的大学教育都强调政治性,资本主义国家所强调的主要是资本主义意识形态的教育。邓小平强调,"毫无疑问,学校应该永远把坚定正确的政治方向放在第一位"。

我国大学生社会实践也是思想政治教育工作的重要组成部分。有学者指出,我国大学生社会实践工作的总体要求是:以邓小平理论和"三个代表"重要思想为

指导,全面贯彻党的教育方针,遵循大学生成长规律和教育规律,坚持社会实践与课堂教学并重,以了解社会、服务社会为主要内容,以提高大学生的思想政治素质和专业技能为目标,以稳定的实践基地为依托,采取灵活多样的方式方法,使大学生走出校门,在实践中受教育、长才干、做贡献,努力成长为中国特色社会主义事业的合格建设者和可靠接班人。

大学生社会实践与思想政治教育的关系上,高校应以大学生社会实践为重要载体,丰富思想政治教育内容,拓宽思想政治教育渠道,并扩大思想政治教育的范围。思想政治教育要摆脱空洞的说教,所以应该鼓励和组织学生通过参与社会实践,在认识社会、体验生活的过程中培养学生的道德情感,构建核心价值体系,树立正确的思想政治方向。思想政治教育要有生命力,通过与社会生活紧密联系,有助于解决传统思想政治教育与社会现实脱节的问题。大学生社会实践在大学生的道德社会化和政治社会化的过程中具有独特的作用,是大学生与社会沟通的重要渠道。

三、对比的视角

西方高校也重视思想政治教育,不过这种教育主要是隐形的。"看来似乎奇怪,尽管美国学校教育有着巨大的潜在的现实的影响,美国社会存在着一条信念,即教育事业应是不问政治与超党派的。然而仔细观察一下便可看出,这一要求不过是一种由于人们的短见和沉默而变得永恒的神话。"在大学教育研究中我们需要一种对比的视角,这对我们认识大学生社会实践工作有重要意义。"任何时候我们想要讨论教育上的一个新运动,就必须特别具有比较宽阔的或社会的视点,否则,我们就会把学校制度和传统的变革看成是某些教师的任意创造"。

美国大学的服务学习与中国的大学生社会实践有一定的联系,通过与美国大学生服务学习,有助于我们理解大学生社会实践对于大学教育教学的重要意义。

依据1993年制订的《全美及各州服务条例》。服务学习应该这样理解:服务学习是一种学习方式,在这一过程中,学生主动地参加切合社区需要而精心组织的社区服务活动,从而实现学习与发展,服务学习可以在小学、中学和大学组织实施。"服务学习是当前美国学校品格教育与公民教育的一种重要方式、服务学习着力于促使学生在主动参加社区服务的过程中实现学习与发展。美国的教育实践证明,服务学习具有增强学生社区参与、改善学业成绩、完善品格、优化人际关系等教育价值"。美国的服务学习强调,"以学生为中心,将社区服务与知识学习结合起来的开放式的教育方式,学生在服务中运用所学知识,并反思服务过程,在反思中进一步获得未来生活所需要的知识,同时形成社会责任感"。美国大学生服务学习的目标是多元的,"作为一种实践型教育教学方式,服务学习所承载的教育任务是多方面的,有学术教育的目标,公民教育的目标,还有价值观教育、人文教育等方面的目标"。"服务学习的基本精神是在服务中学习,在学习中成长"。总体上看,美国高校服务学习的特点:"目标效果:注重学生、学校、社区和政府间的互惠;内容形式:体现多元;实施方法:彰显学生与社区的参与;实施过程:凸显反思环节的再认识;终极指向:培养负责任的社会公民。"

美国的大学生的服务学习主要是两方面:服务社区与学科教学的紧密结合,培养学生的知识、品格与公民能力。其服务学习有两大基本形式:学校组织的服务学习与社区组织的服务学习。通过服务学习,促使大学生把大学中的知识应用于现实社会实践,并学会处理实际社会问题,学会为社区提供积极的服务,并增强学生对于社区的归属感与责任感。

通过对美国大学生服务学习的对比,我们可以看出,与中国大学生社会实践相比较,两者的共同点主要如下:首先,两者都重视理论联系实际,培养大学生的社会实践能力;其次,两者都强调在此过程中,培养学生的道德观和责任感;最后,两者都强调服务社会的理念,并将此视为大学的重要职能和大学生的重要经历。不同之处主要在于:美国的大学服务学习主要是一种大学的自发行为,而中国主要是一种组织行为;另外是指导思想,美国主要是强调自由主义意识形态,我国则是强调爱国主义和为人民服务的道德和政治价值观。

四、大学生社会实践对高校思想政治教育的积极意义

总体上看,我国大学生社会实践是我国大学教育阶段思想政治教育工作的重要组成部分,大学生社会实践对于高校思想政治教育工作的积极意义主要如下:

(一)引导大学生走入社会:积极认识社会和构建社会经验

《中共中央、国务院关于进一步加强和改进大学生思想政治教育的意见》中明确指出:"社会实践是大学生思想政治教育的重要环节,对于促进大学生了解社会、了解国情,增长才干,奉献社会,锻炼毅力,培养品格,增强社会责任感具有不可替代的作用。"从大学的国家视野的角度上看,主要有三大职能:学术研究,教育教学和服务社会。大学生社会实践既是大学教育教学的重要组成部分,也是大学服务于社会的职能的体现。大学生社会实践有利于引导大学生积极走入社会,构

建必要的社会经验,认识我国的国情,树立报效祖国、建设社会主义国家的理想,这是当前大学思想政治教育工作的重要组成部分。大学思想政治工作必须走向社会,不能局限于教室和书斋,正如马克思主义强调的,重要的不是如何认识这个世界,而是如何改造这个世界。

(二)个人到社会:视角转换和集体主义精神的培养

这是当前思想政治教育工作的重要维度。当前我国大学生主要在家庭、学校的环境中活动,独生子女比例极高,部分大学生生活依赖性强,独立自主性差,严重缺乏艰苦奋斗、吃苦耐劳的精神,个人主义严重,缺乏集体观念和诚实、谦让、与人合作的精神。社会实践活动则有利于大学生全面地认识自己和他人、社会之间的关系,通过多重视角的转换与他人的合作,特别是现实社会中的实践,能够有利于促使大学生正确处理眼前与长远的关系,个人与集体的关系,并有利于个人视野的扩大和集体主义精神的培养。

(三)认识国情:爱国主义教育和社会教育

这是大学生社会实践的重要思想政治教育的价值维度。爱国主义教育不是口号式教育能实现效果的,思想政治教育工作需要扎扎实实地深入社会,让学生在理解国情、理解社会的过程中,认识历史的使命感,在此基础上构建爱国主义精神。只有深入地理解了国情和社会,才能理解责任感和政治使命感,这也是思想政治教育工作的重要维度。

(四)个人价值重塑:树立科学的人生观和价值观

大学生往往面临人生价值构建的过程,特别是一直局限于家庭和学校生活的大学生,对于社会往往有着不切实际的理解,而这种理解往往又与现实相冲突时,可能导致大学生心理上的种种困惑,甚至可能有严重的负面影响,大学生社会实践正是良好的免疫力的培养过程,通过正向的社会实践,理解社会,理解中国发展的艰辛,理解中华民族复兴的伟大事业,在此过程中追寻自身的价值和理想,树立科学的人生观和价值观,这对于高校的思想政治教育工作具有重要价值和意义。

参考文献

[1]曹银忠、胡树祥:《新中国成立以来大学生社会实践活动的回顾与展望》,载《思想理论教育导刊》,2010年第5期。

[2]邓小平:《邓小平文选》(第2卷),人民出版社1994年版。

[3]张新来、栗雪:《大学生社会实践工作研究》,载《中国成人教育》,2007年

第 6 期。

[4][美]理查德·D·范斯科德等:《美国的教育基础——社会展望》,北京师范大学外国教育研究所译,教育科学出版社 1984 年版。

[5][美]约翰·杜威:《学校与社会,明日之学校》,赵祥麟等译,人民教育出版社 2005 年版。

[6]刘长海、罗怡:《论服务学习对大学生社会实践的启示》,载《高教探索》,2005 年第 3 期。

[7]许瑞芳:《美国服务学习对我国社区服务的启示》,载《思想理论教育》,2010 年第 16 期。

[8]郝运、饶从满:《美国高校服务学习理论模式初探》,载《比较教育研究》,2009 年第 11 期。

[9]郝运、饶从满:《美国高校服务学习的特点、实施程序及对我国的启示》,载《东北师大学报(哲学社会科学版)》,2010 年第 1 期。

基于三风建设的高校党建创新思考*

摘 要:提高教育质量是高校贯彻落实科学发展观的根本所在,培育优良的校风、教风和学风是学校发展的永恒主题,也是学校党建工作服务学校发展的重要着力点和突破口。高校党建的根本在于促进"三风"建设,为"三高"大学创建提供坚强的政治和组织保证。

关键词:党建;三风;三高;质量

提高质量是教育改革发展的核心任务,是科学发展观在教育领域的根本要求。提高教育质量,必须要有优良的校风、教风和学风来保证。校风、教风和学风是党的作风的载体,是党的作风的具体体现。因此,培育优良的校风、教风、学风,关键在于加强党的建设。

高校要紧紧围绕提高高等教育质量,以改革创新精神推进高校党建工作,大力促进校风、教风和学风建设,为建设具有高素质的教师队伍、培养高质量的大学生、创造高水平的科研成果的"三高"大学提供坚强有力的政治和组织保证。

一、明确抓党建、促三风对提高教育质量的重要意义

提高教育质量是高校贯彻落实科学发展观的根本所在,培育优良的校风、教风和学风,是学校发展的永恒主题,是办学治校育人之基,是实现学校发展目标的三块基石,也是学校党建工作服务学校发展的重要着力点和突破口。培育优良的

---

* 本文作者:陈超,重庆科技学院人事处处长,教授,主要从事教育管理、高校党建与思想政治教育研究;张振飞,重庆科技学院党委宣传部思想政治工作科科长,讲师,主要从事高校党建与思想政治工作研究。

校风、教风和学风,前提是必须狠抓党建工作。高校党建工作的主要任务就是保障和促进"三风"建设。

(一)坚持社会主义办学方向,是培育优良校风、教风、学风,提高高等教育质量的根本前提

高校肩负着培养中国特色社会主义事业合格建设者和可靠接班人的历史使命,这样的人才应是德才兼备的高素质人才。高等教育的质量首先是政治质量,高校培养的人才要合格,首先是政治上要合格。高校历来是意识形态领域交锋争夺的重要领域。如果不用马克思主义占领这个阵地,其他的意识形态就会去占领,我们就将失去这个阵地,培养人的政治质量就无法保证。因此,坚持社会主义办学方向,对于党和国家始终高举中国特色社会主义伟大旗帜、推进中国特色社会主义伟大事业具有特殊而重要的意义。必须用马克思主义中国化最新成果武装大学生头脑,在任何时候都决不含糊、决不动摇、决不改变。只有这样,才能保证高校的社会主义办学方向,才能确保高校校风、教风和学风建设始终保持正确的轨道,才能引导当代大学生树立中国特色社会主义理想信念,使党在政治和信仰上赢得青年学生,从而赢得未来,实现党的历史使命。

(二)加强高校党的作风建设,是培育优良校风、教风、学风,提高高等教育质量的核心要求

党的作风是党的先进性最具代表性的反映,在各种风气中具有总揽性、引导性和示范性。党的作风在不同的历史时期有不同的内涵和要求,在不同的领域有不同的表现形式。在高校,党风具体体现为校风、教风和学风。无论是广大师生、学生家长还是社会各界,他们评价高校党的形象、党的作风,主要看的就是高校的校风、教风和学风。高校党的作风建设是"三风"建设的"龙头",在"三风"建设中始终起着引领、示范作用。一所学校有什么样的党风,就有什么样的"三风",也就有什么样的教育质量。党风正,则校风正、教风严、学风浓;党风不好,则校风不正、教风不严、学风不良。所以,要建设优良的"三风",提高教育质量,必须狠抓党的作风建设。

(三)加强高校党的基层组织建设,是培育优良校风、教风、学风,提高高等教育质量的组织保障

中国共产党是执政党,党组织的先进性在高校具体表现为党组织在"三风""三高"建设中能发挥政治保障和战斗堡垒作用;党员的先进性表现为在"三风""三高"建设中能发挥先锋模范作用。如果高校基层党组织软弱涣散没有战斗力,

高校广大党员不能发挥示范带头作用，就不可能形成良好的"三风"，就很难保证提高高等教育质量，就无法建成"三高"大学。高校必须紧紧围绕培育良好的"三风"，创新党的基层组织和党员队伍建设，切实把党的组织资源转化为加强"三风"建设的资源，把组织优势转化为"三风"建设的优势，把组织活力转化为"三风"建设的活力，把党的基层组织建设的成效具体体现到"三风"建设的效果上来。

（四）加强校、院（系）领导班子建设是"三风"建设的关键所在

学校领导班子是学校改革建设发展的领导核心，也是校风、教风、学风建设的领导核心。能不能培育形成优良的"三风"，提高教育质量，学校领导班子发挥着十分关键的作用。学院（系）领导班子是学校改革发展的中坚力量，也是校风、教风和学风建设的具体组织者和实践者，能不能培育形成优良的"三风"，提高教育质量，学院（系）领导班子发挥着直接的决定性作用。校、院（系）领导班子对"三风"建设的态度、促"三风"建设的力度，决定着"三风"建设的方向、进程和实际效果；同时，领导干部本身就是"三风"建设的实践者和示范者，领导干部的作风在"三风"建设中起着重要的导向作用。广大师生员工时刻睁大眼睛盯着领导班子：班子是否团结奋进、求真务实、锐意改革、爱岗敬业，班子成员是否清正廉洁、严于律己、追求进步、以身作则，这些印象深深地影响着广大师生员工的思想觉悟、言行举止，直接决定着校风、教风、学风，影响着学校的整体教育质量。

二、强化抓党建、促三风的措施方法

"抓党建、促三风、建三高"是一项立足实践、夯实内功、陶冶情操、提升素养的人心工程，也是一项回归日常、长抓不懈、无声润物、滴水穿石的长效工程。高校要深入贯彻落实科学发展观，紧紧围绕提高教育质量和培育核心竞争力，以改革创新为根本要求，扎实推进党的组织和作风建设，强化师德师风建设和大学生思想政治教育工作，健全党在高校的领导体制和工作机制，促进"三风"建设，为建设高素质教师队伍、培养高质量大学生、创造高水平科研成果提供坚强的政治和组织保证。

（一）坚持用中国特色社会主义理论体系武装广大师生，切实为校风、教风、学风建设提供坚强的思想保证

用中国特色社会主义理论体系武装头脑，坚定师生中国特色社会主义理想信念，是党建工作的首要任务，是"三风""三高"建设的灵魂和坚强的思想保证。高校要积极组织实施"中国特色社会主义理论体系武装工程"，切实增强坚持中国特色社会主义的自觉性和坚定性。进一步加强思想政治理论课学科、课程、教材和

师资"四大建设",积极推进中国特色社会主义理论体系"进教材、进课堂、进头脑"。分期分批分层次对党员干部、哲学社会科学教学科研骨干、思想政治理论课教师、辅导员和班主任、专业技术队伍、大学生骨干进行专题培训,切实用中国特色社会主义理论体系武装头脑、指导实践、推动工作。实践中,重庆科技学院坚持把社会主义核心价值体系融入学校教育全过程,在各年级开设了3—4学分的思想道德实践课,使当代中国马克思主义"三进"工作得到有效落实。此外,高校还应充分发挥学科优势,建设好党建研究基地,加强对中国特色社会主义理论体系的研究和宣传,培养优秀研究团队,推出一批有分量有价值的理论成果,努力造就一批马克思主义哲学社会科学名师名家和党建理论骨干。

(二)抓好领导班子建设,切实发挥在校风建设中的主导作用

校风建设中,领导班子起着主导作用。要按照建设高素质领导班子的要求,以提高办学治校能力为核心,不断加强校、院(系)两级班子自身建设,推动校风建设水平的大幅度提升。认真贯彻民主集中制原则,坚持和完善党委领导下的校长负责制,健全工作运行机制,深入探索党委领导、校长负责、教授治学、民主管理的有效途径和方法。围绕建设担当历史重任的学校坚强领导集体,重庆科技学院深入开展学校领导干部办学治校能力专题培训,进一步提升了领导班子谋划发展、改革创新的能力,依法办学、科学管理的能力,统筹协调人才培养、知识创新和社会服务的能力,以及加强和谐校园建设的能力。要切实加强二级学院中层领导班子建设。坚持围绕中心、服务大局、拓宽领域、强化功能,实施二级学院领导班子能力提升计划,不断健全二级学院党政联席会议制度、领导班子民主生活会制度,进一步理顺二级学院的政治权力、行政权力、学术权力和民主权力。围绕基建、招生、物资采购、科研立项、成果鉴定与评奖、职称评审、学位授予等容易产生不正之风和腐败行为的关键环节,加大防治和惩治腐败的力度。完善处级领导班子和领导干部综合考核评价办法,形成体现科学发展观要求的工作导向。

(三)加强党的基层组织建设,充分发挥党组织在"三风"建设中的战斗堡垒作用

党的基层组织是党的全部工作和战斗力的基础,高校党的基层组织是党在高校执政的组织基础。加强党的基层组织建设,一是选好配强学院党政领导。建立完善二级学院党委(党总支)、党支部建设目标考核实施办法;制定学院党政议事规则,建立健全"书记院长分工负责、党政联席会议集体决策、教职员工民主管理"工作机制;发挥学院党委(党总支)在"三风"建设中的政治核心和保证监督作用。

二是改进教职工党支部建设。探索按照系(所、教研室)、实验室、基层学术组织、科研团队等设置党支部;探索适当划小党支部规模,尽量避免跨系(所、教研室)、跨部门设置党支部,为教职工党员参加党的活动、发挥先进性作用创造条件;要不断创新教职工党支部活动的内容和形式,提高活动的针对性和实效性。三是创新学生党支部建设。探索在学生公寓、学生社团、学生社区建立党组织,形成更加科学、务实、有效的党组织体系;根据不同年级课程设置的变化、学习内容的特点,有针对性地开展学生党支部活动,提高党建对学风建设的引领作用。重庆科技学院通过在基层组织中开展"学习党章、遵守党章、贯彻党章、维护党章"系列主题活动,实施学生专业党支部与院(系)教研室党支部对接工程等,进一步凝聚了党员师生的人心,增强了建设"三风"的信心。四是要加强党的作风建设。改进党员领导干部和机关工作作风,坚持为教学科研服务、为广大党员服务、为师生员工服务,努力培养清正廉洁、勤政务实、锐意进取、团结友善的良好风气,充分发挥党风在校风建设中的引领作用。

(四)加强师德师风建设,充分发挥教师党员在教风建设中的核心骨干作用

师德师风是教风的灵魂,教风又是"三风"的关键。一个学校教育教学质量如何、教学科研水平如何、培养的学生素质如何、学校核心竞争力如何,师德师风起着导向作用。师德,就是教师的个人品德,具体体现为教师的职业道德、社会公德、家庭美德,其中职业道德是师德建设的重点;师风,就是教师的作风,主要是工作作风和生活作风。教师应该是学生学习的榜样和楷模,教师的言行举止是学生学习模仿的对象。所以,为人师者言行要慎重、举止要得体,力争做到身正足以垂范、学高足以为师。抓师德师风建设,就要积极开展教师职业道德和职业精神教育,特别是要对青年教师开展"传帮带"活动,帮助青年教师自觉养成求真务实和严谨自律的治学态度,自觉恪守学术道德,努力做到爱岗敬业、关爱学生,严谨笃学,奋发进取。二级学院党委(党总支)、教工党支部要积极引导和督促教师既要教书更要育人,落实教师教书和育人"双重职责",严格教书和育人"双重考核",将师德师能和教书育人的实绩作为教师年度考核的重要内容,考核结果作为职务晋升和评优奖励的重要依据。学校党委要通过评选、宣传和表彰一批师德表率和教书育人先进典型,使广大教师学有榜样、赶有目标、干有方向,形成良好的师德师风导向。实践中,重庆科技学院大力倡导"爱校、爱岗、爱生"的风气,以教学团队建设和专业带头人培养为重点,加强专业教师职业经历、职业技能和教学能力培养,培植起了优良的教风,形成了优秀的学术共同体。

（五）加强大学生思想政治工作,充分发挥学生党员在学风建设中的先锋模范作用

学生是学风建设的主体,大学生党员是学生中的优秀分子、先进群体,在学风建设中发挥着十分重要的带头和表率作用。要坚持育人为本、德育为先,适应当今社会的新变化和大学生的新特点,创新大学生思想政治教育的内容、方法和载体,充分调动大学生学习的积极性和主动性,不断增强思想政治教育工作的针对性和实效性,使大学生思想政治教育更加贴近实际。重庆科技学院通过开展"大学生生涯规划指导""优秀毕业生先进事迹宣讲"等活动,帮助学生明确了学习目标,增强了学生学习的自觉性与内趋力,逐步形成了"好学、会学、乐学"的良好风气。同时,要不断完善大学生诚信教育工作机制,探索建立党员学生诚信考核评价办法,充分发挥党员在大学生诚信学习、诚信考试中的示范表率作用。要进一步规范学生在公寓、教学区、图书馆等公共场所行为习惯的养成教育与管理,切实落实管理育人、服务育人,努力做到全员育人、全过程育人、全方位育人。要做好关心爱护大学生的工作,把扶贫帮困作为思想政治教育工作的重要内容,建立关怀帮扶机制,健全党员服务体系,切实帮助困难大学生解决学习、生活上的实际问题,让他们能够安心学习。

抓党建,促"三风",建"三高",是一项长期的任务,要取得实效,关键是加强领导,健全机制,狠抓落实。高校党委要强化"主业"意识,切实担负起党要管党的政治责任。要深入开展高校党建工作创先争优活动,建立健全党建工作激励机制。广大党务工作者应进一步增强政治责任感和历史使命感,紧紧围绕提高高等教育质量的目标,以改革创新精神全面推进学校党的建设,对自己从严要求,带头做到"讲党性、重品行、做表率",爱岗敬业,加强学习,提高素质,扎实工作,努力在高校党建工作上干出一番卓有成效的事业,不断开创高校党建工作新局面。

参考文献

[1]吴文杰:《"抓党建、促三风、建三高"创新大学生的思想政治教育体系》,载《西南农业大学学报(社会科学版)》,2011年第2期。

[2]朱伯兰:《推动高校科学发展的重大举措——"抓党建、促三风、建三高"的理论与实践思考》,载《重庆工商大学学报(社会科学版)》,2009年第6期。

[3]网易新闻中心:《深化"抓党建、促三风、建三高"切实加强高校党建工作》,http://news.163.com/10/0713/04/6BEPDE4400014AED.html

大学生社会实践主体维度略论*

摘 要:本文从马克思主义主体论视角对重庆市大学生"六个一"社会实践活动的主导、参与、组织、保障等主体进行分析,对"政府主导、学生参与、高校组组、社会保障"的主体联动机制进行阐述,对实现大学生社会实践主体间的耦合力进行探讨。

关键词:大学生;社会实践;主体维度

社会实践是高校大学生思想政治教育的重要内容。2004 年,中共中央、国务院在《关于进一步加强和改进大学生思想政治教育的意见》(中发〔2004〕16 号)中明确指出,"社会实践是大学生思想政治教育的重要环节,对于促进大学生了解社会、了解国情、增长才干、奉献社会、锻炼毅力、培养品格、增强社会责任感具有不可替代的作用"[1]。2012 年,教育部等六部委在《关于进一步加强高校实践育人工作的若干意见》(教思政〔2012〕1 号)中再次强调,实践育人是一项系统工程,各级政府要整合社会各方面力量,大力支持高校组织开展好实践育人工作。[2]为此,重庆市开展了大学生"六个一"社会实践活动,即在全市大学生中重点开展带薪实习、学工、学农、学军、植树和社会调查等六项活动,对新形势下深入开展大学生实践育人工作进行探索,引起社会的广泛关注。本文拟从马克思主义主体论视角,以重庆市大学生"六个一"社会实践活动的各类主体及联动机制为例展开探讨,以期为深入推进当代大学生社会实践教育提供借鉴。

---

* 本文作者:刘剑波,重庆科技学院学工部,副教授,主要从事大学生思想政治教育研究;向晓春,重庆科技学院法政与经贸学院党总支书记,副教授,主要研究学校党建与思想政治教育。基金项目:本文系重庆市教委人文社会科学项目"合力育人:大学生社会实践联动机制研究"(编号:XG2011013)阶段性成果。

一、大学生社会实践主体的内涵把握

马克思主义认为:实践是人所特有对象性活动,是人类的存在方式。人是一种实践的存在。在实践活动中,人使自己成为主体性的存在。从人的活动中去考察人与对象世界的关系,一般来说,主体是指从事着实践活动和认识活动的人。[3]由此看来,主体在马克思主义哲学视域中指的是人。正如马克思所说的:"主体是人,客体是自然"[4],指凡是人就是主体。但是,就人类社会生活中纷繁复杂的各种社会实践活动看,就其某一项具体社会实践活动,也就是狭义上的社会实践,其主体即指只有作为某种活动的发出者,是认识者和实践者,是实践活动中具有自主性和能动性的因素,担负着提出实践目的、操纵实践工具、改造实践客体,从而控制实践活动的多种任务。[5]由此可以说,大学生社会实践活动的主体是人,更确切地说,是参与大学生社会实践活动的人,即大学生社会实践活动的发动者、组织者和实施者。

实践的主体,从社会构成来看,可以划分为个人主体、集团主体、社会主体和人类主体等形式。在实践活动中,主体和主体之间必须结成一定的社会关系,他们之间相互依存、相互影响和相互作用。大学生社会实践活动,是不同主体共同参加来完成的。政府主导、学生参与、高校组织、社会保障的模式,体现出一个比较完整的主体范围,进一步明确了大学生培养的全社会的责任。

实践活动是一个由多种因素构成的复杂系统,即实践系统,它内含主体、客体和中介等基本子系统,它们相互联系、相互作用。在这些因素中,实践主体的地位和作用决定了它必须是由多要素有机结合而成的复杂整体,它必须具有复杂的能力结构,即体力和智力、知识和经验、情感和意志等。这样,实践在主体有目的的活动的控制和操作下才能顺利进行,达到实践结果。在大学生社会实践中,实践主体作为自主性和能动性的因素,是必不可少的必要因素。

重庆市首次以专门出台文件的形式,明晰了政府在大学生思想政治教育中不可替代的作用,明确了学生、学校、社会等其他各主体的工作职责,建立了各主体间相互联系、相互促进的工作机制,成效显著,成了新时期探索实践育人教育的新创举,在全国引起了较大反响。

二、大学生社会实践主体的维度分析

(一)政府是大学生社会实践的中坚主导主体

政府是国家权力机关的执行机关,是国家行政机关,是国家公共行政权力的象征、承载体和实际行为体。政府是国家公共机关的总和,代表着社会公共权力,可以被看成是一种制定和实施公共决策,实现有序统治的机构。可以说,"政府就是国家的权威性的表现形式"[6]。从政治社会学的角度来看,政府不仅控制着部分社会资源的分配,还控制着社会价值的分配。[7]政府不仅拥有庞大的物质资源,为大学生社会实践提供人力、物力和财力支持,也拥有极其丰富的政策资源,控制着制定政策的权力,为大学生社会实践提供制度支持和有力保障。作为一个政治组织,政府拥有庞大、完善、规范、严密的组织机构。各级政府部门基于培养国家高素质建设者的希望,为了满足培养接班人和建设者的需求,最大限度地整合各参与主体的资源,通过在全社会搭建平台载体,调动参与各方积极性,激励各参与主体参与。通过政策和财政支持提高大学生培养质量,为大学生社会实践提供组织基础。大学生社会实践活动是政府教育主管部门实现其职能的载体,实现组织职能是政府教育部门自我认可和社会认可的体现,支持着大学生其他社会实践主体间性长期合作关系的建立和维持。

(二)学生是大学生社会实践的核心参与主体

人的正确思想,只能从社会实践中来。"在科学技术高度发达的今天,人民群众创历史的社会实践依然是青年获得真才实学、全面高素质的大课堂。"[8]青年必须向人民群众学习,学习社会实践。大学生参加社会实践具有明确的目的性,或体验生活,或检验知识,或服务社会,或提高竞争能力。[9]大学生为了自身成长成才的需求,自愿参与社会实践。这是大学生的社会需要,也是其社会属性的一个外在表现。"理论一经掌握群众,也会变成物质力量。理论只要说服人,就能掌握群众;而理论只要彻底,就能说服人。"[10]社会实践,有助于促进大学生接受和掌握马克思主义理论和专业知识,并转化为认识世界和改造世界的强大力量武器,提升教育整合力,扩大教育影响力。作为大学生社会实践而言,大学生是活动的参与者,也是活动的核心主体,是其他主体的服务对象。各种社会实践主体,包括大学生自身,都共同为大学生的社会实践提供良好的环境和氛围。大学生通过深入实际的社会实践活动,提高自身综合素质,培养自身成为适应社会发展需要的人才。大学生作为大学生社会实践的核心参与主体,能够实现大学生自身存在的价值。同时,通过社会实践扩大成熟的人际关系,对于推动社会实践活动的发展和弘扬奉献精神、服务地方建设具有重要促进作用。大学生通过社会实践掌握基本专业实践知识和社会需要的行为规范,明确发展方向,掌握适应社会需要的存在方式,不断实现自我提升。

(三)高校是大学生社会实践的主要组织主体

"在我们国家里,各级各类学校都要认真贯彻执行党的教育方针,坚持教育为社会主义现代化建设服务、教育与社会实践相结合。"[11]高校作为培养大学生的组织机构,必然要推进学生全面成长成才,服务社会,并提升育人效果,以满足政府和社会认可。高校不仅拥有以教师、辅导员和教育管理者为主体的高素质人力资源,而且拥有团组织、学生会和各种学生团体等大量能提高大学生实践能力的校园实践性岗位。[12]在高校正常的教学活动过程中,在教师的讲授和指导下,大学生能够学习丰富的专业理论知识,从校内的实践活动中获得初步经验,为进入社会提供经验积累。同时,由于高校有完成特定的教学任务和促进学生成长发展的需求,高校各相关职能管理部门采用课程化的社会实践、项目或团队化的社会实践以及基地化的社会实践,整合校内外、有形和无形资源,以完成高等教育的任务和使命。高校层面有周密的实践计划,有相应的经费支持,并配备专门的指导教师,社会实践活动相对集中统一。高校通过组织社会实践获得主管部门的认可和发展机会。同时,为做好大学生就业工作做好前提准备工作。

(四)社会是大学生社会实践的重要保障主体

中国共产党历来强调"尊重人民主体地位,尊重人民首创精神,拜人民为师,把政治智慧的增长、执政本领的增强深深扎根于人民的创造性实践之中"。[13]党性修养最好的课堂是社会实践,最好的老师是人民群众。[14]社会中的企事业单位和社会团体等担负着为大学生社会实践提供场所、规则和必要的服务及资助等专业实践资源,是大学生社会实践的重要保障主体。根据社会需求,为满足自身需要,结合自身情况,按照市场规则,通过大学生社会实践挖掘优秀人才资源,为组织带来新知识、新思想和新氛围。同时,通过参与政府部门组织的社会实践支持政府,增强与政府的联系,能获得更多发展机会。其他相关农民、工人、公务员、专家、军人等各社会群体参与到大学生社会实践中,是社会实践对象,也是社会实践的指导者。

在大学生社会实践主体系统中,各主体之间相互依存、依赖而存在。高校是社会实践的输送体,对大学生进行实习教育和日常管理,培养符合时代要求的应用型人才;社会是社会实践的接受体,为高校提供教育教学改革和专业学科建设的相关信息;政府是社会实践的主导体,通过制定稳定的制度维持各主体之间的关系,为大学生社会实践提供物质、经费和政策等支持。大学生是社会实践的中心体,政府为其提供政策支持和相关经费,社会为其提供实践岗位并进行指导,高校为其提供管理服务。大学生社会实践主体之间相互配合,保证大学生社会实践顺利进行。

三、实现大学生社会实践主体耦合力的现实要求

大学生社会实践活动是在不同主体的互动过程中完成的。各主体依据不同利益诉求相互交叉,围绕培养优秀的社会主义建设者的目标,共同建立健全大学生社会实践主体联动机制。大学生在社会实践活动中实践知识,检验知识,丰富经历,满足社会需要,更好地服务于社会建设;高校输出组织资源,通过组织大学生参加社会实践培养学生、提高办学水平,满足大学生获得优质社会实践机会和高质量的社会实践效果;政府教育部门发挥职能权利,整合、配置和优化社会资源以满足大学生社会实践的需求,满足企业获得优秀人力资源的需要;社会提供职业岗位,满足大学生实践岗位的需要和政府教育部门调动资源的需要,并为以后选拔更加优秀的满足单位社会发展的人力资源做好铺垫。可见,不同社会实践主体根据自身不同的特点和能力,履行不同职责,又相互合作,共同致力于大学生社会实践教育。

（一）高度重视,提高思想认识

思想是行动的先导。正确的社会意识,对社会存在具有能动的促进作用;反之,则阻碍。当前,由于一系列主客观因素的影响,大学生社会实践活动各主体的重视程度有待加强。必须切实加强对大学生社会实践必要性的认识,牢固树立实践育人、合力育人的思想理念。就大学生而言,要深刻认识到自身在这一活动中扮演的主角角色,认识到社会实践是高校教学的重要环节,是接触、认知社会和提高分析、解决问题能力的重要方面,对于检验自身专业理论知识,指引自身成长成才有重要意义。同时,有利于培养自身动手能力,将学校所学运用到社会中去;就高校而言,要重视大学生社会实践在提高大学生专业技能、综合素质方面的积极作用,认识到大学生社会实践对于反馈学生的培养质量、提高教育水平、培养满足社会需要的人才的重要性;就政府而言,要从科学发展观和中国特色社会主义事业合格建设者和可靠接班人的高度,来认识在大学生社会实践中承担的应有责

任;就社会而言,相关单位要树立服务学生和社会的责任意识。大学生社会实践各方主体必须在思想上高度重视大学生社会实践活动。

(二)结合实际,明确职责任务

在大学生社会实践活动过程中,各主体在认识到大学生社会实践的必要性和自身在活动中的重要性的基础上,必须明确自身的职责,积极致力于大学生社会实践活动的顺利进行。大学生社会实践各主体必须明确自身行动的方向,以在活动中切实做好自身本职工作。大学生要积极主动参加社会实践活动,做到学以致用,在社会实践中彰显自我能力,实现自我价值;高校要改变传统主动性不强,缺少开发利用资源的方式、方法和途径的弊端,利用自身优势积极创新;政府要给大学生社会实践提供制度保障;社会要为大学生社会实践活动开展提供良好的环境和氛围。如具体而言,在实践经费上,政府通过财政承担部分管理费用,学校和单位负责补贴,大学生承担日常生活开支;在实践岗位上,大学生必须遵守工作制度按照要求进行,单位负责监督管理;在日常管理上,大学生的日常言行和生活等主要是通过学校有关校纪班规管理;在交流沟通上,单位、学校和大学生之间就岗位知识、技能和注意事项等问题要进行专业沟通,学校和单位就大学生在实践过程中的日常学习、生活和工作问题进行管理沟通,为大学生社会实践活动提供良好环境。

(三)切实力行,加强组织实施

知者,行之始;行者,知之成。大学生社会实践不同主体按照社会需要,根据自身情况,内化并形成自身正确的思想意识,并通过外在行为表现出来形成行为习惯,这是认识的目的。如果认识只停留在思想或理论状态,那这种认识也毫无意义。大学生要积极充分发挥主体主观能动性,结合自己的专业特点和自身实际参加社会实践活动,并使社会实践与专业学习、服务社会、择业就业、创新创业相结合,服从学校指导教师和实习单位的要求;高校要把大学生社会实践与高校培养目标相结合,积极主动,成立校党政领导为组长的大学生社会实践领导小组,负责专项活动的组织、实施和开展,相关职能部门及其二级学院要通力合作,并组建一支由相关教授专家组成的专业性的社会实践指导队伍给予专业技术的指导和支持,建立健全大学生实践的认识体系、规划、管理、保障机制,紧扣专业建立完善实践育人长效机制,将就业指导和社会实践相结合,加强与政府和单位的沟通,争取社会认可和支持,加强大学生社会实践基地建设,建立长期稳定的合作关系;政府将大学生社会实践活动上升为政府政策,并提供相关补贴,在经费资助予以支持,建立相应的政府宏观管理机制,实现对大学生社会实践活动的常态管理和监控。社会则选派技术人员指导,提供实践对象和实践工具。

(四)反馈检验,加大考核评价

反馈检验是控制论中的一个重要概念,是保证和控制被控制对象按一定目的达到最优状态的主要手段,也是大学生思想政治教育过程的最后一个必要基本环节。大学生社会实践活动的目标是否达到,内容是否恰当,方法是否合适等问题,都必须通过大学生社会实践效果来检验。通过反馈调节掌握活动动态和优化结构,通过检测评估对活动的社会价值和实际效果做出科学判断,是总结经验教训、提高大学生社会实践成效的重要手段。由于大学生社会实践活动这一系统工程的复杂性,对其检验也要将显性和隐形相结合,运用定性和定量相结合的方法。学生如实记录社会实践活动情况并进行自评、互评和小组评定,自我检验活动的收获,开展自我教育,增强自律性。[15]单位详实记录大学生社会实践相关资料、具体表现及书面评价意见。高校要把大学生社会实践活动纳入正常教学计划,作为一门必修课,规定学时、学分,并将结果记入学生学分档案,出台相关参加学生、指导教师的守则等管理办法和实施细则,将大学生社会实践活动情况与学生德、智、体综合评定、创先争优、推优入党、推优升学、推荐就业等结合起来,与二级学院乃至教师个人工作量、业绩考核、职称评定等利益结合起来,并给予表彰奖励。政府通过召开座谈会、表彰会和研讨会等形式,及时发现问题,吸取经验,对工作成效显著的学生、高校和单位的优秀成果,进行宣传和奖励,并适时推广。通过在大学生社会实践活动中形成的社会实践报告,对大学生社会实践活动进行总结和升华,并创造条件将优秀研究报告转化为现实生产力。

大学生社会实践活动是一项系统工程,是大学生、高校、政府、社会相关部门等自身利益和社会利益相结合的一个具体体现。大学生社会实践各主体之间要通力合作,从不同角度和层面,采取不同方式、方法和途径,分工合作,既满足自身利益需求,又满足整个社会发展需要,使大学生社会实践活动状态由自发转向自觉,最终服务于提高大学生思想政治素质和大学生的成长成才,承载培养中国特色社会主义事业合格建设者和可靠接班人的责任、担当和伟大历史使命。

参考文献

[1]《加强和改进大学生思想政治教育重要文献选编(1978—2008)》,中国人民大学出版社2008年版。

[2]教育部等六部委:《关于进一步加强高校实践育人工作的若干意见》(教思政〔2012〕1号)。

[3]李秀林等:《辩证唯物主义和历史唯物主义原理》,中国人民大学出版社1995年版。

[4]《马克思恩格斯选集》(第2卷),人民出版社1995年版。

[5]陈先达等:《马克思主义哲学原理》,中国人民大学出版社2003年版。

[6]胡宁:《中国政府形象战略》,中共中央党校出版社1998年版。

[7]陈爱民:《大学生社会实践主体的制度化建设》,载《思想教育研究》,2011年第11期。

[8][12]《马克思恩格斯选集》(第1卷),人民出版社1995年版。

[9]《江泽民文选》(第2卷),人民出版社2006年版。

[10]胡树祥、谢玉进:《大学生社会实践类型的新思考》,载《学校党建与思想教育》,2009年第1期。

[11]胡锦涛:《迈向新世纪创造新业绩——在共青团第十四次全国代表大会上的祝词》,载《人民日报》,1998年6月20日。

[13]王丽萍、张明志:《知行统一命题下的大学生社会实践育人范式探究》,载《思想理论教育导刊》,2011年第7期。

[14]胡锦涛:《在庆祝中国共产党成立90周年大会上的讲话》,载《人民日报》,2011年7月2日。

[15]王飞:《增强大学生社会实践教育效果的路径探析》,载《学校党建与思想教育》,2012年第1期。

创先争优的历史传承和宝贵经验*

　　摘　要:中国共产党九十年的奋斗史就是一部创先争优史,中国共产党在奋斗中彰显优秀、在探索中追求卓越、在自身建设中永葆先进。创先争优经历以政党整风为形式、以学习教育为手段和以创先争优活动为载体的发展历程。中国共产党在革命、建设和改革不同时期,以党的历史使命和中心工作为主题,在历史发展过程中不断创先争优,发挥基层组织和党员的积极性,提升践行宗旨的能力和永葆党的先进性,这些宝贵经验对党的建设有着重大的理论意义和实践价值。

　　关键词:创先争优;党的建设;党的先进性

　　当前,创先争优活动正深入开展。作为党提高执政能力、推动民族复兴的一项战略决策,创先争优既是深入学习实践科学发展观活动的延续,又是一项永葆党的先进性、加强党的建设的经常性工作。进一步认识和理解创先争优的历史传承和宝贵经验,有助于全面提高创先争优活动质量,增强创先争优实效。

一、中国共产党的历史是一部创先争优史

　　中国共产党90年来的历史,是一部集奋斗史、探索史和自身建设史于一体的历史。[1]中国共产党的奋斗史、探索史和自身建设史,同时也是一部创先争优史。

　　在奋斗中彰显优秀。对中国共产党而言,先进和优秀首先表现为该党组织的宗旨先进、行为科学。江泽民在《在庆祝中国共产党成立八十周年大会上的讲话》

　　* 本文作者:陈超,重庆科技学院人事处处长,教授,主要从事教育管理、高校党建与思想政治教育研究;倪先敏,重庆科技学院法政与经贸学院副院长,教授,主要从事高校党建与思想政治工作研究。

中指出:"看一个政党是否先进,是不是工人阶级先锋队,主要应看它的理论和纲领是不是马克思主义的,是不是代表社会发展的正确方向,是不是代表最广大人民的根本利益。"[2]近代以来中国社会逐渐沦为任列强宰割和踩蹦的半殖民地半封建社会,为实现民族独立和解放,英勇的中国人民进行了顽强斗争,不同的社会阶级先后登上历史舞台与敌斗争,但由于没有科学的理论武器和坚强的领导力量指导人民进行有效斗争,斗争成效甚微。中国共产党诞生于民族危亡之际,从成立之日起将马克思主义写在自己的旗帜上,中国共产党"一大"宣言提出:"共产主义者的目的是要按照共产主义者的理想,创造一个新的社会。"中国共产党逐步提出了全心全意为人民服务的宗旨,而为人民服务是党的先进和优秀的根本体现。革命斗争的人民性和正义性本身就是优秀和先进的普世性价值和标准。中国共产党在革命斗争中,坚持将自己定位为最先进阶级工人阶级的先锋队,坚持将最先进的思想理论马克思主义理论作为自己的旗帜,坚持和遵循人类社会发展和中国社会发展的历史规律,坚持在追求和实现人民利益的过程中实现政党的价值因而能得到人民的支持,始终保持敏锐的政治洞察力能把握住无产阶级政党的发展规律。正是由于在奋斗中求"先"才使得中国共产党能以弱胜强,在艰苦卓绝的环境中不断发展壮大。

在探索中追求卓越。政党的先进和优秀还表现在对形势的敏锐洞察力、社会发展趋势的科学判断力以及选择革命和发展目标的路径的正确决断力。中国共产党解放思想、实事求是、与时俱进,运用马克思主义基本理论研究和解决中国革命建设和改革中的重大问题,并领导人民探索出了一条正确的实现民族独立和国家繁荣富强的正确道路。在积贫积弱的半殖民地半封建社会追求共产主义远大理想,与马克思描述的共产主义赖以建立的物质制度基础相去甚远。中国共产党通过深入研究马克思主义和全面分析中国的具体实际,意识到中国的特殊国情决定了在革命中不能先城市后乡村,而必须走相反的道路,开辟了"农村包围城市武装夺取政权的道路",这条道路让中国人民从此站起来了,为实现马克思主义理想打下了坚实的基础,但距离实现马克思主义理想依然任重道远,中国共产党根据既定革命目标,决定进行社会主义革命,在革命过程中创造性地发展了马克思主义。根据马克思主义基本原理出发,社会主义要消灭私有制、消灭剥削,民族资产阶级因此应当成为中国社会主义革命的对象。但中国的民族资产阶级愿意接受中国共产党的领导,因此中国共产党以和平方式实现了对民族资产阶级的改造。社会主义制度建立之后很长一段历史时期由于没有认清"什么是社会主义"和"怎样建设社会主义",中国的社会主义制度经历了严重曲折。"文革"结束后,中国共产党成功开辟出一条中国特色社会主义的建设道路,带领中国人民走上富强之路。由此可见,历尽艰险,中国共产党之所以能经受住历史的考验,一是因为中国共产党具有敏锐的时代洞察力,能深刻理解并创造性地发展和应用马克思主义;二是因为中国共产党具有科学把握时代发展趋势的判断力,能在复杂的国际国内形势中趋利避害;三是因为中国共产党能正确选择目标和实现目标的路径,将先进的理论灵活地应用于中国的具体实践,不仅创新理论更能创造性地实践。这些正是中国共产党在探索中追求卓越的体现,也正是由于中国共产党具有创新能力,才让中国在革命、建设、改革过程中领导中国人民创造一个又一个辉煌。

在自身建设中永葆先进。政党是否先进和优秀在宗旨和奋斗纲领,能否永葆先进在构成政党基本单位的党员是否先进。而对于马克思主义政党的党员,先进和优秀的标准是对人民群众的深厚感情,实现理想与信仰、誓言与使命的能力。中国共产党历来高度重视党的建设,党的建设系统工程包括思想理论建设、组织建设、制度建设、作风建设、反腐倡廉等。中国共产党领导在革命、建设和改革中自觉进行理论创造,在理论创造中明确中国前进的航向,在组织建设中找到舵手,在作风建设中找到并稳定划桨人,在廉政建设中清除已腐败但仍附在自身肌体上的细胞和组织,在制度建设中保障航向并整合力量。胡锦涛在全党深入学习实践科学发展观活动总结大会上的讲话指出:"我党加强自身建设的历史经验说明,中国共产党之所以从小到大,从弱变强,从挫折和困境中奋起,取得革命、建设和改革的巨大胜利,就是因为始终围绕党的政治路线和中心任务,不断地加强党的自身建设,坚持和改善党的领导,并且把党的建设作为一项新的伟大工程。"党的建设实践经验表明,中国共产党不仅在思想理论上始终坚持和发展马克思主义,而且极为重视保证党员队伍的纯洁性和组织性。中国共产党在自身建设中有效整合了党员队伍的力量,使党的力量随着党员队伍的不断壮大而增强,保证了党的先进性。

二、作为整党运动的创先争优活动发展历程

以整风、整党运动保证马克思主义政党的先进性。1942 年春,中国共产党开始整风运动,这次运动的"内容是反对主观主义、宗派主义、党八股,以树立马克思主义的作风"[3]。实质就是在党内开展广泛深刻的马克思主义思想教育运动。在教育活动中坚持"惩前毖后,治病救人"的方针,采取"批评与自我批评"的方法,

使广大党员特别是党员干部深受教育,肃清了党成立以来各种右的思想特别是左的思想的影响,"不仅重新教育和训练了党内经过长期斗争保留下来的一批老干部,而且教育训练了抗战初期入党的大批新党员。它对于全党同志特别是党的高级干部,坚持一切从实际出发、理论联系实际、实事求是的辩证唯物主义的思想路线,坚持马克思列宁主义基本原理同中国革命具体实际相结合的原则,具有极其重大和深远的意义"[4]。"整风运动对于加强无产阶级政党的建设,增强党的战斗力,是一次成功的实践,是一个伟大的创举"[5]。解放战争时期,针对土地改革暴露的问题,1947—1948 年开展了三查(查阶级、查思想、查作风)、三整(整顿组织、整顿思想、整顿作风)的整党工作,其基本内容是通过整党教育,使中国共产党在思想上、组织上、作风上都有很大进步,为争取土改运动和解放战争的胜利提供了重要保证。1948 年以后,中共中央又指示在全国各级组织建立请示报告制度,要求各中央局和中央分局,由书记负责,每两个月,向中央和中央主席做一次综合报告。"请示报告制度的建立,对于加强党的集中统一领导,进一步统一党的意志和纪律,活跃党内民主生活,保证党的路线、方针、政策的正确贯彻执行,起了重大作用,为党夺取和掌握全国政权做了重要的政治、思想和组织准备"[6]。新中国成立之后,中国共产党先后开展了四次整风整党运动:第一次是建国初期的整风整党运动(1950 年下半年和 1951 年下半年至 1954 年春),第二次是 1957 年整风运动(1957 年 4 月至 1958 年夏),第三次是"文革"期间的整党(1969 年至 1971 年),第四次是改革开放期间的整党运动(1983 年 10 月至 1987 年 5 月)。第一次整党整风运动,中国共产党总体上保证了队伍的纯洁性和各级党组织的战斗力,对顺利地进行社会主义改造和社会主义建设事业起到了积极作用。第二次整风运动"发动群众向党提出批评建议,是充分发扬社会主义民主的正常步骤。在整风过程中,极少数资产阶级右派分子乘机鼓吹所谓'大鸣大放',向党和新生的社会主义制度放肆地发动进攻,妄图取代共产党的领导,对这种进攻进行坚决的反击是完全正确和必要的,但是反右派斗争被严重扩大化了,把一批知识分子、爱国人士和党内干部错判为'右派分子',造成了不幸的后果"[7]。在"文革"运动的特殊历史条件下的第三次整党运动,取得了一定的积极成果,如重新建立了"文革"开始后被破坏的各级党组织,恢复了大多数党员中断两年多的组织生活,在一定程度上稳定了局势,推进了工农业生产发展。但这次整党毕竟是在"文革"这一特殊历史条件下开展的,这次整党未达到预期效果。第四次整党运动是在改革开放以后开展的,这次整党没有采取群众运动,避免了以往政治运动中的某些"左"的做法,并正确处理了整党工作与改革和建设工作的关系,取得了良好成效。

以学习教育永葆马克思主义执政党的先进性。在改革开放历史条件下领导社会主义现代化建设的中国共产党面临着种种考验和挑战,为把党建设成为社会主义事业的坚强领导核心,中共中央采取了一系列重要举措,全面推进党的建设新的伟大工程。1996年开始对党员干部进行了为期3年的"讲学习、讲政治、讲正气"为主要内容的党性党风教育。这次教育活动"发扬了延安整风运动的精神,采取自上而下,分期分批进行,党内的批评和自我批评相结合的方式,使全党同志,尤其使领导干部受到了一次深刻的党性党风教育,达到了预期的效果。这次活动无疑对改革开放和社会主义现代化建设事业起了巨大的推动作用"。2005年1月开始,中国共产党又开展了以实践"三个代表"重要思想为主要内容的保持共产党员先进性教育活动。胡锦涛在庆祝中国共产党成立85周年暨总结保持共产党员先进性教育活动大会上的讲话指出,这次先进性教育活动"在党中央坚强领导下,中央先进性教育活动领导小组周密部署,各级党组织精心组织,广大党员积极参与,人民群众大力支持,按照关键是要取得实效、真正成为群众满意工程的要求,坚持理论联系实际,整个先进性教育活动主题鲜明、领导有力、措施得当、工作扎实,实现了预期目标,取得了显著成效"。中国共产党十七大之后在全党深入开展了学习实践科学发展观活动,胡锦涛在全党深入学习实践科学发展观活动总结大会上的讲话指出,"经过全党共同努力,学习实践活动基本实现了提高思想认识、解决突出问题、创新体制机制、促进科学发展、加强基层组织的目标,取得明显成效"。"三讲"教育和以实践"三个代表"重要思想为主要内容的保持共产党员先进性教育活动以及深入开展学习实践科学发展观活动,是中国共产党大规模地、在全党普遍开展的党员教育活动,其根本目的就是永葆党的先进和优秀本色,更好地践行全心全意为人民服务的宗旨,实现党的理想。

以创先争优活动为载体提高马克思主义政党的先进性。中国共产党十七大做出了深入开展创先争优活动即创建先进基层党组织,争做优秀共产党员活动的重大部署,并要求将其作为党的建设的一项经常性工作,更好地推动党员发挥先锋模范作用,促使党员的模范带头作用不是在口头上,而是落实在行动上。创先争优活动实质上就是通过进一步激发基层组织和党员的先进和优秀意识,通过组织内的竞争让党员争做先进,整合作为组织细胞党员的先进性,使党组织的先进性随着队伍的壮大而提高。2010年4月以来,中国共产党的基层组织和广大党员积极投身创先争优活动热潮,在推动科学发展、促进社会和谐、服务人民群众、加强基层组织的伟大实践中建功立业。创先争优活动是中国共产党96年来创先争优历史的点睛之笔,使得中国共产党96年来的建党历史主题更加鲜明,通过调动基层组织和党员的积极性开展创先争优,使得党的先进性根基更深更牢,不仅有助于永葆党的先进性更有助于提高党的先进性。

三、中国共产党创先争优的宝贵经验

创先争优活动是中国共产党十七大提出,2010年以来深入开展的,但绝不意味着创先争优直到中国共产党十七大才成为自觉活动。中国共产党十七大提出的这一课题是在总结80多年来党建经验的基础上以及总结党的奋斗、探索和自身建设经验的基础上,为永葆中国共产党的先进性,提高中国共产党的领导能力和执政水平提出的。总结90年来追求卓越,保持先进和优秀的经验,对党的建设有着重大的理论意义和实践价值。

一是创先争优以党的历史使命和中心工作为主题。从延安整风到"科学发展观"的学习教育活动到今天正在轰轰烈烈开展的创先争优活动无不围绕着中国共产党的历史使命和每一时期的中心工作开展的。先进性尽管是党的本色,但不同时期党内会存在着某些与中国共产党的历史使命要求不相适应的缺点,适时开展各种形式的教育学习和整肃组织活动,从根本上解决了这些问题,从而使中国共产党能顺利完成各项历史任务。因此,创先争优不是空洞的理论说教而是以时代和实践为主题的革命实践和党的建设实践活动。

二是创先争优是历史的发展过程。中国共产党十六届四中全会决议提出"党的执政地位不是与生俱来的,也不是一劳永逸的"[8]。中国共产党之所以能从一个成立初期只有五十多个党员,为夺取政权而斗争的革命党转变为掌握着国家政权的全球性执政大党,缘于中国共产党的先进性。马克思主义执政党的执政地位能否巩固关键在于是否保持着先进性。革命时期党的先进性表现在与敌斗争中的坚定性、顽强性,表现在冲锋在前、撤退在后的革命牺牲精神,建设和改革时期党的先进性表现在吃苦在前、享乐在后的先人后己精神。特别是在改革开放之后人民利益意识空前提高,贫富差距迅速扩大的今天,党员和党员干部的先进和优秀就越来越需要体现在先人后己的精神。因此,创先争优的"先"和"优"随着时代的发展有着不同的内涵和要求,如何体现"先"和"优"的时代性至关重要,直接关系到人民群众对党的先进性的认同和对党的拥护。

三是创先争优必须发挥基层组织和党员的积极性。截至2011年底,中国共

产党党员总数为8260.2万名,基层组织402.7万个。如此庞大的党员队伍规模如何保持先进性,作为组织有机体,党的先进性不仅源于思想理论的先进性,也源于组织肌体的每个器官和细胞保持着良好的原功能。如果党员无法保持先进本色,党的队伍就无法实现$1+1>2$的整合效应,反而出现$1+1<2$的不良后果,如苏共只有20万党员规模时取得了"十月革命"的胜利,200万党员规模时取得了卫国战争的胜利,当发展到2000万党员规模时却亡党亡国了。由此可见,随着党员队伍的壮大,保持党的先进性所需要的能量越来越多,这些能量源于每位党员特别是党员干部牢记宗旨、牢记入党誓言。创先争优就是要发挥基层组织的战斗堡垒作用和党员的先锋模范作用。

四是创先争优归根到底提高党组织践行宗旨的能力。全心全意为人民服务是中国共产党的唯一宗旨,这是中国共产党先进和优秀的最高准绳。历次整党整风和学习教育活动,通过提高马克思主义理论修养、坚定崇高的理想信念,落脚点最终都体现在提高践行宗旨的能力上。服务人民群众是这次创先争优活动的三大主题之一,争做优秀党员的创先争优活动会进一步提高党员和党员干部服务群众的能力。

五是创先争优以永葆党的先进性为主线。中国共产党96年来的建设活动无论是采取何种形式,追求先进和优秀是活动的主线。党在建设中明确为人民利益奋斗的目标,并在建设中加强与人民群众的血肉联系,提高理论自觉性和坚定性,增强为人民服务的能力。同时,通过加强对党员和党员干部的教育和管理来提高党的组织队伍的本功能和构功能,以党员的实际行动践行党的先进性,让党的先进性体现在党员的自觉行动上。

参考文献

[1]李忠杰:《准确把握党的历史的基本内涵》,载《人民日报》,2011年4月25日。

[2]《在庆祝中国共产党成立八十周年大会上的讲话》,《江泽民文选》(第3卷),人民出版社2006年版。

[3]中共中央党史研究室:《中国共产党历史》(第1卷下册),中共党史出版社2002年版。

[4][5]中共中央党史研究室:《中国共产党历史》(第1卷下册),中共党史出版社2002年版。

[7]中共中央党史研究室:《中国共产党历史》(第1卷下册),中共党史出版社2002年版。

[7]龚育之主编:《关于建国以来党的若干历史问题的决议注释本》,人民出版社1983年版。

[8]《中共中央关于加强党的执政能力建设的决定》,人民出版社2004年版。

从大学生从众心理的有效运用
看思想政治教育的开展*

摘 要:随着经济社会的发展,文化呈现多元化,大学生从众心理的研究成为思想政治教育工作的一项重要内容。文章详细论述了大学生从众心理及其产生的原因,阐释了大学生从众心理对思想政治教育工作的重要意义,探讨了从众心理如何在思想政治教育工作中正确运用,从而达到提高大学生抗挫折能力,进一步培育大学生责任品质,塑造其独立人格,增强心理素质的教育目标。

关键词:大学生;从众心理;思想政治教育

罗杰斯曾经指出,"青年的从众行为很可能是他在自己的需要被接受与保留其个性两者之间的一种妥协。尽管他们相信保持个性很重要,但是他们同时也感到为了受欢迎而与同伴保持一致是必要的。"[1]这是由大学生的从众心理决定的,是一种普遍的社会心理和行为。有效运用大学生从众心理,对开展思想政治教育工作,研究思想政治教育方法具有重要的理论和实践价值,成为主要切入点和新契机。

一、大学生从众心理相关概念界定

"从众是在群体压力下,个体在认知、判断、信念与行为等方面自愿与群体中多数人保持一致的现象。俗称'随大流'。"[2]

早在 1936 年,美国社会心理学家谢里夫利用"游动错觉"做了有关从众现象的最早实验研究。所谓"游动错觉"是指在黑暗中的一个小光点,即使是完全静止

---

* 本文作者:陈超,重庆科技学院人事处长,教授,主要从事教育管理、高校党建与思想政治教育研究。

的,由于视错觉的作用,它看起来也似乎是在运动。该实验首先让被试独自判断暗室中静止光点移动的距离,结果发现每个人的判断差异极大,如有的被试估计移动了2英寸,而有的估计移动了20英寸。过了一段时间后,让估计移动距离差异较大的两个人为一组,也要求对暗室中静止光点移动的距离做出估计。这回发现他们的估计逐渐趋于一致。[3]这个实验充分表明了社会心理学中的观点,即"个体在群体中常常会不知不觉地受到群体的压力,而在知觉、判断、信仰以及行为上,表现出与群体中多数人一致的行为倾向,这就是从众现象"[4]。

由此我们可以推导出大学生从众心理指的是,大学生在群体学习生活的过程中,由于受到自身、群体及环境的影响,产生依附心理、避错心理、不自信、心理压力等现象,从而产生趋同心理的一种具有普遍性的社会心理现象,并易导致从众行为。可以划分为学习中的从众心理及行为、生活中的从众心理及行为、恋爱中的从众心理及行为、就业中的从众心理及行为等心理现象及行为方式。时刻影响着大学生身心健康的全面发展。

二、运用大学生从众心理开展思想政治教育的意义

1. 有利于实现思想政治教育工作的重要目标

大学生思想政治教育作为一项"育人"的工作形式,主要的教育对象是大学生群体。大学生群体正处于身心发展阶段,很容易受到心理变化的影响。研究大学生的从众心理继而合理利用大学生的从众行为,有助于使对大学生的思想政治教育工作在开展的过程中一切从学生实际出发,以人为本,针对不同的大学生,更好地帮助大学生解决实际的心理问题,积极引导大学生群体形成理性从众心理和行为。一方面有利于大学生身心健康全面发展;从另一方面看,使得思想政治教育工作事半功倍,有利于思想政治教育工作重要目标的实现。

2. 有利于拓宽思想政治教育工作的方法渠道

以往的大学生思想政治教育工作呈现给我们的是"一座孤岛",割裂了其他教育内容和形式,只是单纯地借助理论课堂教育开展工作。随着大学生心理状态受到文化多元化、经济全球化等的影响,以往的工作方法已经不符合时代发展和大学生心理发展需求。了解大学生的从众心理,可以从大学生这个群体心理及行为的角度把握大学生的思想动态,将心理健康教育及心理咨询工作中的教育方法融入思想政治教育中,使之契合,共同为实现大学生全面发展发挥作用。因此,从大学生心理产生原因分析大学生从众行为,有助于拓宽思想政治教育工作的方法和

途径。

3. 有利于增强思想政治教育工作的实际效果

在开展大学生思想政治教育工作的过程中,我们往往重视的是大学生群体的接受状况,用什么样的方法才能使得大学生对思想政治教育工作形成正确认知,却忽视了用什么样的内容、形式和方法对大学生开展思想政治教育工作最有效果。造成这种现象的主要原因是缺乏对大学生从众心理产生原因的研究。大学生从众心理具有两面,既有其积极的一面,我们称之为理性从众;也有其消极的一面,我们称之为非理性从众。研究大学生从众心理产生的原因可以使我们更好地积极引导大学生理性从众,形成理性从众行为。这种具有极强针对性的工作方式,可以增强思想政治教育内容、形式及方法的实效性,彰显出思想政治教育工作的实际效果和优势,为大学生实现全面发展推波助澜。

三、大学生从众心理产生原因

大学生在群体学习生活中容易出现依附他人、逃避惩罚、自信心不足、心理压力较大等从众心理问题,追究其原因是由缺乏判断力、责任心不强、人格不独立、群体性压力大造成的,影响着大学生身心健康及自身的全面发展。

1. 缺乏判断力导致依附心理。大学生群体由于受到自身性格中如软弱、缺乏耐性、没有主见等问题的影响,加之经受了在学习、生活、恋爱及就业中不同程度的挫折,使得大学生这一群体在很大程度上缺乏了独立思考行为的能力,缺乏明辨是非的判断力,进而导致了依附他人心理的产生。大学生学习和生活的特定环境和形式,决定了他们之间在思想上和行为上的互相影响和渗透的必然性。尤其是那些自身缺乏主见的大学生,更容易产生对他人在情感上的依赖心理,在实际生活中便倾向于参照他人的行动作为自己行为的准则,从而产生依附他人的从众心理。

2. 责任心不强导致避错心理。在人际交往过程中,人们往往期望得到奖赏,避免遭受任何惩罚,因此"法不责众"的观念变深入人心。大学生群体由于长期处在较为稳定和谐的学习生活环境中,缺乏一定的责任意识,主要表现为避重就轻和逃避责任,从而导致了避错心理。避错心理的产生使得大学生在参与群体活动中分散了个人在群体中的责任作用,降低了个人的责任程度,提升了群体的责任程度。学生在这种情况下就更加容易逃避责任,使个体免受处罚。这种逃避惩罚的心理及行为在很大程度上降低了学生参与群体活动的主动性,却大大加强了盲目性,最终形成从众心理。

3. 人格不独立导致自信不足。大学生群体处于心理形成时期,心理活动还不成熟,因此缺乏独立思考的能力,尚未形成独立的人格。在人格上的不独立使得他们在学习生活的过程中过分盲从、缺乏自主性、没有形成自己的思想体系。这些问题严重导致了大学生群体在个体上的自信心不足。大学生长期处在自信心不足的状态中,做事情畏首畏尾,不仅会丧失主观判断能力,相反会增加独立处理事情的畏惧感。由此会形成这样一种固定的思维模式:我不敢确定自己想的对不对,别人想的和做的就一定比我强。所以我的思想和行为一定要和他人保持一致。这种固定的思维模式会时刻伴随大学生在思考和为人处世的过程中,形成从众心理和行为。

4. 群体性压力导致压力心理。现代心理学家认为,"群体是由两人以上构成的,有着相同的目标,以一定方式联系在一起的人群"[5]。在群体活动中存在着每个成员必须遵守的思想准则和行为规范,具有较强的约束力,迫使每个成员必须遵守群体的目标,并要按照群体目标不断调整自己的思想和行为,要和群体趋同。这种群体性压力使得大学生在心理上产生了强大的压力,在这种压力心理的促使下,大学生在群体生活中的行为不受主观控制,加之这一时期的大学生群体理性思维能力不强,从而导致了从众心理的形成。

四、思想政治教育工作中从众心理的有效运用

"思想政治工作是一切工作的生命线。"研究大学生从众心理问题产生的原因,在开展思想政治工作的过程中,有效利用大学生从众心理,注重加强心理健康教育、思想道德培养、积极心理教育、群体教育导向,最终产生良好的教育效果,不断丰富和发展思想政治教育工作实践。

1. 注重心理健康教育,增强抗挫能力。经济社会的发展和进步对大学生思想政治教育工作提出了新的要求,需要更加注重大学生心理健康教育。"心理健康教育是以提高全民族素质为宗旨的教育,是着眼于受教育者及社会的长远发展,培养良好的心理素质,促进身心全面和谐发展和素质全面提高的教育。"[6]与思想政治教育工作具有极强的互补性。鉴于大学生易接受新事物、好奇心重的特点,应加强对大学生的心理健康教育。在具体方法的运用上利用大学生的从众心理创设一些挫折情境,使经受类似挫折情境的学生达成共同从众目标,积极参与到演练中来。在演练中锻炼学生的坚强意志,逐步形成自己对事物的认知和判断

力,提高心理素质,提升抗挫折能力。

2. 加强思想道德培养,培育责任品质。大学生的道德培养作为思想政治教育的一项重要内容,越来越受到全社会的广泛关注。在思想道德教育中,要抓住大学生对传统道德、社会公德、中华美德的情感认同,利用宣传片、经典故事、主流网站等方式,进一步加强思想道德培养教育,使大学生从思想和情感上引起共鸣,形成正确的心理导向,继而形成正确的集体意识,运用这种意识培养大学生理性从众心理。在对大学生进行思想道德培养的过程中利用从众心理意识,抓住大学生的心理特点,集中培养责任品质,加强集体荣誉感、社会责任感。鼓励大学生在遇到责任问题时,能够勇于承担责任,不逃避责任,树立正确的责任观念。

3. 强化积极心理教育,塑造独立人格。"积极心理学是利用心理学目前已经比较完善和有效的实验方法与测量手段,来看待正常人性,关注人类美德、力量等积极品质,研究人的积极的情绪体验、积极的认知过程、积极的人格特征以及创造力和人才培养等,成为心理学的一种思潮。"[7]在对大学生开展思想政治教育工作的过程中,可以将积极心理学的方法融入其中,加强对大学生的积极心理教育,抓住大学生积极人格特征,正确引导大学生的积极从众心理,帮助大学生群体塑造具有积极特征的独立人格,对大学生自身寻求身心全面发展具有重要意义。

4. 重视群体教育导向,提升心理素质。在对大学生开展思想政治教育过程中,群体教育尤为重要。"从众的实质是通过群体来影响和改变个人的观念和行为。"[8]因此,抓住大学生在群体教育中的相互影响、相互学习的从众心理,注重群体教育导向,为大学生群体创造一个严谨学习的班风、和谐团结的院风以及生动活泼的非正式群体的学习社交网络。在群体交往中,树立群体的榜样,充分发挥榜样的积极引领作用,利用榜样的力量,激发大学生的参与热情,重拾自信心,提升心理素质,最终达到思想政治教育的工作目标。

在马克思的墓志铭上有这样一句话:"哲学家们只是用不同的方式解释世界,而问题在于改变世界。"[9]时代的发展,对大学生思想政治教育工作提出了新的要求,需要思想政治工作者不断深入挖掘大学生的心理特征,理论与实践相结合,探索新的教育途径和方法,为实现大学生的全面发展营造一个独立创新的教育环境,积极引导大学生形成独立的思想意识及行为方式,使之理性从众,成为社会主义伟大事业的接班人。

参考文献

[1]李颖:《大学生从众心理的社会学分析》,载《教育评论》,2004 年第 1 期。

[2]中国就业培训技术指导中心中国心理卫生协会:《国家职业资格培训教程——心理咨询师(基础知识)》,民族出版社2005年版。

[3]张忠仁、胡珊、李丹:《心理学》,辽宁大学出版社2009年版。

[4]沙莲香:《社会心理学》,中国人民大学出版社2002年版。

[5]程正方:《学校管理心理学》,中央人民广播电视大学出版社2000年版。

[6]余国良:《现代心理健康教育——心理卫生问题对社会的影响及解决对策》,人民教育出版社2007年版。

[7]龚光军:《积极心理学研究综述》,载《民办高等教育研究》,2008年第3期。

[8]张建新、孟文静:《略论大学生从众心理的产生及应对》,载《齐鲁师范学院学报》,2011年第4期。

[9]马克思、恩格斯:《马克思恩格斯选集》(第一卷),人民出版社1972年版。

基于文化区划的高校校园文化建设探析*

摘　要：开展高校校园文化区划，其目的是要推动大学文化建设，更好地坚持立德树人、文化育人。应实事求是、尊重规律，科学开展校园文化区划。并在科学分析各文化区基本特征的基础上，抓住关键和重点，分类施策、彰显特色、协调推进高校校园文化建设。

关键词：高校；校园；文化；区划；文化区

文化区划，顾名思义，即文化的区域划分。开展文化区划，是为了更好地研究和建设文化。高校校园文化区划，尽管是一个相对微观具体的观照对象，但却有探析的重要价值。相对于外部，高校校园内部即是一个相对独立的区域。同时，高校校园内部又可以按照不同的标准划分出若干不同的更小的区域，各个区域之间的文化事实上存在着某种差异。探析高校校园不同区域之间的文化差异，迫切要求提出高校校园文化区划这一命题。

一、高校校园文化区划的意义

大学文化是大学的血脉和灵魂，校园文化是大学文化的具象体现。开展校园文化区划研究，创新校园文化建设，其目的就是要更好地提振大学的精气神，更好地实现立德树人、文化育人。因此，探究高校校园文化区划问题，具有重要的理论与实践意义。一是有利于校园文化建设的科学化。大学校园文化本身即是一个

＊　本文作者：张振飞，重庆科技学院党委宣传部思想政治工作科科长，讲师，主要从事高校党建与思想政治工作研究；张艳芳，重庆电子工程职业学院汽车工程学院教师，讲师，主要从事高等职业教育研究。

基金项目：本文系重庆科技学院宣传思想文化科研项目"大学文化建设与文化育人"（项目编号：15XCKT21）阶段性成果。

有机整体,像空气一样弥漫体现于校园的整个空间区域。但正如更广范围内的区域一样,不同区域的空气质量是不同的。其实校园文化也是如此,不同区域的校园文化同样存在着"文化空气质量"的不同。研究校园文化区划,就是将高校校园文化在校园空间区域上进行科学划分,明确各区域文化的定位与发展,从而实现校园文化建设的科学化。二是有利于彰显校园文化特色。高校办出特色的根本是要形成自身的文化特色。如何形成并彰显自身文化特色,进而凸显育人特色和办学特色? 实施校园文化区划将成为一个突破。通过开展校园文化区划,明确校园不同区域文化的发展定位,有利于打造独具特色的校园文化区,推动校园文化百花齐放、彰显特色。三是有利于高校校园文化建设创新。高校校园文化,重在创新。高校校园文化创新,既需要在整体面上实现跨越,同时更需要在局部点上实现突破。开展高校校园文化区划,恰好为实现局部点上的突破提供了思维视角和实践准备。高校校园某一区域的文化率先实现突破创新,必将为整个校园文化的创新产生极强的辐射和带动作用。四是有利于推进高校校园文化的理论研究。长期以来,以高校教师为主体的广大教育工作者对高校校园文化进行了广泛和深入的研究,产生了丰硕的成果。但纵观这些研究,多是基于教育和文化的本体而论,视角比较单一,思维相对局限,成果多有雷同。如果从地理学的视角对高校校园文化区划问题进行研究,从而实现学科交叉和综合,必将开辟高校校园文化研究的新视野,也必将产生新的理论成果。

二、高校校园文化区划的目标

开展高校校园文化区划,并不是要将教育、文化与地理等不同领域的学科生拉硬扯地结合在一起,牵强附会地实现学科交叉与综合,而是要在学科思维的指引下,通过开展校园文化区划,进一步推动大学文化建设,提高高校办学质量。因此,开展高校校园文化区划,首先要确立校园文化区划的基本目标以基本目标统领和引领校园文化区划。高校校园文化区划的基本目标应该体现出以下两个方面:一是增强校园文化活力动力。通过实施校园文化区划,校园区域文化的发展方向和目标更加明确,而且经过区划之后,校园不同空间区域相对较缩小并且相对集中,便于结合区域特征,实施区域文化建设,从而增强区域文化的活力动力,推动校园区域文化协调发展;二是增强校园文化的整体实力和办学竞争力。开展校园文化区划,其初衷就是要改变校园区域文化定位不清、方向不明、责任不明、发展不前的现状,通过实施校园文化区划,在校园总体文化规划的指引下,进一步明确校园各区域文化建设的思路举措和条件保障,确保校园整体空间区域全覆盖,调动师生参与文化建设的积极性,从而增强校园文化建设的整体实力,进而以文化力增强高校办学核心竞争力。

三、高校校园文化区划的原则

开展高校校园文化区划,要防止要将校园文化这个有机整体搞得支离破碎和一盘散沙。因此,应当遵循以下基本原则:一是坚持校园既有空间结构与校园文化空间规律相结合。开展校园文化区划,并不是要从文化的单一角度将校园空间区域进行重新划分,而是要在尊重教育规律和校园建设规律的基础上,将校园既有空间结构与校园文化空间规律结合起来,统一规划和区划,既体现实用功能,也彰显审美功能,相互促进、相得益彰;二是坚持数量均衡与质量提升相结合。高校校园虽有面积大小的差异,但其基本空间结构却颇为相似。由于文化的边界不像地理边界那样清晰,导致校园文化区划在数量上的呈现便存在难度,进而也会影响到校园不同区域之间文化建设的水平。因此,实施校园文化区划,要注意全面统筹,坚持数量均衡与质量提升相结合,确定两者的合理比例,实现效果最大化;三是坚持统一规范性与区域特色性相结合。高校校园文化是一个统一的有机整体,因此对其谋篇布局必须坚持统一规范性,保证校园文化的整体风格;同时校园内不同区域的文化又具有各自不同的特点和差异。因此,开展校园文化区划应坚持统一规范性与区域特色性相结合,处理好整体与局部的关系;四是坚持硬实力建设与软实力提升相结合。由于文化是有形与无形、肌肉与灵魂的统一体,因此实施校园文化区划开展区域文化建设,既需要必要的人财物投入,以增强硬实力,同时也需要增强投入之后产生的吸引力、震撼力和影响力,以提升软实力,实现二者的集中合力。

四、高校校园文化区划的标准

如何实施高校校园文化区划,进而推动高校校园文化目标的实现? 这将涉及高校校园文化区划的标准与划分问题,这也是高校校园文化区划的核心、重点和关键。在不同的标准和视角下,校园文化区划的结果必将是多种多样,由此造成的校园文化建设的效果更是千差万别。依据不同的标准,就会产生不同的校园文化区划。概括起来有以下几种划分标准:一是按照校园空间结构布局,可将校园文化划分为教学实验文化区、体育场馆文化区、公寓宿舍文化区、食堂餐饮文化区、服务保障文化区、广场坪坝文化区、山体湖泊桥梁道路等文化区;二是按照校区数量多少,可将校园文化划分为甲校区文化区、乙校区文化区、丙校区文化区乃至丁校区文化区等;三是按照学校主要人员构成,可将校园文化划分为服务管理人员文化区、教师文化区、学生文化区、师生员工公共文化区;四是按照学校内部治理结构,可将校园文化划分为学校公共文化区、管理服务单位文化区、教学单位文化区;五是按照学校人员行为,可将校园文化划分为教学文化区、科研文化区、管理文化区、服务文化区等。以上这些划分标准,都从某一个侧面体现了校园文化区划的合理性,但同时又都有其局限性,比如有的未覆盖校园的整个区域,有的存在着交叉,有的划分层级错乱。正如同文化的分类多种多样一样,高校校园文化的区划也是多种多样的。如何科学地实施校园文化区划,必须具体问题具体分析,科学地分析校园的具体状况和基本特征,才有可能做出相对科学的文化区划。从这个角度讲,高校校园文化区划是一个实践性应用性极强的理论问题。

五、高校校园文化区建设

高校校园文化区划完成之后,各文化区的建设即成为主要任务。毕竟,开展校园文化区划的目的是为了加强高校校园文化建设,推进文化育人。高校校园文化区建设,应当坚持以社会主义核心价值观为引领,全面贯彻党的教育方针,坚持育人为本,德育为先,重在建设,协调发展的原则,紧紧围绕学校的发展战略,巩固深化,丰富发展,传承创新,整体联动,突出特色,努力建设体现时代精神和具有学校特色的校园文化。

实践中,如何开展高校校园文化区建设?基本逻辑思维是,第一,首先分析各个文化区的基本特征;第二,抓住各个文化区建设的关键和重点;第三,提出该文化区建设的基本策略。下面,试以前文按照校园空间结构布局标准划分的文化区为例,浅谈高校校园文化区建设。按照校园空间结构布局标准划分出的,首先是教学实验文化区。该区域覆盖了学校的教学楼、实验楼等区域。该区域是学校教育活动最重要最基本的场所,是教师工作、学生学习的主阵地,是体现学校教育教学规章制度的地方,是孕育大学精神彰显办学理念的场所,甚至连公共楼宇及其附属区域平面与空间的特色在某种程度上,都是学校的特征与风格的体现,都会影响无数的学子和校友。因此,教学实验文化区的文化建设应该以培育和弘扬优良的教风学风、师德师风为重点,通过丰富生动的课堂教学实验活动、科学化人性化的管理制度、一流教育精神和先进理念以及完善便利的教学实验设施设备等,引导广大教师时刻牢记教书育人的使命,甘当人梯,甘当铺路石,以人格魅力引导学生心灵,以学术造诣开启学生的智慧之门,努力成为学问之师和品行之师。引导学生明确目标、端正态度、遵守纪律、改进方法、浓厚兴趣,取得学习效果;二是体育场馆文化区。体育文化是校园文化的重要组成部分。该区域的文化建设,可通过健全完善体育场馆设施,开展群众性和竞技性的体育文化活动,大力弘扬健康向上的体育精神,弘扬"更高、更快、更强"的奥运精神,培育师生顽强拼搏、敢于胜利的人生追求;三是公寓宿舍文化区。公寓宿舍是学生大学期间最重要的生活区域之一。公寓宿舍的安全、卫生、舒适、和谐一直是众多高校的价值追求,集中反映了大学生的心声。因此,公寓宿舍区的文化建设应该围绕"安全、卫生、舒适、和谐"的价值目标,通过开展卫生评比、安全检查、制度建设与执行巡查、设施设备定期维保等,将该区域建设成为深受大学生欢迎的"和谐之家";四是食堂餐饮文化区。同公寓宿舍文化区一样,食堂餐饮文化区也是学生大学期间最重要的生活区域之一,对大学生日常学习起着重要的保障作用。食堂餐饮的卫生、质量、价格、环境、服务始终是大学生关注关心的话题。因此,食堂餐饮区的文化建设应该真诚回应大学生的关切,把卫生良好、质量上乘、价格合理、环境优美、服务一流作为该区域文化建设的目标追求,通过建立健全食堂餐饮系列相关机制制度,开展学生参与食堂管理、服务环境提升等活动,不断推动食堂餐饮区文化提档升级;五是服务保障文化区。高校服务保障主要涉及水电气、医疗、交通、通信、绿化、零售等服务部门。缺少这些部门,高校就无法正常运行。因此,这些部门发挥的是名副其实的服务保障作用。也正因为如此,服务保障区的文化建设应该以服务一流、保障有力为核心,通过完善服务保障设施,创新服务保障机制,进一步改进服务保障方式方法,提高服务保障质量和水平;六是广场坪坝文化区。广场是校园典型的公共区域,是学校及内部单位举办较大型的各类活动以及师生员工生活休闲娱乐的场所,人员来源广、密度大、流动性强,广场公共设施、绿化美化、安全稳定要求高。因此,校园广场的公共区域性质决定了该文化区的公共文化特征。广场坪坝区的文化建设,应高扬社会主义核心价值观,满足师生校园公共文化需求,大力开展师生喜闻乐见的文体活动,增强活动的吸引力和感染力,不断营造积极健康向上的校园文化氛围;七是山体湖泊道路桥梁等景观设施文化区。山体湖泊道路桥梁等景观设施是学校空间区域的重要构成部分,也是校园文化的人文自然载体,是学校的物态文化。这些景观设施的风格特征是学校办学历史、办学理念、办学追求的生动诠释。因此,山体湖泊道路桥梁等景观设施文化区,应当在景观设施的设置、设计与表现力上下功夫,在校园一山一水、一草一木、一桥一路等细微之处下功夫,使该区域的物态文化于无声处彰显办学价值,以润物无声、滴水穿石之效实现以文化人、以文育人。

实施高校校园文化区划,其目的就是更好地实现文化兴校、文化育人。高校校园文化区划应当成为高校校园文化建设的自觉行为。在具体的实践中,要始终坚持实事求是,尊重规律,在校园总体规划的指导下,科学合理地实施校园文化区划;要建立科学有效的工作机制,加强统筹协调,激发创新动力,努力把高校校园建设成为优美如画的校园、温馨幸福的家园、桃李芬芳的乐园。

参考文献

[1]郭庆:《文化,大学的终极内涵》,载《光明日报》,2011 年 10 月 17 日。

[2]周尚意、孔翔、朱竑:《文化地理学》,高等教育出版 2004 年版。

教风建设:高校教师党建的着力点和突破口 *

摘 要:提高教育质量是高校贯彻落实科学发展观的根本所在,培育优良的教风,是学校发展的永恒主题,也是学校教师党建服务学校发展的重要着力点和突破口。高校教师党建的根本在于促进教风建设,为创建高素质的教师队伍提供坚强的政治和组织保证。

关键词:教师;党建;教风;质量

提高质量是教育改革发展的核心任务,是科学发展观在教育领域的根本要求。提高教育质量,必须要有优良的教风来保证。教风又是党的作风的载体,是党的作风的具体体现。因此,培育优良的教风,关键在于加强党的建设。

高校要紧紧围绕提高高等教育质量,以改革创新精神推进高校党建工作,大力促进教风建设,为建设具有高素质的教师队伍提供坚强有力的政治和组织保证。

一、明确抓党建、促教风对提高教育质量的重要意义

提高教育质量是高校贯彻落实科学发展观的根本所在,培育优良的教风,是学校发展的永恒主题,是办学治校育人之基,是实现学校发展目标的重要基石,也是学校教师党建服务学校发展的重要着力点和突破口。培育优良的教风,前提是必须狠抓党建工作。高校教师党建工作的主要任务就是保障和促进教风建设。

---

* 本文作者:李军良,重庆科技学院继续教育学院常务副院长、副教授,主要从事教育管理、高校党建与思想政治教育研究;张振飞,重庆科技学院党委宣传部思想政治工作科科长,讲师,主要从事高校党建与思想政治工作研究。

（一）坚持党的教育方针，是培育优良教风，提高高等教育质量的根本前提

高校肩负着培养中国特色社会主义事业合格建设者和可靠接班人的历史使命，这样的人才应是德才兼备的高素质人才。高等教育的质量首先是政治质量，高校培养的人才要合格，首先是政治上要合格。高校教师是学校教育职能实现的具体实施者和践行者，高校教师是否牢固树立和践行社会主义核心价值体系，坚持党的教育方针，忠诚党的教育事业，直接影响着青年大学生思想政治素质的提高，关乎着高等教育人才培养的质量。因此，坚持党的教育方针，坚持社会主义办学方向，对于党和国家始终高举中国特色社会主义伟大旗帜、推进中国特色社会主义伟大事业具有特殊而重要的意义。广大教师必须坚持用马克思主义中国化最新成果武装头脑，在任何时候都决不含糊、决不动摇、决不改变。只有这样，才能保证社会主义办学方向，才能确保高校教风建设的正确轨道。

（二）加强高校党的作风建设，是培育优良教风，提高高等教育质量的核心要求

党的作风是党的先进性最具代表性的反映，在各种风气中具有总揽性、引导性和示范性。党的作风在不同历史时期有不同的内涵和要求，在不同的领域有不同的表现形式。对高校教师来说，党风具体体现为教师的教风。无论是广大学生、学生家长还是社会各界，他们评价高校教师的形象、教师党员的作风，主要看的就是高校教师的教风。高校党的作风建设是教风建设的"龙头"，在教风建设中始终起着引领、示范作用。一所学校有什么样的党风，就有什么样的教风，也就有什么样的教育质量。党风正，则教风严；党风不好，则教风不严。所以，要建设优良的教风，提高教育质量，必须狠抓党的作风建设。

（三）加强高校教师党组织建设，是培育优良教风，提高高等教育质量的组织保障

中国共产党是执政党，教师党组织的先进性在高校具体表现为党组织在教风建设中能发挥政治保障和战斗堡垒作用；教师党员的先进性表现为在教风建设中能发挥先锋模范作用。如果高校基层教师党组织软弱涣散没有战斗力，高校广大教师党员不能发挥示范带头作用，就不可能形成良好的教风，就很难保证提高高等教育质量，就无法建成高素质的教师队伍和高水平的大学。因此，高校必须紧紧围绕培育良好的教风，创新教师党组织和党员队伍建设，切实把党的组织资源转化为加强教风建设的资源，把组织优势转化为教风建设的优势，把组织活力转化为教风建设的活力，把党的基层组织建设的成效具体体现到教风建设的效果

上来。

二、教师党建在教风建设中的作用发挥现状

长期以来,教师党建在学校教风建设中发挥了重要的保障作用。但随着时代的发展和形势的变化,教师党建在促进教风建设的实践中,还存在着一些不适应的情况,主要表现在以下几个方面:

一是教师党组织在教风建设中的堡垒作用发挥不力。二级学院党政联席会议制度不成熟不完善,"书记院长分工负责、党政联席会议决策、教职员工民主管理"的工作机制尚未进一步健全;教职工党支部设置方式不够灵活科学,尚未形成与行政、教学、科研、服务组织相结合相对应的党组织体系;党支部委员会工作机制、专兼职党务工作者考核、激励机制与制度等需要进一步健全;教职工党组织活动的内容和方式需要进一步改进,教职工党组织活动的实效性需要不断增强。

二是教师党员在教风建设中的模范作用发挥不够。有的学校对教师党员特别是青年教师党员的教育不够,有的教师治学不严谨,只"授课"不"传道",只教书不育人,上课带着书本来了,课讲完一走了之,没有时间辅导,甚至不愿意接触学生,不关心学生的学习态度、学习方法、学习效果和思想进步。个别班主任、辅导员缺乏为民族振兴培养合格人才的使命感、责任感,不去深入了解学生的思想、学习和生活状况,对学生的教育引导不力,从而暴露出思想理论素养缺乏,中国特色社会主义理想信念不坚定,党的意识、党员意识还不够牢固,这迫切需要进一步强化党性观念,发挥党员教师的模范带头作用,真正做到为人师表、言传身教、教书育人。

三是师德师风建设的思路和措施乏力,教师形象受到一定程度的损害。有的教师治学不严谨,重校外活动轻校内工作,重科学研究轻教学育人,教学精力投入不足。据有关方面调查显示,30%的高校教师存在着"重研究轻教学"的现象;不少教师申请课题、发表文章主要是为了晋升职称,个别甚至在科研、论文上弄虚作假。有的教师出的著作不少,但真正的发明创造屈指可数,科研内容与经济建设、社会发展联系不紧密,科研成果对经济社会发展的贡献率不高,理论和实践脱节。有的学生上课不认真,教师不闻不问,只管讲自己的课。还有的教师师德欠佳,职业行为失范,个别青年教师与学生交往随意,甚至称兄道弟,在与学生交谈时过分渲染社会阴暗面,流露出一些消极情绪,对学生形成误导。

三、抓党建、促教风的对策建议

(一)加强党的基层组织建设,充分发挥党组织在教风建设中的战斗堡垒作用

党的基层组织是党的全部工作和战斗力的基础,高校党的基层组织是党在高校执政的组织基础,也是高校教风建设的政治和组织保障。加强党的基层组织建设,一是选好配强学院党政领导。建立完善二级学院党委(党总支)、党支部建设目标考核实施办法;制定学院党政议事规则,建立健全"书记院长分工负责、党政联席会议集体决策、教职员工民主管理"工作机制;发挥学院党委(党总支)在"三风"建设中的政治核心和保证监督作用。二是改进教职工党支部建设。围绕教研室既教学又研究的双重功能的发挥,坚持以培育优良师德教风为重点,加强教研室党支部建设,发挥在教风建设中的引领作用。坚持和完善党支部建在教研室,根据学科专业建设的需要,科学合理调整党支部设置,把党支部建在教学科研第一线,与教学科研基层组织建制对应设置。根据需要,有步骤地在学校重点实验室、创新团队、教学团队等设置党支部,为党支部在教风建设工作中发挥作用奠定基础。重庆科技学院以广泛开展教师讲课比赛和说课活动为抓手,积极推进教研室党支部和教研室开展教学研究活动。教研室党支部充分发挥自身在教研活动中的模范带头作用,积极配合教研室组织教师特别是青年教师积极参加每年一届的教师讲课比赛,组织开展示范授课活动和说课活动,推动教学水平不断提高。三是按照党性强、作风硬、责任心强、热心党务工作、学术业务能力较强、在党员群众中有较高威信的要求,选好教工党支部书记。党支部要在支部书记带领下积极支持配合教研室日常教学研讨、培养计划制定、专业建设、实验室建设、实践教学环节建设和师德建设等工作,建立起与教学科研中心工作相适应的党支部工作机制,努力使党支部成为所在教研实体政治领导的核心。

(二)加强高校教师党员队伍建设,把教师党员队伍建设成为教风建设的骨干力量

教师是教风建设的主体,教师党员在教风建设中发挥着重要的引领和示范作用。加强教师党员队伍建设,核心是保持和发展教师党员的先进性,促进优良教风的形成。要强化对教师党员特别是青年教师党员的教育,提高思想理论素养,坚定中国特色社会主义理想信念,引导他们既要树立"教授意识""专家意识",更要树立党的意识、党员意识,忠诚党的教育事业,努力做到为人师表、言传身教、教书育人,发挥他们对广大师生的示范、带动和教育作用。重庆科技学院突出教授、

博士党员在教风建设中的模范作用。坚持实行教授、博士党员每学年为本科生授课制度和每学期至少为本科生开展一次学术讲座的制度。充分发挥好教师党员的主导作用，吸引学生参与教师的科研课题，指导学生实施好"大学生科研训练计划"和"创新人才培养资助计划"，以科技实践、科技创新、科技创业等科技活动为载体，把科研学术活动引入学生第二课堂，有效地激发了学生的学习兴趣，培养了学生的创新精神和创新能力。要认真做好在优秀青年教师和教学科研骨干中发展党员的工作。高校发展党员首先应当重视发展教师党员，因为他们担负着教育学生、培养人才的责任，他们的言传身教对学生有着非常大的影响。把教师中的优秀分子吸引到党内来，能够更好地发挥他们引导和影响学生的作用。高校优秀青年教师和教学科研骨干知识层次高，是高校党政后备干部队伍的重要来源，是高校发展党员的重点对象。高校党委应当高度重视，采取切实可行的措施，实行党组织班子成员联系青年教师和教学科研骨干的办法，主动与他们交朋友，吸引他们参加党课学习、组织生活，在政治上加强引导，工作上创造条件，生活上关心帮助，把他们团结在党的周围，把更多的优秀分子吸引到党内来。

（三）加强师德师风建设，努力形成良好的师德师风导向

师德师风是教风的灵魂，教风又是"三风"的关键。一个学校教育教学质量如何、教学科研水平如何、培养的学生素质如何、学校核心竞争力如何，师德师风起着导向作用。师德，就是教师的个人品德，具体体现为教师的职业道德、社会公德、家庭美德，其中职业道德是师德建设的重点；师风，就是教师的作风，主要是工作作风和生活作风。教师应该是学生学习的榜样和楷模，教师的言行举止是学生学习模仿的对象。所以，为人师者言行要慎重、举止要得体，力争做到身正足以垂范、学高足以为师。加强师德师风建设，就要积极开展教师职业道德和职业精神教育，特别是要对青年教师开展"传帮带"活动，帮助青年教师自觉养成求真务实和严谨自律的治学态度，自觉恪守学术道德，努力做到爱岗敬业、关爱学生，严谨笃学，奋发进取。二级学院党委（党总支）、教工党支部要积极引导和督促教师既教书更育人，落实教师教书、育人"双重职责"，严格教书、育人"双重考核"，将教师师德和教书育人的实绩作为教师年度考核的主要内容，考核结果作为职务晋升和评优奖励的主要依据。学校党委要通过评选、表彰和宣传一批师德表率和教书育人先进典型，使广大教师学有榜样、赶有目标、干有方向，形成良好的师德师风导向。重庆科技学院大力倡导"爱校、爱岗、爱生"的风气，以教学团队建设和专业带头人培养为重点，加强专业教师职业经历、职业技能和教学能力培养，以课堂教

学为切入点,建立教师间互相听课与评课机制,加强教师听课制度管理与检查,促进教师间的交流与学习。坚持开展教学测评、教学检查、教学督导活动,实施以"学生评教"为突破口的教学质量监控体系,每学年在学生中开展一次"我心目中的好老师"评选活动,在教师节予以表彰。建立教风考评制度,将教风表现列入学期考核、派出进修和评优奖励的重要依据,严格考核管理,从而培植起了优良的教风,形成了优秀的学术共同体。

教风建设是学校发展的永恒主题,需要长抓不懈。二级学院(系、中心)党政、教研室及教研室支部担负着学校教风建设、教学改革的重要任务。二级学院(系、中心)总支委员会应定期研究教学工作特别是师德师风建设,教研室支部委员会要深入研究教学改革问题。要充分发扬党内民主,充分发挥教师党员在教风建设中的模范带头作用。要建立和完善考核制度,为推进教风建设提供制度保障。

参考文献

[1]黎进深:《加强师德建设,提高师德修养》,载《安顺师范高等学校学报》,2004年第4期。

[2]王立斌:《试论当前高校青年教师师德建设的意义、现状及对策》,载《思想政治教育研究》,2006年第5期。

[3]朱伯兰:《推动高校科学发展的重大举措——"抓党建、促三风、建三高"的理论与实践思考》,载《重庆工商大学学报(社会科学版)》,2009年第6期。

马克思主义与中国传统文化的互动与融合[*]

　　摘　要:马克思主义与中国传统文化相结合的过程,既是用科学的马克思主义提升和改造中国传统文化的过程,也是用中国传统文化的理念和智慧理解和运用马克思主义的过程。在这一连续的互动过程中,受文化的地域性和时代性差异、中国传统文化的"双重性"以及各种片面文化价值观等因素的影响,二者的深度结合面临诸多困境。探析并厘清此类问题,对于进一步推进马克思主义中国化的历史进程具有重要的理论和现实意义。

　　关键词:马克思主义;中国传统文化;互动;困境

　　马克思主义中国化在很大意义上就是实现马克思主义的国情化和民族化,这就必然要求马克思主义与中国社会实践和中国传统文化的融合。"所谓传统文化,从广义的范围讲,是指一个民族千百年来的历代祖先为了生存和发展的需要,根据现实所能的条件所创造、改造、享受、继承的物质的、制度的、精神的各种事物的总称。从狭义的范围讲,它是指一个民族在千百年的历史中所形成的价值观念、思维方式、伦理范围、理想人格、审美情趣等精神成果的总称。"[1]"马克思主义与中国传统文化无论在民族特性还是在时代性上毕竟属于两个不同的价值体系,它们的结合不会是一个自然演变的过程,而是一个思想的自觉创造过程。"[2]在中国共产党的领导下,实现了马克思主义与中国传统文化的有机结合,并取得了一系列理论成果。

---

　　* 本文作者:张晓玲,重庆科技学院党委宣传部教授,研究方向为马克思主义中国化。

一、马克思主义与中国传统文化：两个方面的互动

(一)马克思主义对中国传统文化的提升与改造

马克思主义经典作家所创立的马克思主义理论是历史和时代的产物,它既反映了当时时代的具体属性,也包含了超越那个时代的抽象精神。马克思主义理论是具备科学性的实践性理论,代表了人类文明的发展方向,无论对于政治性活动还是非政治性活动都具有一般的理论和方法论意义。在马克思主义中国化的过程中,我们必须灵活掌握和运用其中的具有一般性价值和意义的精神,即一般的、科学的原理和方法,并把它同中国现代化建设的具体实践结合起来,以推进中国特色社会主义的建设进程。历史实践也已经充分证明,马克思主义理论指导中国革命和建设的实践发生了翻天覆地的变化,深入影响了中国人民的思维方式和行为习惯,成为人们的思想利器。这强有力地显现了马克思主义理论对于引导中国社会变革方向的生命力所在。

同时,马克思主义中国化的过程,内在地包含了马克思主义基本理论对于中国传统文化的提升和改造,这是马克思主义理论与中国具体实践相结合的题中之义,也是建设中国特色社会主义文化的本质要求。"用马克思主义去分析、看待并批判继承中国古代优秀的传统文化包括优秀的传统道德,也属于马克思主义同中国具体情况相结合的一个方面,因而是值得我们为此而努力工作的。"[3] 因此,只有把马克思主义的科学精神渗透到中国传统文化之中,才能实现传统文化的现代转型。总之,中国选择了马克思主义,马克思主义适合了中国的国情和社会变革的实际需求,并对中国的各项事业产生了深刻的、积极的影响,这种影响也将以更加科学和广泛的形式继续下去。

(二)优秀的传统文化对马克思主义的理解与运用

"人们自己创造自己的历史,但是他们并不是随心所欲地创造,并不是在他们自己选定的条件下创造,而是在直接碰到的、既定的、从过去承继下来的条件下创造。"[4] 中国现代化建设的实践是马克思主义中国化的现实依据,中国传统文化是马克思主义中国化的文化基础。所以,一方面,我们必须立足于中国现代化这个最大的实践来谈论和发展马克思主义,离开这一点空谈马克思主义是本本主义的典型表现。另一方面,我们必须牢牢把握马克思主义在中国生根和发展的现实文化基础,即中国自身的传统文化。中国传统文化是中华民族的文化标志,也是我们现代话语体系中的重要文化因子,其基本精神一直影响着我们的价值判断和行为选择。如孙百亮所言,"中国传统文化经过千百年的积淀,它的思维模式、价值观念、心理积淀等,通过各种机制渗透到人们的思想观念、习俗行为、情感信仰中,自觉或不自觉地成为人们处理各种事务、关系和生活的指导原则和基本方针"。[5]因此,我们必须坦然面对真实的存在,认真对待我们的文化之根。在努力实现中国传统文化现代转型的前提下,立足于时代发展的需要和中国现代化建设的实践,运用传统文化的思想精华来理解和充实马克思主义理论,用中国优秀传统文化的理念及智慧把握和运用马克思主义理论,使中国"化"后的马克思主义具有鲜明的中国气派和中国作风,成为人们乐于接受的文化理论形式而深入人心。

二、马克思主义与中国传统文化互动过程中的困境

值得注意的是,在实现马克思主义与中国传统文化的连续互动过程中,受各种现实因素的影响,二者的深度结合还面临诸多困境。只有深入地探析并明确把握此类问题,才能够把马克思主义的中国化继续推向前进。

(一)两种文化形态先天的地域性和时代性差异

马克思主义虽然是反西方主义的文化理论,但其本身毕竟是西方文化的一部分。而"中国人和西方人之间,基本上有一种难以意会而不易言传的东西。那就是两种宇宙观、思维方式乃至两种语言上的结构差别。这是在语言具体使用情形和场合中双方互相无法察觉的东西"[6]。所以,在实际的研究过程中,我们很难真正地、彻底地理解对方的文化,以至于片面甚至对立思维的产生。

同时,二者也存在着时代性差异,是两种进化程度存在较大差别的文化形态。马克思主义产生于工业社会,是资本主义社会化大生产的产物,是无产阶级革命的根本指导理论。而中国传统文化根植于小农社会,以血缘关系为纽带,以严格的等级制度为基石,是自给自足的自然经济生产方式的反映。这种差异使得马克思主义与中国传统文化原本就存在着诸多矛盾与冲突。即便马克思主义与中国传统文化在诸多方面存在着相通性,进而成为西方文化中最易于和中国文化实现结合的文化理论,但是它们作为原本相对独立的文化形态从而具有天然的排斥性,也是我们必须承认的。我们只有充分认清这种性质上的矛盾和差异,才能准确理解两种话语体系的立足背景及其相关概念的真正含义,从而防止随意嫁接马克思主义与中国传统文化的不良文化现象的发生,使二者的交流与融合不再流于形式,而是趋于本质。

（二）传统文化的"双重性"和现代转型的"长期性"并存

中国传统文化经过千百年的积淀和变迁，形成了支撑中华民族的文化脉络，其中包含了丰富的思想和智慧，对人们的价值观念和行为方式产生着重要的渗透性影响。但是，其主体毕竟产生于封建社会的小农经济，带有很大的历史和阶级局限性。可见，中国传统文化既有积极、进步和科学的一面，又有消极、落后和腐朽的一面，从而表现出一种文化的"双重性"。同时，受文化系统自身的复杂性和人们认知的局限性等因素的影响，中国传统文化中的"精华"与"糟粕"部分又相互缠绕、难解难分，传统文化的这种双重特性对马克思主义的中国化进程构成了重大的影响，使我们"既不能拒绝中国传统文化积极因素对马克思主义的丰富和发展，也不能完全摆脱中国传统文化消极因素对马克思主义的消解和异化"。[6]

面对中国传统文化的"双重性"，必须实现其现代化的转型，这既是社会大转型的客观要求，也是实现自身完善与发展的内在必然要求。中国传统文化的博大精深所折射出来的包容性和强大生命力对于实现自我的更新与现代转型起到根本性的促进作用，我们也坚信源远流长的中国优秀传统文化将以崭新的形式和内涵获得复兴。但是，受自身历史和阶级的局限、多种片面思想观念等因素的复合影响，我们也必须正视其现代转型过程的艰巨性、复杂性和长期性，冷静面对文化发展中的各种难题。总而言之，正是中国传统文化的这种"双重性"与实现现代转型的"长期性"，促使马克思主义与中国传统文化的结合也必然面对诸多的难点以至于困境的产生。

（三）各色文化价值观的片面性和负面性影响

对于马克思主义或中国传统文化的肤浅理解、一知半解，都极容易产生片面的思维，做出简单的、武断的、主观的结论，从而背离辩证唯物主义和历史唯物主义的批判精神。首先，受文化情感、认知局限等因素的影响，产生了一种文化围城心态，即以本民族的文化为中心，盲目排斥西方文化，包括马克思主义，这是文化保守主义的突出表现；其次，片面地理解中国的传统文化，抓住传统文化中的消极部分而不计其余，由此把现实中国出现的种种问题都归因于传统文化的弊端，而彻底否定之，这是民族虚无主义的彻头彻尾的表现；再者，不能完整地、全面地理解马克思主义理论的真精神，而是机械地、片面地解读或肢解马克思主义，这又是教条主义和形式主义的典型表现。诸如此类的片面文化价值观取向，扭曲与断裂了马克思主义与中国传统文化之间的辩证关系，不仅对人们的思想观念和行为方式产生负面性的影响，同时也会严重阻碍二者的有机结合。针对于此，我们必须从文化围城心理、民族虚无心理的羁绊中解放出来,以辩证的、客观的、发展的态度把握中国的传统文化;我们要从教条主义、形式主义和本本主义的桎梏之中解放出来,以科学的、开放的、整体的态度理解马克思主义,从而为实现马克思主义的中国化和中国传统文化的现代化扫清思想上的障碍。

三、促进马克思主义与传统文化融合,推动马克思主义中国化进程

马克思主义与中国传统文化的融合是马克思主义中国化进程中的重要特点,是中国社会发展的迫切需要,是历史发展的必然选择。当前,在推进马克思主义中国化,促进社会主义现代化建设,积极构建中国特色社会主义体系的过程中,更应该努力寻求二者的结合点,"随时随地都要以当时的历史条件为转移",推进二者的融合。

(一)科学对待马克思主义

要正确理解和把握马克思主义,就是要从根本上把握马克思主义的精神实质和观察问题、解决问题的立场、观点和方法。"马克思主义是科学,要随时代、时间和科学的发展而发展,不能停滞。近一百年来,现实生活的变动达到了前人难以想象的程度,真正的马克思主义者应该在马克思主义基本原理的指导下,结合当今世界发展的新情况新特点,在为实现社会主义理想的奋斗中不断创新和发展"。[7]因此,我们应坚持马克思主义与时俱进的理论品质。在坚持马克思主义一元指导地位的同时,要根据时代发展的特点和主题,吸纳中国传统文化精华,丰富发展自身,成功实现马克思主义中国化。

(二)积极进行传统文化成果的现代化转化

传统思想文化成果虽然是在一定的社会历史条件下形成和发展的,但是它不仅仅属于过去,而且也内存于现实之中,与现实有着血肉的联系。它既是历史,又是现实,它是历史在现实中的沉积,它不仅作用于过去,而且已构成一种强大的现实力量作用于当前乃至未来。

因此,我们必须重视传统文化成果的现代价值,实现其现代化转换。如"三省吾身""反求诸己""慎独"思想等,与我们今天所倡导的严于律己精神就有相融相通之处,实现了现代化转换。

(三)运用马克思主义提升传统文化

中国传统文化是中国历史发展的成果,它产生于封建社会的土壤中,必然带有一定的封建性和不合理性。建设中国特色社会主义文化,就必须用马克思主义

的基本原理和观点去改造和提升中国传统文化,对传统文化进行马克思主义的新诠释,将其赋予时代内涵,使传统文化得到进一步升华,发挥其现代价值。

(四)促进马克思主义大众化

马克思主义在中国虽然已有几十年的发展历史,但马克思主义理论在更多层面上只是作为一种官方理论,作为一种居于统治地位的指导思想,主导着我国的社会主义意识形态。而对于广大人民群众来说,马克思主义应有的指导作用并没有发挥,人们往往感觉不到实际效益。对于共产主义的信念和理想,人们更是觉得遥不可及,这些都必将影响马克思主义中国化的广度和深度。而中国传统文化在人们的心中却有着不可磨灭的影响力,必须充分利用好传统文化基础,使马克思主义通俗化、大众化,才能使马克思主义深入人心,加速实现马克思主义中国化的进程。

总之,马克思主义与传统文化的融合是历史发展的必然,我们必须继续推进二者的融合,使两者在相互吸收与借鉴中再生出新的文化,实现马克思主义的中国化,更好地指导我国的社会主义建设事业的发展,构建社会主义和谐价值体系。

结　语

马克思主义与中国优秀传统文化的结合是一个相互学习、相互渗透、相互交融的过程。当今,面对中国改革开放的新局面,经济全球化的新趋势,我们必须在辩证唯物主义和历史唯物主义的指导下,全面审视马克思主义理论和中国传统文化的关系,在立足于现代化实践的基础上,一方面用马克思主义的科学理论和方法改造中国的传统文化,另一方面用中国人自己的文化心理和思维方式灵活地理解和运用马克思主义。换言之,既不能用马克思主义理论机械地替代我们的传统文化,也要防止传统文化中落后、消极的文化因子对马克思主义基本理论的腐蚀和异化。同时,面对影响乃至阻碍马克思主义与中国传统文化相结合的各种因素,我们必须树立起客观的、科学的文化发展观,在丰富和发展马克思主义理论的过程中,在推动中国传统文化现代转型的过程中,努力实现马克思主义的基本理论同中国优秀传统文化的有机结合。

参考文献

[1]祝黄河:《发展——社会与人》,中国社会科学出版社2004年版。

[2]柳国庆:《马克思主义中国化历史经验研究》,浙江大学出版社2006年版。

［3］庞辉:《把马克思主义与中国国情和传统文化相结合实现马克思主义中国化》,载《新课程(教育学术版)》,2008 年第 7 期。

［4］《马克思恩格斯选集》(第 1 卷),人民出版社 1972 年版。

［5］孙百亮:《中国传统文化的"两重性"与马克思主义中国化的困境与出路》,载《天府新论》,2009 年第 1 期。

［6］田辰山:《关于"马克思主义与中国传统文化"的思考》,载《马克思主义与现实》,2008 年第 4 期。

［7］《江泽民文选》(第 2 卷),人民出版社 2006 年版。

网络时代下青年思想政治教育的嬗变与坚守[*]

　　摘　要:思想政治教育贯穿中国历史发展的各个时期。网络时代的青年具有独特的心理特征。网络环境下青年思想政治教育既要顺应历史嬗变的趋势,创新网络时代思想政治教育的方式,又要坚守基本原则,把握思想政治教育的目的。

　　关键词:网络时代;思想政治教育;嬗变;坚守

　　思想政治教育是指一定的阶级、政党、社会群体遵循人们思想品德形成发展规律,用一定的思想观念、政治观点、道德规范,对其成员施加有目的、有计划、有组织的影响,使他们形成符合一定社会、一定阶级所需要的思想品德的社会实践活动。我国在思想政治教育方面经过长期的摸索和实验,逐步建立了一整套思想政治教育内容和方法体系。但面对社会快节奏的发展步伐,尤其是网络社会的到来,传统思想政治教育在多方面暴露了其对传统社会结构赋予的特权过于依赖而自身魅力不足的缺陷,发展困难,不得不令人深思。

一、我国思想政治教育的发展历程

　　尽管思想政治教育是一个典型的现代词汇,但在中国历史发展的各个时期,统治阶级及仁人志士对人们的思想"教化"却始终在以各种方式进行着,从未间断过。

　　(一)三代、春秋战国时期

　　夏商周三代时期是我国国家形成的雏形时期,国家机器尚不完善,与现代意

　　* 本文作者:张振飞,重庆科技学院党委宣传部思想政治工作科科长,讲师,主要从事高校党建与思想政治工作研究;陈超,重庆科技学院人事处处长,教授,主要从事教育管理、高校党建与思想政治教育研究。

义上的"国家"还有较大的差距。思想政治教育还没有形成独立的体系,但早期的统治者们已认识到规范人民的思想对维护其统治地位上的重要性。所以在当时的条件下,三代时期的统治者们已开始利用当时的宗教文化来为自己统治地位的合法性寻找来自上天的佐证。如"有夏服天命"(《尚书·昭诰》),"天命玄鸟,降而生商"(《诗·商颂·玄鸟》),"文王在上,于昭于天,周虽旧帮,其明维新。"(《诗·大雅·文王》)。尽管与现代思想政治教育具有较大的不同,但在实质上,它的确起到了思想政治教育的作用。春秋战国时期,百家争鸣,各思想家纷纷建立了自己的思想统治学说。其中,以孔子为代表的儒家提出了"仁政""德治"的思想政治学说。重视对百姓进行统一的、符合统治阶级意识的思想政治教育,使百姓在长期的灌输下潜移默化地接受统治阶级为其制定的思想意识和行为规范。墨家提出了"兼爱""非攻"的政治主张,提倡用对人们起到思想政治教育作用的"教化"来治理国家、改造社会。法家则重视以法律教育来代替道德教育,为古代的思想政治教育增添了一种全新的内容,对后世影响极深。而道家则强调"无为而治",尽管这种思想主张与前述几种思想在对人们思想教化方面的积极性南辕北辙,但这种无为自化的思想意识的渗透在帮助统治阶级保证社会稳定方面起到了积极的作用。可见,在这一时期,思想政治教育正以各种形式、各种观点慢慢形成,并对当时的社会发展起到了一定的作用,也为后来思想政治教育体系的形成和内容的选择奠定了基础。

(二)秦汉、唐宋至元明清时期

秦朝统一六国,建立了中央集权的封建专制国家,从此封建统治者为了巩固自己的统治地位有意识地在意识形态方面加强对人民的控制和教化。从秦孝公开始,就重用商鞅开展变法运动,运用法令这一强有力的手段统一了人民的思想意识,快速、高效地调动全国的人力、物力,保证了秦朝统一六国的实现。秦始皇统一六国后,听从李斯的建议,废除私学,焚书坑儒,以暴力的手段开展对人民的思想禁锢。汉代时,汉武帝吸取了秦焚书坑儒的教训,不再仅使用严酷的法家思想统治人民,也没有将各方学派思想全盘否定,而是保留了人们比较能接受的儒家思想,并将其进行规范和完善,使其更能体现出统治者的意志。如正式规定了儒家思想中"三纲五常"的基本内容的《白虎通义》的编纂和颁布,于是就有了董仲舒倡导的"罢黜百家,独尊儒术"的历史举措。唐宋以来,宗教文化繁荣,尤其是佛教的盛行为统治阶级的思想政治教育开拓了新的领域,成为儒学重要的辅助工具。唐代的统治者充分利用宗教思想来教化人们,以实现巩固统治地位、维护社会秩序、安定民心的目的。宋代以来理学将儒家学说的高度提升,从人性、价值等多角度肯定了儒家道德观的至高无上性,加深了统治阶级对人们的思想政治教育的力度和深度。明清时期,程朱理学成为儒学正宗,得到统治者的推崇。但程朱理学在发展的过程中也暴露出过于僵化和死板的弊端。一些具有开明思想的进步思想家开始反对统治者以封建礼教来统治和禁锢人们的思想,如明代的李贽、清代的顾炎武等。尽管声音很微弱,但也为当时人们接受思想政治教育打开了一扇全新的窗子。

(三)党领导下的思想政治教育时期

中国共产党的成立与成长始终伴随着思想政治教育工作的开展和发展,思想政治教育工作的成功是党能够领导中国人民推翻三座大山,建立人民民主专政的新中国的重要武器。纵观党的思想政治教育历程,有成功,也走过弯路,但总体上一直在延续马列主义、毛泽东思想的优良传统,为我国的经济建设和社会发展奠定了重要的思想基础。大体上,我们可以将党的思想政治教育历程分为三个阶段。第一阶段是从党成立开始一直到新中国成立后50年代前期。在这个漫长的阶段,"党的思想政治教育一直处于一个摸索、发展和不断完善的阶段"。在教育内容上能真正依托马列主义、毛泽东思想,并不断结合中国实际,实事求是地展开思想政治教育,这一阶段党和政府所取得的成就也是举世瞩目的。第二阶段是从50年代后期到十一届三中全会的召开。这一时期是党在思想政治教育工作中走弯路、受挫折的阶段。在这一阶段,由于受"左派"思想的干涉及林彪反革命集团和"四人帮"的扰乱,党的思想政治教育工作受到重创,脱离了正确轨道,打上了深深的阶级斗争的烙印,影响了社会的正常发展。第三阶段是指十一届三中全会后至今,党经过拨乱反正和思想大讨论,提出了解放思想、改革开放的口号,逐步剔除了"左"和"右"两个极端,将党的思想政治教育逐步扭转到正确的轨道上来,在坚定不移地坚持马列主义、毛泽东思想的基础上,逐步建立了邓小平理论、党的"三个代表"、科学发展观等适应时代潮流、符合中国国情的思想政治教育理论和内容,为保障我国的经济进步、社会和谐并最终实现中华民族伟大复兴的中国梦发挥了重要的思想政治教育作用。

二、网络时代的青年心理特征

所谓网络时代,是对网络技术在经济社会发展中发挥重要作用,甚至占据统治地位的一定社会历史发展阶段的特殊称谓。当前,我国已迎来网络时代,网络技术已应用到我们工作和生活的各个领域,网民的年龄范围非常广泛,尤其以青年居多。以网络技术为载体的第四媒体也随之成为最受青年欢迎的接受信息的渠道,其便利与快捷性毋庸置疑,但其在传播信息的过程中也会带来一些负面影响的弊端,加之青年分辨能力不强等,给网络时代思想政治教育提出了巨大的挑战。

(一)网络时代特征

第一,发达国家的强势渗透。网络的全球化一方面实现了信息共享,加快了各国人民之间的文化交流,但这种交流显然是不平衡的。一些技术发达的西方国家利用本国的技术优势,竭力向我国青年宣传和鼓吹他们的思想观念和文化意识,这种"潜移默化"的意识形态渗透极易干扰我国对青年正常的思想政治教育的开展,不断消逝和削弱青年的民族自豪和文化自信,甚至颠覆了我国青年正确的社会主义人生观、世界观和价值观,将其引向享乐主义、金钱主义的错误岔口。第二,有害信息的控制乏力。传统媒体层层把关的审查体制尽管对效率有所影响,但逐级将有害信息剔除的优势却保证了对青年进行思想政治教育工作的良好效果,而网络平台的自由性和开放性却极大地削弱了这一保障。青年通过网络接受的信息往往都是第一时间、第一手,其中不免裹挟很多如黄、赌、毒、暴力等不健康的因素,这对青年的思想成长是极其不利的。第三,失德行为的监管滞后。网络平台的自由性使一些失德的言论和行为肆意妄为,如恶意的"人肉"搜索、恶作剧式的"黑客"行为,甚至网络诈骗等违法行为,严重伤害了其他网民的名誉和利益,这是完全与思想道德教育背道而驰的恶劣行为。尽管随着公安机关的介入使一些人得到了应有的惩罚,但这种惩罚往往滞后,伤害已经造成,损失已难以挽回。

(二)青年心理特征

生活在网络时代的青年一代,由于长期接触网络,其心理特征也在不知不觉中被网络所影响,形成了一种与网络时代相适应的独特的心理特征。第一,网络时代的青年崇尚追求自由的个性。在网络的平台上,青年可以自由地获取自己想要的信息,发布自己想表达的观点,而不受任何时空的限制和体制束缚,这就使青年追求个性自由的行为过度膨胀。第二,网上虚拟空间的交流取代了面对面的真实交往。网上通过交友网站或者交流工具如人人网、脸书、QQ、微信等为青年提供了一个虚拟的交流平台,对话的双方可以在不知道对方的身份、年龄等因素的前提下进行思想沟通和情感交流,这极大地符合了现代青年人对传统交友习惯受制于地域、年龄、性别、社会地位,甚至"圈子""门当户对"等因素的诟病心理,使所有人都能以一个平等的身份进行沟通交流,而网络正好为他们提供了这样一个理想平台。第三,网络平台的自由性和控制乏力性使大量负面信息被辨别能力不强的青年人获得,这扰乱了青年人的价值观的正确发展,并逐步形成了多元化的价值观,对开展思想政治教育工作是非常不利的。同时,在虚拟的空间中进行交流,往往使青年人不考虑道德的约束和社会的规范,言辞随意甚至过激。长期如此,容易导致思想极端、内心孤僻,交往能力差,人与人之间出现信任危机,个人也会出现不适应现实社会,甚至是人格障碍的情况。这都对思想政治教育的开展造成了极大的困难。

三、网络环境下青年思想政治教育的策略

(一)嬗变:创新网络时代的思想政治教育方式

转变工作思路。在传统的社会中,思想政治教育过程中往往施教者具有信息优势,而受教者很少能够从其他途径听到不同的声音。因此,过去的思想政治教育相对比较单纯,教育目的容易实现。但现在由于网络平台的搭建,使思想政治教育的施教者优势消逝,且传统教育过程中满堂灌的教育模式也导致其对教育内容的处理比较简单。这样的内容再放在网络流行的时代来讲解显然已无法与通过网络平台流传过来的西方国家的意识形态抗衡。所以,嬗变的第一点就是要高度重视教学内容,特别是要重视我国的传统民族文化,用本民族的文化精髓来抵制外来文化的侵蚀。特别是要把青年思想政治教育融合到这些文化精髓当中,在青年心中建立能抵制外来文化骚扰的"防火墙"。第二点,要充分发挥网络技术的载体作用,用现代化技术来吸引青年的兴趣。在具体的操作中,要利用网络技术包含文字、声音、图像等多种媒介的特质,将思想政治教育的相关内容制作成课件、视频等新媒体形式,应用于思想政治教育课堂或者放到网络平台上供青年学习交流。以网络技术为载体的教育活动能数倍提高传统方式的信息量,使青年能更全面、更形象、更深刻地了解和认识到教育的内容和目的。

改进网络法制教育。从秦朝开始,法制就一直是我国思想政治教育的重要内容。当面对网络时代众多不法网络行为时,我们就要毫不犹豫地拿起法律的武器。一些在网络上从事违法犯罪活动的青年人其实他们并不一定明白自己的行为是违法行为,他们的出发点可能只是处于一种好奇、找刺激的心态,如向网络上传一些不健康的信息。有的青年能够意识到自己的行为是违法的,但他更认为这种在网络上从事的违法行为是自己能力、技术与胆量的象征,这其实都显示了我

们对网络时代青年思想政治教育的不足,尤其是法制教育的不足。因此,网络时代下的思想政治教育的嬗变要改进网络法制的教育和推广方式,提高青年的法律意识,依法上网。

改善网络道德教育。"所谓网络道德教育,就是以互联网为载体,充分利用互联网的功能优势而开展的一种有特色的道德教育"。可见,网络道德归根到底还是属于道德范畴,而道德是一种自觉行为或者叫自主行为,并没有法律或者制度去约束,但人人心中都有一个标准,在时时刻刻告诫自己什么能做,什么不能做。由于许多青年自我约束能力差,社会经验不足,特别是在网络环境下不会感到来自周围人的指责和冷眼,因此常常会做出一些违背网络道德的举动,如说话过激伤害别人,随意侵犯别人的知识产权,散布谣言,恶意中伤别人,不负责任地评论和推波助澜等,这些都会给当事人带来一定的伤害。所以,网络时代必须在思想政治教育中渗透网络道德,培养每一个青年文明上网的习惯。

(二)坚守:把握思想政治教育的目的

面对网络时代的崭新局面,嬗变是必然的选择,但思想政治教育追求"通过思想政治教育活动,在受教育者的思想和行动方面所预期得到的效果"的根本目的是不会改变的。

要始终坚守社会主义核心价值观。十八大报告明确提出了社会主义核心价值观:即"富强、民主、文明、和谐,自由、平等、公正、法治,爱国、敬业、诚信、友善。"这是当前我国思想政治教育的核心思想,更是应对网络时代青年追求个性自由过程中必须坚守的底线和原则。在网络化背景下,西方国家利用网络平台向我国青年进行意识形态的渗透和瓦解,对我国青年的成长造成了一定的干扰。对此,我国在开展思想政治教育,应对这些文化侵蚀时,必须坚守社会主义核心价值观的底线,将社会主义核心价值观当作自己民族文化的精神内核,努力将思想政治教育的哲学追求和方法论基础与其保持一致。当然这一坚守并不意味着对外来文化一味地拒绝,相反还通过思想政治教育的作用来引领民族性和世界性的深度融合,因为这是世界发展的趋势,"我们坚持社会主义价值观是一种理性的否定和批判的接受,是为了更好的发展"。而且,这一坚持也不是要拒绝网络时代的到来。同样,社会主义核心价值观的实现也需要时代性和传统性的结合,时代是发扬传统的"长矛",不是阻挡传统的"盾牌"。

要坚持以人为本。以人为本是我国开展青年思想政治教育的根本原则。不管是传统社会,还是网络时代,开展思想政治教育活动都是为了使人民群众在思想和行动上更能适应社会的发展,思想政治教育归根到底还是一种提高人们政治素质、进而提高其生活水平的服务实践活动。这就要求我们的教育者在进行教育活动的过程中不能再死守着教育者是"主体"的传统观念,将教育内容强行灌输给受教育者。要坚守以人为本就是要充分认识到受教育者在整个教育活动中的地位,在教育过程中充分尊重他们。既要将其看成受教育者给予其足够的教育,又要将其当成思想政治教育的主体,让其充分地参与进来,培养其学习观念和自我教育能力,帮助其树立起独自应对网络时代各种复杂问题的分辨能力和解决技能,最终实现受教育者不断提升和完善自我的目的。

要坚持实事求是。实事求是是毛泽东思想的精髓。在实事求是原则的指导下,我们党度过了一个又一个的难关。因此,这一原则也成为我国思想政治教育最基本的原则和内容。在网络时代,尽管到处充斥着虚拟的世界,但这些虚拟的世界有的是立足真实的世界而存在的,如网络是虚拟的,而操作电脑的人是真实的。同时,在虚拟网络中经过交流沟通,最终的结果往往也要通过真实的世界来实现,如在网店是虚拟的,但买回来的衣服却是真实的。因此,在开展网络时代的思想政治教育时,始终要明白虚拟世界是真实世界的延伸和折射,决不能抛开实事求是的态度,在网络打造的虚拟世界中任意妄为。

结　语

思想政治教育是过去党领导人民建设新中国的有力工具,也是党和国家现在构建和谐社会,实现中华民族伟大复兴中国梦的重要依靠。立足网络时代的新背景,依然要不折不扣地坚持对青年一代的思想政治教育,并要在坚持思想政治教育核心原则的基础上,适时改进和改善开展思想政治教育活动的方式和方法,保证思想政治教育的效果。

参考文献

[1]张耀灿、陈万柏:《思想政治教育学原理》,高等教育出版社2001版。

[2]祖嘉合:《社会主义全面建设初期思想政治教育的探索与思考》,载《毛泽东邓小平理论研究》,2014年第11期。

[3]刘春明、刘笑丹:《网络思想政治教育对学生群体教育引领策略的研究》,载《内蒙古师范大学学报(教育科学版)》,2015年第2期。

[4]孙红敏:《网络传媒下高校思想政治工作的实效性研究》,载《新闻战线》,

2015 年第 1 期。

　　[5]孙少晶:《网络传播对青少年的负面影响》,载《青年探索》,1999 年第 3 期。

　　[6]张耀灿、陈万柏:《思想政治教育学原理》,高等教育出版社 2007 年版。

　　[7]郭艳波:《网络语境下警察类院校社会主义核心价值理念教育的重要性》,载《吉林省教育学院学报(上旬)》,2013 年第 12 期。

学风建设:高校学生党建的着力点和突破口*

摘 要:学风建设是大学生党建工作的重要内容,大学生党建是学风建设的重要保障。大学生党建以学风建设为着力点和突破口,赋予了党建自身的生机与活力,同时也有效地推动了学风建设,为培养高质量的大学生提供了坚强的政治和组织保证。

关键词:学生;党建;学风

高校大学生党的建设直接关系着社会主义合格建设者和可靠接班人的培养。抓好大学生党的建设,必须改变就党建抓党建、党建工作与业务工作两张皮的现象,必须以学风建设为着力点和突破口,赋予大学生党建以新的生机与活力,从而有效促进学风建设,不断提高教育质量,推动教育事业科学发展。

一、明确抓党建、促学风的重要意义

党的领导是高校教育事业科学发展的根本保证。提高高校大学生党建科学化水平,必须以学风建设为重要着力点和突破口,丰富完善大学生党建的具体内容,以党的建设保障和促进学风建设,以学风建设推动大学生党建的科学发展。

(一)坚持社会主义核心价值体系,是培育优良学风的根本前提

高校肩负着培养中国特色社会主义事业合格建设者和可靠接班人的历史使命,这样的人才应是德才兼备的高素质人才。高校学生是高等院校教育的对象和主体,青年学生是否牢固树立和践行社会主义核心价值体系,坚定共产主义远大理想,坚持中国特色社会主义道路和中国特色社会主义理论体系,直接体现着青

---

* 本文作者:陈超,重庆科技学院人事处处长,教授,主要从事教育管理、高校党建与思想政治教育研究;张振飞,重庆科技学院党委宣传部思想政治工作科科长,讲师,主要从事高校党建与思想政治工作研究。

年大学生的思想政治素质,反映着高等教育人才培养的质量。因此,坚持社会主义核心价值体系,对于党和国家始终高举中国特色社会主义伟大旗帜、推进中国特色社会主义伟大事业具有特殊而重要的意义。因此,必须用社会主义核心价值体系武装学生头脑,在任何时候都决不含糊、决不动摇、决不改变。只有这样,才能保证高校的社会主义办学方向,才能确保高校学风建设始终保持正确的轨道。

(二)加强党的作风建设,是培育优良学风的核心要求

党的作风是党的先进性最具代表性的反映,在各种风气中具有总揽性、引导性和示范性。党的作风在不同的历史时期有不同的内涵和要求,在不同的领域有不同的表现形式。对高校学生党员来说,党风就具体体现为学风。无论是广大教师、学生家长还是社会各界,他们评价高校学生的形象、学生的风貌,主要观测点就是高校学生的学风。高校学生党员的作风建设是学风建设的"龙头",在学风建设中始终起着引领、示范作用。一所学校学生党组织有什么样的作风,就有什么样的学风。作风正,则学风浓;作风不好,则学风不良。所以,要建设优良的学风,必须狠抓党的作风建设。

(三)加强高校学生党组织建设,是培育优良学风的组织保障

中国共产党是执政党,学生党组织的先进性在高校具体表现为党组织在学风建设中能发挥政治保障和战斗堡垒作用;学生党员的先进性表现为在学风建设中能发挥先锋模范作用。如果高校基层学生党组织软弱涣散没有战斗力,高校广大学生党员不能发挥示范带头作用,那么就不可能形成良好的学风,就很难保证提高高等教育质量。因此,高校必须紧紧围绕培育良好的学风,创新学生党组织和党员队伍建设,切实把党的组织资源转化为加强学风建设的资源,把组织优势转化为学风建设的优势,把组织活力转化为大学生刻苦学习,勇攀科学高峰的强大原动力,把党的基层组织建设的成效具体体现到学风建设的效果上来。

二、学生党建在学风建设中的作用发挥现状

长期以来,学生党建在学校学风建设中发挥了重要的保障作用。但随着时代的发展和形势的变化,学生党建在促进学风建设的实践中,还存在一些不适应的情况,主要表现在以下几个方面:

一是学生党组织在学风建设中的作用发挥不够。学生党组织体系建设不尽科学,在学生社团、生活社区、实习基地、毕业生流动党员中建立学生党员活动站(服务站)的有效形式尚处于进一步探索之中。以学生党员为骨干促进优良学风

班(集体)建设的机制尚未完全形成。按学科专业(分年级)设置学生党支部的做法需进一步完善,团支部、班委会和党小组充分交流合作的"三位一体"班级学风建设工作模式尚未形成。

二是学生党员在学风建设中的骨干力量发挥不够。大学生党员发展工作需进一步强化,引导大学生端正入党动机,真正解决"思想入党",在党员数量提升的基础上也确保质量同步显著提升任重道远。学风建设中,党员联系班级、党员联系寝室、党员联系任课教师等学风建设党员联系制度尚未真正建立,学生党员全面带头开展学风建设的先锋模范作用尚未充分发挥,"党员示范个人进步,支部带动整体发展"的局面尚未真正形成。

三是学生党建的弱化导致学风建设的实效性欠佳,在实践中还存在着一些不容忽视的问题。有的学生政治信仰迷茫,理想信念模糊,思想意识浮躁,社会责任感缺乏。据调查显示,学生中对思想政治课不感兴趣的学生比例还比较高;有的学生缺乏明确的学习目标,学习动力不足,不想学不愿学,甚至厌学,年级愈高,旷课率愈高。由于学习不用功,不少学生出现多门专业课"红灯高挂",考试舞弊成为某些学校的顽症。有的学生纪律涣散,行为失范,养成一些不良习气。

三、抓党建、促学风的对策建议

(一)加强学生党建,发挥基层党组织在学风建设中的凝聚作用

一个支部就是一座堡垒。学风建设是学生党建工作的重要内容,学生党建是学风建设的重要保障。建设优良学风,关键在于加强学生党建,发挥党组织在学风建设中的凝聚作用。一是要调整学生党支部设置。在坚持把大学生党支部建在班上和年级的基础上,适应大学生学习方式、生活方式的新变化,创新党组织设置,探索在学生公寓、学生社区、学生社团、实习基地和网上建立学生党组织的有效形式,形成更加科学严密、务实管用的党组织体系。二是要规范基层学生党组织生活的内容和形式,每月定期开展组织生活,通过组织生活加强对党员的教育和培养。抓好学生党支部书记、学生党员和入党积极分子等三支队伍。通过举办支部书记培训班,加强对学生党支部书记的培养;通过组织党员参与组织生活、自学指定教材、参与社会工作等方式,加强对学生党员的培养;通过党校培训,公开入党积极分子身份,为入党积极分子安排社会工作等方式,加强对入党积极分子的培养。三是探索建立学生党员承诺制,学生党员联系班级制,民主评议党员制,入党积极分子身份公开制等制度。通过每名学生党员向本班全体学生做出学风

建设承诺,学生党员指导班团干部开展工作,评价学生党员在学风建设中先锋模范作用发挥情况,学生党员亮出身份提高素质接受监督等,充分发挥在学风建设中的先锋模范作用。

(二)正确引导大学生端正入党动机,真正发展品学兼优的大学生入党

学生党员作为推进学风建设的生力军,是培养优良学风的有力抓手。建设一支高素质的学生党员队伍,是学校学风建设的重要保障和依托。坚持把学风优良与否作为党员发展的重要依据,以党员发展引导促成优良学风,形成良性互动的生动局面。一是要加强对入党积极分子的培养教育,努力建设一支数量充足、素质较高的学生入党积极分子队伍。按照"坚持标准、保证质量、改善结构、慎重发展"的方针,制定科学发展计划,严格履行入党手续和工作程序。要根据不同年级大学生的思想状况和关注热点,有针对性地加强教育培养,增进他们对党的了解和认识,把入党看成是严肃的政治选择和理想信仰,真正解决"思想入党"。二是要严格标准,严格考察,特别是要注意考察发展对象的思想政治素质和学业成绩,始终坚持"品学兼优"的标准,确保党员质量。三是要抓好预备党员的教育考察。开展以"思想入党"为主要内容的预备党员教育培训,正确引导大学生端正入党动机。建立健全入党联系人制度、共青团"推优"制度、入党积极分子"三级培训"制度、入党公示制度、发展对象考察和政审制度、预备党员教育考察制度、年度发展党员计划报批制度。

(三)加强班风建设,发挥党组织和党员骨干的带头作用

班风是学风的重要组成和具体体现。学生党支部建在班上,为班风建设提供了重要的组织保证,为学生党支部推动优良班风建设搭建了科学的平台。同时,又夯实了基层学生党支部的工作内容,增强了学生党支部的工作活力。要坚持以党风带班风,着力采取请进来和走出去的方式,做好两方面的工作:一是党支部组织生活定期邀请班团学生干部参加,通过组织生活教育和影响普通学生干部,影响班级学生。二是实施学生党员联系班级制,一名学生党员联系一个班级(同时也是一个团支部),明确学生党员的工作任务,发挥学生党员在班团建设中的重要作用。学生党组织和党员骨干在班风建设中的带头作用的实现途径包括:指导班团干部策划主题教育活动;开展学习经验交流;开展思想交流;指导班团干部成长,以党员带干部的方式使学生党员成为学生干部的良师益友;帮助有特殊困难的学生顺利成长;深入全班学生的学习和生活中,将重要信息及时向该班辅导员汇报。此外,还应组织学生积极参加服务社会、认识社会的思想道德实践教育;加强各种学习类社团建设,拓展

学生主动学习的平台,综合采取多种措施,努力形成优良的班风。

(四)不断改进大学生思想政治教育的内容和方式,切实增强针对性和实效性

立德树人是教育的根本任务。要坚持育人为本、德育为先,适应社会的新变化和大学生的新特点,创新大学生思想政治教育工作的内容、方法和载体,调动大学生学习的积极性和主动性。一是要积极推进中国特色社会主义理论特别是科学发展观"进教材、进课堂、进头脑"工作,充分发挥课堂主导作用。进一步加强思想政治理论课的学科建设、课程建设、教材建设和教师队伍建设,深化教育教学改革,突出抓好理想信念教育、民族精神教育、公民道德教育和素质教育等主题教育。进一步做好大学生形势政策教育。二是要积极拓展教育渠道,创新思想政治教育实践环节,组织学生开展社会调查活动,开展服务社会活动,参加社团成才计划,组织大学生到党政机关和企事业单位参加暑假岗位锻炼。建立学校领导干部与大学生座谈制度、组织先进模范人物走进校园制度。三是要大力实施"文化兴校"战略,充分发挥大学文化引导人、激励人、鼓舞人的作用。加强校情校史教育,开展专业文化教育,重视校园景观文化建设,加强公寓文化建设,形成文化育人的合力。要加强网络思想政治教育平台建设,丰富思想政治教育的内容和形式。四是要更加重视做好家庭经济困难学生的资助工作,更加重视做好大学生毕业就业工作,更加重视做好大学生心理健康教育工作,切实搞好学生的管理和服务,促进学生健康成长。建立健全大学生思想政治教育有效机制,完善考核评价办法,切实落实教书育人、管理育人、服务育人。

以学风建设为突破口和着力点,既赋予了高校学生党建的生机与活力,又有力地夯实了学校生存和发展的基础,有效地避免了党建工作与业务工作的两张皮现象,从而得以更好地推动高校教育事业的科学发展。实践中,如何更好地丰富高校学生党建的具体内容,学生党建如何更好地保障和促进学生建设,还需要不断地探索和完善。

参考文献

[1]杨建:《高校学风建设现状分析与对策》,载《湖南商学院学报》,2006年第13期。

[2]李滨:《对大学生学风问题的思考》,载《菏泽学院学报》,2009年第4期。

[3]朱伯兰:《推动高校科学发展的重大举措——"抓党建、促三风、建三高"的理论与实践思考》,载《重庆工商大学学报(社会科学版)》,2009年第6期。

依法治国视域下青年的使命担当[*]

摘 要:依法治国托举青年梦想,青年担纲法治中国的未来。要积极培育和践行社会主义核心价值观,加强和改进青年法治宣传教育,建设青年法治文化,开展青年法律援助活动,加大青年法律人才培养力度,努力使广大青年在共建中共享、在共享中共建。

关键词:依法治国;青年;内涵;培养

党的十八届四中全会开启了依法治国的新时代。建设法治政府、法治国家、法治社会已成为全社会的集体共识和自觉追求。而青年从来都是整个社会发展进步的推动者和主体力量。依法治国,青年肩负光荣使命和责任担当。依法治国呼唤中国青年,中国青年理当为依法治国的先锋。要积极培育和践行社会主义核心价值观,积极传播法治理念和法治精神,大力弘扬青年法治文化,广泛开展青年法律援助活动,加大青年法律人才培养,努力以青年法治行动引领推动法治中国建设。

一、依法治国与青年使命

依法治国与青年命运息息相关。一方面,法治的本质在于确立一种规则,其实质是维护社会的公平和正义。而公平正义的社会环境正是广大青年健康成长、全面成才不可或缺的条件。另一方面,广大青年是依法治国的中坚力量,建设法

* 本文作者:张振飞,重庆科技学院党委宣传部思想政治工作科科长,讲师,主要从事高校党建与思想政治工作研究;陈超,重庆科技学院人事处处长,教授,主要从事教育管理、高校党建与思想政治教育研究。
基金项目:本文系重庆科技学院宣传思想文化科研项目"依法治国与青年使命"(项目编号:15XCKT15)阶段性成果。

治国家、法治政府、法治社会,需要广大青年肩负历史使命,首先行动起来。依法治国,需要广大青年主动担当。第一,法治是维护青年合法权益的根本保障。只有从根本上崇尚法治践行法治,广大青年最基本的生存权和发展权才能得到保障,也才能实现青年的梦想。人治的不消除,法治的不健全必然导致青年生存和发展的命运多舛。第二,依法治国托举青年梦想。梦想的实现,既需要青年的艰苦奋斗,也需要公平正义的社会环境。长期以来,一些人不重明规则却看中潜规则,拼爹拼钱拼关系,以至于造成许多青年就业难创业难、上升渠道不畅,价值实现困难。说到底,都是社会不公所致,法治缺乏之必然。令人欣喜的是,十八届四中全会通过的《决定》明确指出,要"依法保障公民权利,加快完善体现权利公平、机会公平、规则公平的法律制度,保障公民人身权、财产权、基本政治权利等各项权利不受侵犯,保障公民经济、文化、社会等各方面权利得到落实,实现公民权利保障法治化"。这为广大青年的成长成才和梦想的实现提供了强有力的制度保证。

青年是依法治国的中坚力量。青年兴则国家兴,青年强则国家强。习近平总书记说,"时间之河川流不息,每一代青年都有自己的际遇和机缘,都要在自己所处的时代条件下谋划人生、创造历史。"当今的中国青年,正逢依法治国的伟大实践,理应担当起建设法治国家、法治社会的历史重任,自觉做社会主义法治的宣传者、践行者和捍卫者。首先,发生在青年身边的法治案例直接推动了立法进程和法律完善。第二,青年是依法治国的践行者和捍卫者。青年人思想解放,思维活跃,富于创新精神,较少受到传统羁绊,更加注重规则和秩序,更容易树立法治理念和法治精神。从发展的角度看,青年向来引领时代风气之先,引领社会发展进步,只有广大青年崇尚法治、践行法治、捍卫法治、宣传法治,法治国家和法治社会建设才有希望和动力。

二、当前青年法治素养状况

(一)法律知识欠缺,相当部分在校学生不懂法

只有知法懂法,才能守法护法,才能更好地维护宪法和法律,减少青少年犯罪。然后,现实生活中,能真正做到知法懂法的青少年比例并不高。据 2014 年 11月 25 日《光明网》报道,中国青少年研究中心副主任张良驯在参加由《光明日报》教育部与中国教育学会联合创办的"教育沙龙"时指出,目前学校教育在应试教育的导向下,缺乏基本的规则教育。据张良驯介绍,他们做过一项违法犯罪未成年

人治理机制研究,共调查了 2834 名未成年犯管教所服刑人员、410 名未成年社区矫正人员、751 名专门学校学生和 2385 名普通中学学生,发现不少学生缺乏起码的法治意识和法律知识,未成年犯在回答自己犯罪的原因时,选择"不懂法律"的占 65%,58.1%的未成年犯"不知道是犯罪,也不知道会受到处罚",64.7%的未成年犯"不知道自己的行为触犯了法律"。

(二)对法治热点事件的关注度较高

虽然青少年知法懂法的比例还不够高,但青少年对社会上的热点法治事件却给予了高度关注。2014 年 11 月 12 日,共青团上海市委发布了上海青年法治观念状况调查结果。调查显示,在包括在校学生、企业白领和工人等在内的 683 名各界受访青年中,对法治热点事件,23.6%的青年表示"非常关心",54.28%的青年表示"比较关心",两者相加近八成;仅 0.59%的青年表示"不关心"。而在党的十八届四中全会召开后,中国政法大学有关人员对本校在校本科生对全会的关注程度也进行了一项调查。调查也显示,大学青年学生,包括法学专业与非法学专业,总体对十八届四中全会十分关注,90%以上的学生看过相关报道和专家解读,其中大部分学生密切关注会议进展,全程关注会议召开的相关信息。这也从另一方面反映出青年学生关注会议热情总体较高,普遍对"依法治国"有很高的期待。

(三)对法律的掌握结构不够完整且具选择性

2014 年 5 月 28 日,教育部青少年法制教育基地暨中国政法大学青少年法制教育研究中心发布了首份《我国青少年法制教育调查报告》。报告发现,从法律常识的认知层面上讲,青少年学生普遍形成了对宪法、刑法、民法、行政法等基础法律知识的整体认知,但在掌握程度上存在结构上的不完整。例如,小学生、初中生、高中生对宪法、行政法和程序法方面的知识整体掌握得较差,而对民法、未成年人保护法、预防未成年人犯罪法等方面的知识则掌握得相对较好。究其原因,可能是因为民法、未成年人保护法等知识与青少年日常生活的紧密度较高,这些知识在生活中的应用机会也较多,因而掌握起来也更容易达至"熟能生巧"的境界。而 2014 年 11 月共青团上海市委的调查也显示,青年认为消费者权益保护领域法律与自己关系最为密切,选择比达 80.87%;其次为劳动者权益保护、婚姻家庭。而仅 35.72%的受访者表示宪法与自身关系密切。

(四)对某些法律知识的掌握呈现出较大的波动性

《我国青少年法制教育调查报告》的调查结果同时显示,所有参与调查的小学生在法律常识测试中的平均正确率为 63.8%。其中,东部、中部、西部三个地区受调查学生的平均正确率分别为 65.4%、60.1%、60.3%。所有参与调查的初中生在法律常识测试中的平均正确率为 55.8%。其中,东部、中部、西部三个地区受调查学生的正确率分别为 57.2%、56.5%、54.8%。所有参与调查的高中生在法律常识测试中的平均正确率为 53%。其中,东部、中部、西部三个地区受调查学生的平均正确率分别为 52.3%、53.8%、51.6%。这说明,青少年学生已普遍形成对基础法律知识的整体认知,但在掌握程度上存在结构上的不完整。在小、初、高三阶段对某些部门法知识的掌握呈现出较大的波动性;在小、初、高的不同阶段中,青少年学生运用法律的意愿并没有像法律情感一样随年龄增长而呈现上升趋势,反而有随年龄增长而下降的趋势。

(五)运用法律受既有习惯和行为的影响

《我国青少年法制教育调查报告》显示,在小学、初中、高中三个不同阶段,青少年学生运用法律的意愿反而随年龄增长而下降。针对这种情况,调查报告进一步分析认为,其原因主要有两点:首先,随着年龄的增长,中小学生接触社会的机会逐渐增多,受到社会影响的可能性也逐渐增大,而当前社会中类似"中国式过马路""走后门"等现象势必会对中小学生的法治观念产生影响,甚至使其规则意识逐渐变得淡薄。而 2014 年 11 月共青团上海市委的调查也发现,在规则意识方面,尚有部分青年存在侥幸心理。对于"闯红灯"问题,有 23.16% 的青年认为"只是素质问题,并不违法",6.78% 的青年认为"违法,但大家都在闯时,自己也会跟着闯"。对于盗版书籍或音像制品,有 52.06% 的青年表示"盗版违法,但比正版便宜,有时也会购买"。这表明,青年对法律的运用受到既有习惯和行为的影响。

三、青年要担当起依法治国的使命

依法治国需要青年主动担当,青春与法治中国同行。青年领航法治中国建设,需要将法治的精神与青年的特点结合起来,使广大青年既成为法治的受益者,也成为法治建设的主体力量。

(一)积极培育和践行社会主义核心价值观

社会主义核心价值观与依法治国相辅相成、相互促进。法治,是治国理政的基本方略,是维护国家长治久安、社会和谐发展、人民安居乐业的重要保障。同时,也是社会层面的重要价值观念。社会主义核心价值观是社会主义法治在国家政治伦理方面的集中体现,只有坚持法治理念,才是真正坚持核心价值观的"三个倡导"。一是要积极培育和践行社会主义核心价值观。以社会主义核心价值观引领青年成长成才,按照《关于培育和践行社会主义核心价值观的意见》要求,把培育和践行社会主义核心价值观融入青年教育全过程,将法治理念内化于心,外化于行,将法治精神渗透到广大青年的心中,以法治凝聚共识,让法治成为青年自觉遵守的观念意识和共同践行的生活方式。特别要把青年法治素养与青年道德建设、依法治国与以德治国紧密结合起来。二是要引导青年把社会主义核心价值观与法治精神理念融合起来。自由、平等、公正、法治,作为社会层面的价值取向,对法治社会建设意义重大,因为法治社会是一个内含民主、自由、平等、人权、文明、秩序、正义、效益等理性要素的综合概念,与社会主义核心价值观提出的"提倡自由、平等、公正、法治"具有高度契合性。因此,要把自由作为法治社会建设的价值尺度,以平等重塑法治社会建设的良性秩序,以公正衡量法治社会建设的制度绩效,用法治保障法治社会建设的有序进行。

(二)加强青年法治宣传教育

法治宣传教育是依法治国、建设社会主义法治国家的重要基础性工作,是推进社会主义民主法治建设的内在要求,是一项长期任务。广大青年特别是青少年,是法治宣传教育的关键,是法治教育宣传的重中之重,也是普法教育的基础。法治宣传教育要从青少年开始。党的十八届四中全会明确要求"把法制教育纳入国民教育体系,从青少年抓起,在中小学设立法制知识课堂"。《关于贯彻落实党的十八届四中全会决定进一步深化司法体制和社会体制改革的实施方案》进一步明确了青少年法制教育的大纲,提出了"法治教育从娃娃抓起"。目前,大多数的孩子都是独生子女,父母更是溺爱,比较以自我为中心,加之处在叛逆时期心理不成熟,遇到事情容易失去理智,发生心理扭曲,造成一些青少年不自觉地走上犯罪道路。针对这种情况,应进一步强化加强青少年法治宣传教育,突出针对性,要根据不同学龄阶段学生的生理、心理特点和接受能力,有针对性地开展教育;突出系统性,整合各方面教育力量和关乎青少年成长的法律法规,把法治教育落到实处;突出实践性,把课堂法治教育与实践活动结合起来,提高法治教育的效果。要大力加强家庭、学校、社会"三位一体"青少年法治教育网络建设,营造有利于青少年健康成长的社会环境;着力抓好教材统一,推进法治教育进大纲;完善法治教育工作机制,推动建立青少年法治教育评估机制,把青少年法治教育纳入学校教育质量和学生综合素质评估体系;着力抓好队伍建设,提升法治教育师资水平;充分发挥少年法庭等特殊阵地的警示教育作用,探索建立新兴媒体法治宣传教育阵地。

（三）建设青年法治文化

党的十八届四中全会《决定》指出："必须弘扬社会主义法治精神，建设社会主义法治文化。"加强青年法治文化建设，是当前国家法治文化建设的重要课题，是预防和减少违法犯罪，维护社会稳定的长远方针，是促进青年身心健康成长的内在需要，是社会持久开展法治文化建设工作的能量源泉。加强对青少年尤其是在校学生的法治文化教育是培养和造就新一代社会主义建设事业合格建设者和可靠接班人的重要内容。所谓法治文化，是指人们对法律生活所持有的以价值观为核心的思维方式和行为方式，它主要包括法治精神、法治观念、法治价值取向和法治行为等内容。开展法治文化建设，一是要批判吸收中外法治文化优秀成果。要吸收和借鉴现代西方国家的民主、平等、自由、人权、权力制衡等进步观念，要继承和弘扬中华优秀法律文化传统，取其精华，弃其糟粕，尤其是要剔除其中的人治思想、特权思想等，塑造普遍信仰法律、崇尚法律、遵守法律的中国特色现代法治文化。二是要推动法治文化与校园文化有机融合。通过青年学生走进社区开展法治文化熏陶活动，如小品、相声、朗诵等形式，大力弘扬社会主义法治理念和法治精神，促进法治教育入心入脑，让法治信仰走进每个青年人的心田；加强学校社区法治宣传员队伍建设，充分利用现有的人力资源优势，努力建立一支法治宣传教育队伍；定期开展青年法治宣传教育进社区活动，为居民学习法律提供方便；要丰富青年法治文化产品，组织创作一批法治文化精品，把法治元素融入青年公共文化生活。

（四）开展青年法律援助活动

法律援助是维护青年合法权益、保障社会公平正义的重要法律制度，是中国特色社会主义司法制度的重要组成部分，在促进司法公正、服务经济社会发展和促进社会和谐稳定中具有重要作用。青少年是法律援助工作的重要对象，提高青年素质，需要进一步强化法律援助活动。一是要强化宗旨观念。法律援助工作是维护青年合法权益的一项重要工作，必须强化青年观念，坚持青年利益至上，满腔热情地做好服务青年工作，努力做到在感情上贴近青年、行动上深入青年、工作上依靠青年，使法律援助工作获得广泛的青年基础和力量源泉。按照规定的时限和程序办理好每一起案件，让青年切实感受到公平正义就在身边，传递党和政府的温暖。二是要强化质量意识。质量是青年法律援助工作的生命线。要加强服务标准化建设，严格遵守办理法律援助案件程序规定以及相关执业规范、服务标准的要求，做好受理、审查、指派、承办等各个环节的工作，为青年提供符合标准的法律援助。根据青年群体的特点和案件类型,推出专项服务措施,提高案件办理专业化水平。三是要改进青年法律援助服务方式。健全青年法律援助服务网络,加强与共青团、学校等协调配合,着力构建覆盖城乡的青年法律援助服务网络,推进法律援助工作站和联系点的建设,推进法律援助向基层一线延伸。要不断完善便民利民措施,拓宽青年法律援助申请渠道,简化受理审查程序,开展法律援助"大手拉小手"活动,加强农村留守儿童法律援助。四是要完善青少年法律援助工作机制。要加强与公、检、法和共青团等相关部门的沟通协调,着力强化未成年人民事诉讼法律援助与司法救助的工作衔接,着力推进在侦查阶段为未成年犯罪嫌疑人提供法律援助,积极探索开展庭前社会调查,更好地保护未成年人合法权益。

(五)加大青年法律人才培养

全面推进依法治国有赖于法学教育的支撑。党的十八届四中全会《决定》针对法治队伍建设,提出建设高素质法治工作队伍,加强法律服务队伍建设,创新法治人才培养机制。具体包括法官、检察官、社会律师、公职律师、公司律师等法律职业者的选拔和管理,并培养一批通晓国际法律规则、善于处理涉外事务的涉外法治人才队伍。因此,应进一步深化法学教育改革,以高等法学院校为基础,联合其他法律机构,为中国特色社会主义法治国家建设不断输送高水平的法学人才。一是要积极创新青年法治人才培养机制。青年法治人才培养是法治工作队伍建设的奠基工程。应注重青年法治人才培养与法治队伍建设现实需求的充分对接,进一步强化应用型、复合型青年法律职业人才培养机制建设。二是要坚持立德树人、教育为先的导向。用马克思主义法学思想和中国特色社会主义法治理论占领高校、科研机构法学教育和法学研究阵地,把社会主义核心价值观融入法治教学,做到内化于心、外化于行。三是要强化青年法治思维和法律职业伦理的培养。法治人才培养要在传授法律知识、掌握法治方式的同时,引导树立社会主义法治理念,养成法治思维,塑造法治品格。四是要着力培养法律职业技能。按照提高解决实际法律问题能力的要求,政法院校应重点加强与法治实务部门在联合培养人才过程中的常态化体制机制建设,打破学校与社会的体制壁垒,建立协同育人长效机制,促进法学教育与法律职业的深度衔接;鼓励支持政法部门有较高理论水平和丰富实践经验的专家到高校任教,鼓励支持高校教师到政法部门挂职,实现高校与法治实务部门人员双向交流。五是要建立青年法治人才流动机制。打通立法、执法、司法部门干部和人才相互之间以及与其他部门具备条件的干部和人才之间的交流通道,建立激励青年法律服务人才跨区域流动机制,解决好基层法律服务资源不足和人才匮乏问题,努力保障为广大青年维护合法权益的法律援助,推动实现法律服务的均等化。

实施依法治国,建设社会主义法治国家是一项艰巨复杂的系统工程,只有动员最广大的青年共同参与,才能更好地使这一宏伟目标变成现实;依法治国是造福包括青年在内的全体人民的伟大事业,只有让广大青年不断从依法治国中得到实惠,才能使法治国家建设成为广大青年的自觉行动。要始终坚持在党的领导下,最大限度地激发广大青年的参与热情和创造活力,把共同建设、共同享有法治社会贯穿于依法治国的全过程,真正做到在共建中共享、在共享中共建。

下篇

02

| 实践育人篇 |

传统节日文化育人的实践探索*

——以重庆科技学院为例

摘　要:大学文化是大学的灵魂和血脉。传统文化是现代大学文化的新视角,实现传统文化育人功能,价值发掘是前提,载体创新是关键,扩大覆盖面是保证;同时,必须与学生需要、时代特点、大学精神相结合。

关键词:传统;节日;文化;育人

大学文化是大学的灵魂和血脉,是实现大学人才培养职能的动力源泉和依靠力量。传统文化是现代大学文化的新视角,传统文化在大学文化建设、大学文化育人方面发挥着重要作用。

建校以来,重庆科技学院大力实施"文化兴校"的战略,以传统节日为依托,以主题活动为载体,以育人功能为目标,校园文化红红火火,同类高校独树一帜,大学文化建设开创新局面。

一、传统文化——现代大学文化的新视角

传统文化与大学文化,是两个互不相同而又相互联系的概念,传统文化是文明演化而汇集成的一种反映民族特质和风貌的民族文化,是民族历史上各种思想文化、观念形态的总体表征。大学文化则指的是大学所具有特定的精神环境和文化气氛,它包括校园建筑设计、校园景观、绿化美化这种物化形态的内容,也包括学校的传统、校风、学风、人际关系、集体舆论等。建设校园文化,繁荣大学文化,

---

＊ 本文作者:陈超,重庆科技学院人事处处长,教授,主要从事教育管理、高校党建与思想政治教育研究;张振飞,重庆科技学院党委宣传部思想政治工作科科长,讲师,主要从事高校党建与思想政治工作研究。

传统文化必不可少,传统文化应当而且能够为大学文化所吸纳,应当成为大学文化建设的重要凭借。

审视与关照传统文化是现代大学文化的使命所在。文化是综合国力的重要组成部分,是民族挺立于世界的重要标志。作为文化的重要内容,传统文化在实现社会主义文化大发展大繁荣的过程中大有可为,十七大报告指出,要弘扬中华文化,建设中华民族共有精神家园;而现代大学又肩负着对包括传统文化在内的各种先进文化的培育、传播、弘扬、研究的重要使命,完成这个使命本身的过程又是大学文化凝练生成的过程。因此,大学文化建设的内涵应当将传统文化涵盖在内。

传统文化的精髓与大学文化的精神存在着内在关联。传统文化的精神实质上就是一个民族的精神,几千年来积淀下来的优秀中国传统文化承载着中华民族伟大的民族精神。作为社会主义大学,必须坚持正确的办学方向和指导思想,必须在受教育者中大力培育和弘扬民族精神;而民族精神的培育和弘扬又是通过大学文化的育人功能得以实现的,在这个角度上,大学文化与传统文化找到了完美的契合点。

抗衡西方文化霸权,复兴中华传统文化势在必行。随着经济全球化的深入推进,文化多元化的浪潮波涛汹涌,世界范围内的多国文化风云激荡,国家内部的文化加快分化与重组。在此背景下,西方国家加紧了文化输出与文化侵略,加紧了价值观念、意识形态与生活方式对发展中国家青少年的影响与诱导。在全球化的时代中,该如何运用大学文化加强对青年大学生的思想政治教育,帮助他们树立正确的世界观、人生观和价值观,大力弘扬传统文化,强化民族传统教育应成为重要的措施选择。

传统文化有诸内而行于外,提供了自然便捷的接受方式。传统文化既不抽象,也不空泛,而是可感可思的客观存在。几千年来,在劳动人民的社会实践中形成的中国传统文化,逐渐凝结升华为人们耳熟能详、妇孺皆知的一个个文化符号,这就是中国的传统节日。传统节日作为一种特殊的文化符号承载着厚重的文化内涵,传统文化这种有诸内而形于外的特点恰恰提供了一条走近其身的便捷方式,以传统节日为载体开展传统文化教育并进而丰富大学文化的内涵,提升大学文化的层次实际上具有了可能性。

二、传统节日文化育人功能的实现途径

以文化人,以文育人是文化育人的基本规律。文化育人呈现滴水穿石、润物

无声之特点。传统文化的价值根本在于其蕴含的育人功能。在传统文化为大学文化所吸收，融入大学文化的过程中，既要注意深入发掘传统文化本身的价值，又要注意传统文化与时代特征、时代精神的衔接，同时也需要扩大传统节日文化活动的覆盖面，增强在青年学生中的影响力。

（一）传统节日文化育人，文化价值发掘是前提。如果说传统节日主题活动是形式，传统节日是符号，那么这种形式和符号的背后则承载着厚重的传统文化精神。形式和符号的本身不是研究的目的，其目的是要通过对形式与符号的解读，发掘其背后厚重的文化及精神。如何发掘传统节日背后的文化和精神，历史唯物主义的态度是必需的，即要站在历史的纵横交错处，深入考察传统节日形成的自然原因、社会原因及人类自身的因素，考察彼时彼地的实践活动，考察该实践活动推动社会心理演变的历史进程。实际上，当用历史唯物主义的眼光去全面深刻地解剖传统节日之时，节日背后的文化及精神的面纱也就随之撩开。在重庆科技学院，通过开办传统文化大讲坛、传统文化专题网站、传统文化论坛及举办传统节日主题文化活动等形式深入发掘春节、清明、端午、中秋四大节日的文化底蕴和文化精神，深刻认知春节作为中国最重要的传统节日，是"传统美德教化和规范的大课堂"（中国民间文艺家协会副主席郑一民），"交流信息，谋划未来的平台"（河北省民俗文化协会会长袁学骏），深入刨究清明节"感恩纪念"与"催护新生"的文化底蕴，全方位发掘端午爱国忠诚的人文情怀，多方面思索中秋明月寄托的理想人生。深入发掘文化内涵的过程也即是提升文化涵养的过程，对传统文化发掘得越深入，节日主题活动的文化含金量就越高，校园文化的品位就越能逐步提高。

（二）传统节日文化育人，载体平台创新是关键。文化育人并非抽象意义上的思维，而应是实实在在的育人行为。文化育人，需要载体和平台。作为校园文化建设实践探索的新载体，传统节日主题活动是否具有坚强的生命力，能否长盛不衰并始终显示出文化育人的强大功能，载体本身的创新必不可少。这里的创新涵盖了两个方面的内容：一是内容的创新，二是形式的创新。内容的创新是指主题文化活动既反对文化虚无，也防止文化复古，必须坚持与时俱进，必须含有贯通古今的东西，既继承了传统，又彰显了现代，在传统与现代之间找到一根一脉相承的精神红线。诸如，关于中秋节的文化渊源，《礼记·祭义》所谓："日出于东，月出于西，阴阳长短，终始相巡，以致天下之和"，即所谓，日月明，日月易，天人合一阴阳和。显然道出了古人体认的和谐思想，这种和谐不仅体现在自然天象的和谐，也体现在地理人事的和谐。天人合一作为中国古代的基本哲学思想，对中国人的基本思维方式产生了深深的影响。天与人(人与自然)的和谐关系是如今构建的和谐社会的根基,天人和谐已成为人们普遍而美好的追求。另一方面,作为文化载体的主题活动在内容上的不断创新推动了自身在形式上的不断创新。随着现代科技的发展和大众思想观念的变化,青年学生对传统文化呈现形式的需求更加多样化,因此要善于根据受众的需要和心理特点开展传统文化活动,利用现代科技手段开发新颖的形式来实现传统文化的创新。形式的本身也即是一种文化。当实现了形式的创新之时,文化在某种程度上也实现了创新,也必将能够更加充分地发挥文化人的作用。

(三)传统节日文化育人,扩大覆盖面是重要保证。扩大传统节日主题活动的覆盖面,是夯实传统文化根基,实现传统节日文化育人功能的重要保证。青年大学生既是传统文化建设的受益者,也是传统文化建设的参与者和传播者,从消费和接受学的角度上讲,传统文化的覆盖面和学生的参与面直接体现着校园文化活动的水准和品味,影响着传统文化育人的实际效果。因此,传统文化建设必须覆盖到最广大的参与者和受众群体。传统文化要吸引广大青年大学生的参与,搞文化复古主义是走不通的,搞文化炒作和文化快餐同样是要失败的,必须走弘扬传统文化与满足青年学生需求相结合的道路。教育者必须考虑受教育者的特点,才能将文化育人的理念落到实处。重庆科技学院的传统节日主题诗会之所以能固化为校园文化的品牌,其根本原因就在于活动切实覆盖到了每一名学生,如清明和端午主题活动分别吸引了全校一万余名学生的主动参与,与之配套的清明英雄事迹宣讲、端午的粽子制作、中秋的一封家书活动等覆盖到了每一个班级,每一间宿舍,每一名同学,从而使传统文化传播到校园的每一个角落,传播到每一名学生的心灵深处。

三、传统文化育人功能实现的几个关键点

(一)必须与学生需要相结合。学生是学校的基本构成,人才培养是学校的首要任务。大学担当的使命和现实发展,决定了大学办学必须坚持以学生为本,必须坚持发展为了学生,发展依靠学生,发展成果由学生共享,大学的各项工作都必须服务和服从于人才培养。作为育人之根本的大学文化,其建设和发展必须跟学生的需要相结合,以学生的满意为最高标准。以传统节日活动为载体的校园文化能否在大学校园中生存并发展下去,并进而成为校园文化的有机组成部分,青年学生的愿望和需要,青年学生所思所感所做等思想和行为方式,青年学生成长成才的规律和特点,是必须也是首先考虑的要素。任何脱离学生的大学文化都不是真正的大学文化,任何脱离学生谈论大学文化的行为都是一种形而上学的行为。

(二)必须与时代特点相结合。当代青年大学生具有鲜明的时代特点,现代大学文化具有鲜明的时代特色。承载着伟大民族精神的传统文化要在朝气蓬勃的现代大学校园里活力焕发,就必须走与时代特征相结合的路子,既继承传统,又勇于创新,既坚持,又发展,使厚重的传统文化在当下的校园中焕发出勃勃生机。重庆科技学院以传统节日为载体的大学文化建设实践,深入发掘传统文化的价值,深入剖析传统文化的时代内蕴,深入研究传统文化与时代精神、大学文化的内在联系,稳固并进一步延伸了文化的链条,使学生既在传统中感受团圆思想又在现实中强化统一观念,既在传统中祭祀英烈又在现实中担当责任,既在传统中体会忠诚又在现实中表达爱国,既在传统中寄托思念又在现实中表达感恩,体现了与时俱进的鲜明的时代特色。

(三)必须与大学精神相结合。以传统节日主题活动为载体,丰富大学文化,其目的在于提升大学文化品味,强化文化育人功能,凝聚铸就大学精神。对于大学精神的内涵,专家学者众说纷纭,莫衷一是,但毋庸置疑的是,传统文化中的自由、和谐、理性、宽容、民主、仁爱等都从不同的侧面触及到了大学精神的本质,并且成为大学精神的重要因子,这为大学精神的铸塑提供了有益的借鉴。传统文化唯有跟大学精神相结合,传统文化才能真正融入大学文化中,真正为广大青年学生所接受,也才能真正实现文化育人的功能。

大学文化是社会主义文化的组成部分,是文化大发展大繁荣的依靠力量,应该担负起培育、弘扬和引领社会主义先进文化的重要使命。传统文化作为大学文化建设的重要因子,应该成为大学文化研究和探索的新视角和新载体,相信随着我国文化事业的不断发展,随着大学文化建设的深入推进,传统文化价值必将得到进一步发掘,育人功能必将得到进一步强化。

参考文献

[1]许嘉璐:《高校校园文化漫议》,载《求是》,2004年第18期。

[2]丁虎生:《高度重视大学校园文化的育人功能》,载《光明日报》,2005年3月23日。

[3]吕希晨主编:《中国现代文化哲学》,天津人民出版社1993年版。

[4]李中华、张文定编著:《论中国传统文化》,三联书店1988年版。

[5]姜汝真主编:《中国传统文化的历史阐释与现代价值》,山西教育出版社1997年版。

浅析大学生职业生涯管理指导的实效性 *

摘 要:在就业形势日益严峻的今天,增强大学生职业生涯管理的意识,培养其职业生涯管理能力,对大学生具有重要意义。本文以重庆科技学院工商管理学院 2007 级学生为例,通过总结大学生职业生涯管理指导的具体措施,分析其实际效果。

关键词:大学生;职业生涯;职业生涯管理

在我国高等教育进入大众化阶段的今天,大学生的就业压力日益增大。对于大学生来说,如何增强就业能力、应对未来显得越来越重要。因此,在大学阶段,增强大学生职业生涯管理的意识,培养大学生的职业生涯管理能力,具有重要的意义。

一、大学生职业生涯管理的含义

职业生涯管理理论产生于 20 世纪初,由早期的职业指导发展而来,是人力资源管理的一部分。它是指:大学生通过辅导人员的帮助,在自我认识和了解社会的基础上,确立职业生涯发展目标,制定大学学习和发展的总目标及阶段目标,并进行执行、评估、反馈和调整的过程。[1]

根据这一概念,我们可以分析以下几点:(1)大学生生涯管理的区间是整个大学时期;(2)大学生生涯管理的首要任务是确立职业生涯发展目标和人生发展方向;(3)大学生职业生涯管理是大学"学涯"管理,它包括两个要素,一是自我职业生涯的规划与设计,二是学习、不断进行发掘自我潜能与完善的过程;(4)大学生职业生涯管理是逐步推进的,需遵循一定的时间和方案的安排;(5)大学生职业生

---

* 本文作者:汪源,重庆科技学院工商管理学院讲师,主要从事教育经济与管理研究。

涯管理是动态变化、不断调整的过程。

二、大学生职业生涯管理指导的实效分析

我们以重庆科技学院工商管理学院（以下简称"我院"）2007级学生（2011届毕业生）为例，通过对2007级学生从大学入学至大四年级，职业生涯管理的教育与指导的整个过程，分析大学生职业生涯管理的实效性。

我院2011届毕业生共548人，涵盖5个专业：会计学、市场营销、人力资源管理、旅游管理、物业管理，其中男生188人，女生360人，本科生429人，专科生119人，定向、委培人数为4人。实际签约率为89%，就业率为93%。全院考取硕士研究生人数为13名，专升本人数为8人，公务员人数为6人，参军入伍人数为1人。综合2011届毕业生就业情况，表现为以下3个特征：

1. 从就业区域分布看，以川渝两地为主，东部、中部为辅。我院就业学生511人中，在重庆市工作的有358人，占就业总数的70%；在四川省工作的有34人，占就业总数的7%。在中部（山西、吉林、黑龙江、安徽、江西、河南、湖北、湖南）工作的有13人，占就业总数的3%；在东部（北京、天津、河北、辽宁、上海、江苏、浙江、福建、山东、广东、海南）工作的有70人，占就业总数的14%。

2. 从就业单位性质来看，以非国有企业为主，国有企业等单位为辅。2011届毕业生在非国有单位（三资、民营、集体、个体）工作的有420人，占就业总数的82%；在国有企业单位工作的有43人，占就业总数的8%；在事业单位（科研单位、高校、中小学、医疗单位）工作的有24人，占就业总数的5%；在党政机关工作的有4人，占就业总数的1%；出国、出境、升学的有17人，占就业总数的3%。

3. 从就业单位质量看，优质单位数量较去年有所提高。2011届毕业生会计学专业男生就业单位较好。52%的会计学专业男生签约优质就业单位如：中海油、八冶集团、重庆九建集团、四川德胜集团、重庆双庆产业集团等。人力资源、市场营销、会计学等专业，共有19名同学进入银行系统工作。

对比2010届毕业生就业情况的分析如下：（1）就业率和签约率方面，2011届毕业生实际签约率提高了3%，就业率提高了2%；（2）就业区域分布方面，2011届毕业生在重庆和四川工作的比例分别下降了1.81%和1.43%，在中部和东部工作的比例分别上升了0.89%和2.45%。这说明2011届毕业生就业的区域更全国化；（3）从就业单位的性质看，2011届毕业生在国有企业、事业单位、党政机关工作的比例分别上升了1.21%、0.84%、0.03%，出国、出境、升学的比例上升了

0.03%。这说明2011届学生在国有企业、事业单位、党政机关就业及出国、出境、升学方面有所提高;(4)从就业单位质量看,2011届毕业生中会计学专业男生较2010届同专业男生签约优质单位的比例增加23%。

三、实施大学生职业生涯管理教育与指导的措施

实施大学生职业生涯管理,可以使大学生明白在大学的每个阶段、各个年级如何确立目标、如何发展与完善自己,怎样为职业生涯而规划适合自己的"大学学涯",这对大学生的成长与人生反战具有重要的现实意义。以下介绍我院实施大学生职业生涯管理教育与指导的措施。

1. 一年级,引导学生转变角色、初步规划大学生活

我们在开展大学生职业生涯管理的教育中发现,部分学生对大学生职业生涯管理的认识不足,他们片面地认为职业生涯管理是毕业以后的事,大学的首要任务是学习和自我完善。针对这种情况,我们把一年级作为职业生涯管理的"试探期",在这一阶段引导大学生完成转变,尽快适应大学生生活。发挥学生自我教育、自我管理、自我服务的"三自"作用,主动了解自己的专业性质和特点,以及将来就业的形势,在现实可能的基础之上,根据自身的实际和特点,对未来职业生涯进行初步的规划和构想,进而合理规划大学四年的总体目标和阶段目标。我们在2007级新生进校之初便发放《大学生职业生涯规划手册》,并请专业教师和辅导员老师指导学生自我认识、培养学生的职业生涯规划能力。

2. 二年级,将大学生职业生涯管理和教育实践相结合

生涯发展是不可逆的过程,可以分为几个连续的发展阶段。每个阶段都有一定的特征和发展任务,如果前一阶段的发展任务不能很好地完成,就会影响后一阶段的发展任务,导致职业选择时发生障碍[2]。在人一生的发展过程中,大学阶段是个非常重要的时期,它是个体对整个职业生涯的探索阶段,在这一阶段将为未来的职业生涯做好一定的知识、能力、心理等方面的储备。因此,要使大学生明白在每个阶段、每个年级应该做什么、如何做,从而有效地规划自己的"大学学涯"。二年级为定向期。这一阶段既要准确自我认知,又要培养自己各方面的综合素质,建立合理的知识结构。

为使大学生职业生涯管理更贴近学生,我院组织了形式多样的大学生职业生涯教育与活动,例如,大学生职业生涯规划与管理情景剧大赛,大学生职业生涯管理征文比赛,建立就业基地的形式为学生提供现实的可行性舞台。我院先后与重

庆渝苏宁电器公司、北京四季淋歌、重庆旅游服务形象有限公司等几十家公司建立了专业实习基地。在校学生可通过去就业基地实习的机会,了解自己的优势和不足,从职业生涯管理的角度出发,挖掘自身与某一职业类型或某些职业领域具有内在联系的资源与优势,沿着生涯规划的思路不断探索自我、塑造自我。[3]

3. 三年级,举办针对性讲座引导学生思考未来

大学生在掌握专业知识与能力的同时,应了解实际应用这些知识与技能的规则,以避免失误,更好地了解现实的职业世界,挖掘职业潜能。

2010年,我院为处于大三阶段的2011届毕业生组织了4场由博士、教授主讲的"大学生前途与出路的思考"的系列讲座,引导学生思考人生,面向未来。

4. 四年级,开展毕业生面试技巧培训,增强学生的就业能力

我们从2010年的就业工作中发现,我院的毕业生面临的不是找不到工作的问题,而是应该怎么去找工作的问题,很多学生一直到了毕业前还很迷惘,不知道自己该往何处去。2010届毕业生一年之内有10%的学生变动了工作单位或岗位,尽管学生的思想较往届的学生要成熟,他们的适应能力很强,但是由于缺乏职业生涯规划与管理能力,在就业面前,他们还是弱势群体。

针对毕业生的实际需要,我院组织了10场就业技能培训。包括就业形势的介绍、个人简历的撰写、中英文自我介绍的注意事项、面试礼仪、常见面试问题的巧妙回答等,帮助学生了解就业形势,转变就业观念,提升应聘技能。

5. 大学生职业生涯管理既面向全体又兼顾个体,提供人性化就业帮助

我院辅导员老师根据某些优秀学生的性格特点、志向与特长,鼓励与指导他们继续深造或优质就业。根据某些学生就业不主动、不善与人沟通的特点,鼓励其勇敢就业,引导其分析就业机会和适合自己的工作职位,最终帮助学生顺利就业。

参考文献

[1]龙立荣:《职业生涯管理的结构及其关系研究》,华中师范大学出版社2002年版。

[2]郑琼梅:《生涯辅导:高等教育的新功能》,载《武汉科技大学学报(社会科学版)》,2002年第9期。

[3]刘晓君:《试论大学生职业生涯规划与人生发展》,载《高教论坛》,2005年第6期。

地方高校实践育人科学机制构建探析*

——以重庆科技学院为例

摘　要：加强实践育人是提高人才培养质量的客观要求。地方高校应以实践教学、军事训练、社会实践活动为抓手，建立健全组织、队伍、基地、经费等保障措施，构建起实践育人的科学机制。

关键词：地方高校；实践；育人；机制

中央《关于进一步加强和改进新形势下高校宣传思想工作的意见》指出，要"立足学生全面发展，努力构建全员全过程全方位育人格局，形成教书育人、实践育人、科研育人、管理育人、服务育人长效机制，增强学生社会责任感、创新精神和实践能力"。教育部等部门关于进一步加强高校实践育人工作的若干意见指出，进一步加强高校实践育人工作，是全面落实党的教育方针，把社会主义核心价值体系贯穿于国民教育全过程，深入实施素质教育，大力提高高等教育质量的必然要求。近年来，重庆科技学院认真贯彻党的教育方针，以培养应用型高级专门人才为目标，始终坚持实践育人的科学理念，不断深化实践教学改革，强化课程化的军事训练模式，系统开展社会实践活动，建立健全实践育人的保障机制，形成了师生联动、校内外联动、理论与实践一体化的实践育人特色，凝聚起实践育人的强大合力，有效提高了人才培养质量。

＊　本文作者：张振飞，重庆科技学院党委宣传部思想政治工作科科长，讲师，主要从事高校党建与思想政治工作研究。
基金项目：本文系2015年重庆市教委高校人文社会科学研究项目"地方应用型高校实践育人长效机制构建研究"（项目编号：15SKG185）和2014年重庆科技学院思想政治理论与实践研究项目（项目编号：CKSZ201409）的阶段性成果。

一、地方高校实践育人的现状

长期以来,地方高校认真贯彻落实党的教育方针,坚持教育与生产劳动和社会实践相结合,实践育人取得了显著成效。

一是实践育人体系进一步完善。社会、学校、学生共同发力,构建起了校内与校外联动、课内与课外结合、多方一体驱动的实践育人体系,进一步推进了地方高校实践育人综合性工程,真正使大学生走出校门,深入实际、深入基层、深入群众,在实践中受教育、长才干、做贡献。

二是实践育人路径进一步拓宽。近年来,地方高校坚持开展好"三下乡""三支一扶"、大学生志愿服务西部计划行动等活动,逐渐形成了自身的品牌。此外,有的高校还组织学生赴党政机关开展带薪实习,到农村参加劳动,到企业或服务一线做工,到军营开展学军活动等,有效拓宽了实践育人的路径。

三是实践育人基地进一步健全。地方高校通过深化政产学研合作,特别是合作共建等,在企业、社区、机关、农村等建立了一批专业实习实训基地、志愿服务基地和创新创业基地等,有效发挥了实践育人的示范和带动作用。

四是实践育人的文化氛围进一步浓厚。通过开展主题实践活动,地方高校实践育人的观念深入人心,大学生实践成才的思想更加牢固。实践型教育教学活动,实践型社团活动、志愿服务活动和科技创新活动深入开展,实践育人的制度文化逐渐形成。

五是学生主体作用进一步发挥。实践育人不仅需要教师提升实践教育能力,而且需要学生充分发挥主体作用。近年来,地方高校大学生参与实践育人活动的积极性、主动性和创造性不断提升,参与面和受益面不断扩大,自我教育、自我服务、自我管理能力不断增强。

但是,与时代的发展对高等教育提出的新要求,社会的进步对高校人才培养提出的新期待相比,地方高校实践育人还存在着一些不容忽视的问题,主要表现在以下几个方面:

一是对实践育人的重要性认识不够。一些高校不同程度地存在着重课堂理论教学、轻主题实践活动的现象。认为实践育人仅仅是喊喊口号而已,或是认为实践育人就是简单地搞一些活动,或者认为实践育人就是提起来千金放下去四两。没有将实践育人放在与理论教学同等重要的地位来看待,实践育人缺乏系统的规划和具体的计划,缺乏专业的课程和教学体系。

二是实践育人的队伍还不够健全。突出表现为一些高校尚没有完全形成全员全过程全方位的育人工作格局,一些教师缺乏生产一线或者参与产业化科研项目的经历,导致教学只能传授空洞理论,缺乏鲜活实践支撑;一些高校实验室人员数量不足、素质不高;此外,教师承担实践育人的工作量计算问题也在一定程度上影响了教师的积极性。

三是实践育人的组织保障机制还不够完善。一些高校对实践育人缺乏统筹安排和具体落实,与企事业单位的沟通协商不够,合力推进社会实践缺乏科学的管理制度。实践育人考核评价体系不健全,实践育人评价体系的建立明显滞后于社会实践活动的开展。此外,地方高校在加强实践育人研究,探索实践育人规律,以及实践育人经费投入方面还需进一步加强。

二、地方高校实践育人科学机制的构建

(一)树立实践育人科学理念

加强实践育人是遵循教育客观规律、提高教育质量的必然要求,符合人的社会化规律,符合学生的自我教育规律,是全面落实党的教育方针、深入实施素质教育的应有之义。忽视实践育人,必然与党的教育方针相背离,直接影响到人才培养质量的提高,进而影响着科教兴国战略和人才强国战略的实施,影响着国家和民族的核心竞争力。实践中,重庆科技学院将实践育人置于履行办学使命、培养"合格"和"可靠"建设者和接班人的高度,在学校第二战略发展期改革和发展规划(2010—2020 年)中明确提出学校人才培养的基本原则,即"德育优先、加强基础、突出应用、注重素质、面向基层",着力创新人才培养模式,积极探索学生参与工程实践和社会实践的有效方式和有效渠道,积极探索思想政治理论与实践课程一体化建设机制,培养"德优品正、业精致用、拓新笃行"的高级应用型专门人才,形成人才培养品牌。

在高等教育大众化的背景下,人才培养质量、社会适应性成为全社会广泛关注的焦点。面对社会用人单位对高校人才培养的疑虑,重庆科技学院提出"本科生教育重点要体现宽口径、厚基础的特点,应强化实践教育,提高学生的学习能力、创新能力、实践能力、交流能力,以增强学生的社会适应能力"。"强化实践育人"的理念逐渐成为全校上下的共识。学校坚持把实践育人作为创新人才培养模式、促进学生全面发展的突破口,把实践教育作为加强和改进大学生思想政治教育的应有之义,积极构建实践育人平台,完善实践育人体系,现已初步建立起"以

社会适应性为导向的人才培养体系"。

（二）搭建实践育人工作平台

深化实践教学改革。实践教学是高校全部教学工作的重要组成部分。深化实践教学改革，既是高等教育规律本身的要求，也是提高人才培养质量的现实需要。要改变长期以来重理论知识、轻实践能力的状况，就必须大力开展实践教育改革。地方高校要把握实践教学改革的正确方向，把社会主义核心价值观融入实践育人工作全过程，以社会主义核心价值观引领实践育人工作。要建立健全实践教学师资队伍，切实保证实践教学的课时和学分，着力建构以学生为主体、从实践到认识、从认识再到实践、理论与实践一体化的互动式教学体系，不断增强实践教学的吸引力，调动学生的学习积极性和主动性，达到"入耳、入脑、入心、入手"的教学效果。

实践中，重庆科技学院着力完善实践教学体系。不断整合和充实实验教学、课程设计、实习实训环节等实践教学课程，优化实践教学比重和结构，分类制定实践教学标准，健全实践教学体系。不断强化学生自主实验、实习、实践和毕业设计（论文）的能力。学校研究和制定了激励政策，鼓励和支持教师进入实验室，开发实验教学项目、研制实验仪器设备、更新实验教学内容，改进实验教学方法。教师参与实践教学的情况纳入教师教学业绩考核。着力建设卓越工程师试点专业学生校外实践基地，进一步推进校内实习实训基地的校企共建模式，强化现场教学环节，增强学生对企业的适应能力。建立了实验教学仪器设备的定期保养和更新制度，保证实践教学的稳定运行。建立健全了实验室开放运行管理模式，有序引导高年级大学生参与实验室管理，提高实验装备的利用率。学校还实施了学生"万千百十"工程，支持本科生早进课题，早进实验室，早进团队，鼓励学生参加校内外的创新创业活动和创新团队，促进教学和科研互动，培育学生的创新精神和团队协作精神，提升学生的实践技能和创新创业能力。

认真组织军事训练。对学生进行军事训练，是实现人才培养目标、提高人才培养质量不可或缺的一环。有利于激发大学生爱国主义、社会主义、集体主义感情，促使大学生了解国防知识，增强国防意识，增强对党和人民军队的热爱。军事训练应当作为高校教育教学的必须课。要按照教育部等部门文件要求，纳入教学计划，开展为期2—3周的军事技能训练，实际训练时间应不少于14天。

实践中，重庆科技学院坚持课程化的军训模式，开设了全校性的《军事理论》课程，列为2个学分。坚持军训与政训相结合。精心制订军训方案，编写军训手册,严格军训考核,将考核结果归入学生本人档案。学校还积极争取驻地解放军和武警部队对学生军事训练的大力支持,通过军事训练、建立军民共建单位等方式让学生接受军事技能和实践。通过军训,广大学生掌握了基本的军事技能,锻炼了学生的体魄,强化了大学生的国防观念、民主观念、法制观念、纪律观念、集体观念、协作观念,砥砺了大学生的思想意志,培养了他们顽强拼搏和敢于胜利的精神,也对他们终生的学习和生活产生深远的影响。此外,通过军训实践,密切了军地关系,深化了交流合作,收获了真诚友谊,也为学校的国防教育积累了宝贵经验。

开展社会实践活动。社会实践活动是引导大学生深入社会、了解国情、奉献社会、增长才干,养成理论联系实际良好学风的重要途径。地方高校要充分发挥校、院两级社会实践工作领导小组的作用,选派政治素质高、责任心强的教师担任大学生社会实践活动的指导教师。组织好大学生开展"三下乡""进社区"、志愿服务等社会实践活动,集中利用寒暑假时间组织大学生到党政机关和企事业单位实习实践。要把社会实践纳入教学计划、课程教学大纲和教师的岗位职责之中,探索社会实践学分制度。努力让大学生深入基层了解民情和国情,增进同工人和农民群众的感情,提高解决实际问题的能力。

实践中,重庆科技学院广泛开展暑期"三下乡"社会实践活动。通过组建市级重点团队、校级重点团队等,组织选派上千名青年大学生骨干开展"永远跟党走"政策宣讲、国情考察、文化宣传、教育帮扶、爱心帮扶、科技支农等活动。深入开展"学雷锋、当传人、树新风"主题教育实践活动,深入开展"文明礼仪行动计划",积极动员全校青年学生加入志愿者行列,大力开展志愿服务、敬老孝老、绿色校园行、义务家教等活动。目前学校大学生志愿者网上注册已超过16000名,占在校生人数的80%以上;同时,学校还大力推进学生创新创业。以"挑战杯"系列竞赛为龙头,广泛开展科普活动、科技创新创业活动,有效培养了青年学生的创新意识,推动了科技创新能力的提高。

(三)完善实践育人保障机制

实践育人是一项系统工程,需要上下联动,全员参与。为此,地方高校必须建立起强有力的保障机制。

完善组织领导机制。地方高校党政要对实践育人工作统一领导,各院系党政要具体负责本单位实践育人工作的组织、协调和实施,同时要确定专人具体从事本单位实践育人工作。高校每一名教职员工都负有做好实践育人工作的责任。

要努力形成党委统一领导、党政群齐抓共管、有关人员各司其职、师生员工大力支持配合的领导体制与工作机制,形成师生员工共同关心支持实践育人工作的强大合力。要把实践育人与专业学习相结合、与服务社会相结合、与勤工助学相结合、与创新创业相结合,形成课堂内外、学校内外、假期内外相结合的实践育人体系。

完善队伍保障机制。地方高校应着力建设高素质的实践育人工作队伍,为开创实践育人工作新局面提供有力保障。要以专业教师和思想政治工作者为主体完善实践育人工作队伍的选拔、培养和管理机制,研究制定学校实践育人工作队伍建设的具体意见。要采取有效措施,组织参加社会实践、学习考察、研讨交流等活动,引导和教育实践育人工作队伍树立政治强、业务精、作风正、纪律严的良好形象,不断增强新形势下做好实践育人工作的本领。

完善经费保障机制。要建立健全符合实践育人工作规律、时代发展要求和学校及本单位实际的实践育人工作科学体系。要加大对实践育人工作的经费投入,高校二级院系应合理确定实践育人方面的经费投入科目,列入预算,确保各项工作顺利开展。高校各单位都要为开展实践育人工作提供必要的场所与设备,不断改善条件,优化手段。要把实践育人工作作为对各院系考核的重要指标,纳入各院系建设发展与日常工作的评估体系。

完善基地保障机制。建设实践育人基地是开展实践育人工作的重要依托和载体。地方高校应充分利用现有资源,建好用好实验室、实习实训基地、实践教学共享平台等,发挥它们在实践育人中的重要作用。同时,还应采取校所合作、校企联合、学校引进等方式,建设一批实验教学示范中心、大学生校外实践教育基地和高职实训基地。要依托高新技术开发区和产业园区,建立大学生创新创业、实习实训等基地。"要积极联系爱国主义教育基地和国防教育基地、城市社区、农村乡镇、工矿企业、驻军部队、社会服务机构等,建立多种形式的社会实践活动基地,力争每个学校、每个院系、每个专业都有相对固定的基地"。要完善基地建设指标体系,努力形成具有自身特色的社会实践基地品牌。

加强实践育人工作,是全面贯彻落实党的教育方针和教育改革和发展规划纲要的重要内容,是深化教育改革和提高人才培养质量的必然要求。地方高校应以实践教学、军事训练、社会实践等为抓手,以组织领导、队伍建设、经费投入、基地建设为保障,努力构建起实践育人的科学有效机制,推动实践育人工作不断深入和人才培养质量不断提高。

高校党外知识分子思想政治工作探析[*]

摘　要:高校党外知识分子是高校统一战线的重要组成部分和重要依靠力量。要始终坚持正确导向、围绕中心履行职责、广泛开展联谊交友、不断加强自身建设,切实加强高校党外知识分子思想政治工作,促进高校教育事业科学发展。

关键词:高校;党外知识分子;思想政治工作

习近平总书记指出,党外知识分子工作,是统一战线的基础性、战略性工作。党外知识分子是我国人才队伍的重要组成部分,是先进思想的传播者、先进科学技术的开拓者和优秀精神产品的生产者。高校是党外知识分子的荟萃之地,做好高校党外知识分子思想政治工作,对于提高教育质量、促进校园和谐具有重要意义。

一、强化政治意识,坚持正确导向

习总书记强调,做党外知识分子工作,要学会同党外知识分子打交道特别是做思想政治工作的本领。这其中一项重要任务就是引导党外知识分子牢固树立和践行社会主义核心价值观,不断巩固统一战线共同思想政治基础。树立和践行社会主义核心价值观,是坚持和完善中国共产党领导的多党合作事业发展的基础工程和灵魂工程,也是推动新时期高校统一战线深入发展,不断巩固壮大的必然要求。引导党外知识分子牢固树立和践行社会主义核心价值观,一是要立足统一战线凝聚人心、汇聚力量的根本任务,增强科学理论武装的自觉性。要把学习贯彻中国特色社会主义理论体系作为高校党外知识分子思想政治工作的首要任务,

---

　　[*] 本文作者:张振飞,重庆科技学院党委宣传部思想政治工作科科长,讲师,主要从事高校党建与思想政治工作研究。

贯穿于巩固共同思想政治基础的全过程,体现到实现大团结大联合的各方面,真正使马克思主义中国化的最新成果深入人心,为党外知识分子广大成员所理解、所接受、所掌握。二是要把握高校党外知识分子成员构成多样、思想多元的特点,增强科学理论武装的针对性。实践中,重庆科技学院从高校党外知识分子各自特点和思想实际出发,有针对性地加强科学理论学习和武装,使他们能够从不同方面理解马克思主义中国化的理论成果,不断增强对中国特色社会主义的道路自信、理论自信、制度自信。三是要运用统一战线求同存异、民主包容的方式方法,增强科学理论武装的实效性。树立和践行社会主义核心价值观,要尊重目前高校党外知识分子成员各自不同的实际感受和认识水平,探索有效途径、方式和载体,正确把握时机、节奏和力度,注重通过自我教育提高认识,通过沟通交流析事明理,通过思想碰撞深化理解,使科学理论真正成为他们自觉运用的强大思想武器。

二、围绕中心大局,积极履行职责

高校统一战线历来为高校的中心工作服务。广泛团结和联合广大党外知识分子成员,推动完成高校教育事业各项任务,是高校统一战线的光荣使命和历史责任。高校党外知识分子群体人才荟萃、智力密集,在高校改革和发展中应当而且能够大有作为。要充分发挥党外知识分子在高校教学、科研、育人等方面的生力军作用,引导党外知识分子围绕中心,服务大局,立足本职,积极作为。一是就师生普遍关注的热点难点问题,开展有针对性的专题调研,提出建设性的意见和建议,多做稳人心、得人心、暖人心、聚人心的好事和实事。二是发挥自身优势,运用知识和智慧,大力开展社会服务活动,为推动地方经济发展和社会进步,做出应有的贡献。同时,高校应紧紧围绕人才培养、学科建设、师资队伍、开放合作、大学文化、服务保障等各项工作,引导以民主党派为主体的广大党外知识分子认真履行政治协商、民主监督、参政议政职能,提高议政建言质量,突出服务发展成效,切实发挥协调关系、汇聚力量、建言献策、服务大局的重要作用。实践中,重庆科技学院基于各民主党派成员的构成,注重突出特色、彰显优势,推动各民主党派知识分子发挥作用。例如,致公党知识分子在学校对外交流合作方面积极推出新建议;民建和九三学社知识分子在地方经济建设和学校产学研合作方面不断做出新贡献;民革、民盟、民进和农工党知识分子在推动和谐校园建设、强本建硕上档次、打造学科科研特色、提升管理服务水平上不断发挥新优势。着眼新的实践,高校还应不断探索党外知识分子发挥作用的新途径。特别是随着经济全球化和互联网的发展,高等院校已经成为意识形态工作的前沿阵地,高校要加强和改善高校网络意见领袖工作,建立经常性联系渠道,加强线上互动、线下沟通,让他们在净化网络空间、弘扬主旋律等方面展现正能量。

三、广泛联谊交友,共同营造和谐

党外知识分子工作,是我们党一项特殊的群众工作和思想政治工作,政治性很强、人情味很浓、艺术性很高,需要根据工作的特点,切实坚持以人为本,掌握扎实有效的方式方法。当前,高校党外知识分子工作范围和对象不断扩大,呈现出开放式、社会化和网络化的特点。这对更好地贯彻以人为本、用科学的方法做好高校党外知识分子工作提出了新的更高要求。要按照"尊重人、理解人、帮助人、团结人"的基本要求,求同存异,和而不同,进一步营造宽松稳定、团结和谐的环境,既平等相待,讲团结、讲帮助,又坚持原则,重视教育和引导,开展必要的批评和思想交锋;认真诚恳地倾听意见,尽心竭力地排忧解难,饱含深情地开展工作,多做聚人心、暖人心、稳人心、得人心的好事、实事,把高校党外知识分子紧密团结在学校党委周围。要加强对党外干部的关心与合作。根据党外干部的特点和专长,合理分工,扬长避短,调动他们的积极性和创造性。对党外干部分管工作范围内的重要事项应事先听取并尊重他们的意见和建议。除有特殊规定外,学院(系)党委(党总支)会议要请领导班子中的党外干部列席,有关文件要送他们阅读学习,重大问题要向他们通报,使他们及时、准确、全面地了解学校党委的方针政策,提高执行方针政策的自觉性和主动性。要从讲政策和全局的高度,坚持在感情上联络、政治上关心、工作上支持、生活上帮助、待遇上照顾,创造宽松环境和良好工作条件。各级领导要主动帮助他们总结经验、吸取教训、改进工作,形成学校党委领导下的团结、民主、和谐的合作共事关系。要建立健全高校党委常委(委员)同党外代表人士联系交友制度,沟通思想,增进共识。要立足现有条件,积极开展多种形式的联谊活动,广泛交友、广纳英才,增进党外知识分子间的了解和沟通,促进交流与合作。同时,党外知识分子也要广泛听取和反映师生的意见和呼声,积极建言献策,发挥高校党政领导与广大师生间的桥梁纽带作用。

四、加强自身建设,夯实履职基础

为认真贯彻落实《中国共产党统一战线工作条例(试行)》和中共中央《关于加强新形势下党外代表人士队伍建设的意见》,团结凝聚党外知识分子,充分发挥广大知识分子的聪明才智,为地方经济社会和高校发展献计出力,许多高校还成立了党外知识分子联谊会(简称知联会)。党外知识分子联谊会是高校党外知识分子组成的具有广泛统战性、联谊性的群众团体。其宗旨应当以中国特色社会主义理论体系为指导,牢固树立和践行社会主义核心价值观,团结广大党外知识分子,切实发挥优势和作用,为高校的改革、发展和稳定服务,为地方社会经济发展做出更大的贡献。要引导广大党外知识分子妥善处理本职工作与知联会活动的关系,积极创造条件,落实知联会的各项制度。严格按《章程》办事,确保活动的规范性、经常性和实效性。要热情为会员服务,维护会员权益,使知联会真正成为党外知识分子和谐温暖的家园、学习提高的园地、建功立业的平台、培养和推荐党外代表人士的摇篮。实践中,重庆科技学院着力探索党外知识分子联谊会发挥作用的途径,一是引导党外知识分子积极学习宣传中国特色社会主义理论体系和统一战线理论政策,提高会员理论水平和思想素质,增进对党和国家路线方针政策的认同。二是举办丰富多样的联谊活动,广交朋友,促进会员交流感情、增进友谊,同时注重加强与校外广大知识分子和兄弟院校知识分子联谊会的联系。三是坚持以人为本,关心会员的思想、工作和生活,及时反映会员的意见和建议,解决会员的实际困难,维护会员的合法权益。四是组织会员开展考察调研活动,了解社情民意,形成政策建议,为学校科学发展建言献策,为党和政府的科学决策提供参考。五是组织会员开展人才培训、科技开发和推广活动,促进科技成果转化为生产力,为地方经济发展贡献力量。六是组织会员开展文化宣传、支教扶贫、医疗下乡等社会公益活动,关注民生,施爱大众,强化知识分子的社会责任。七是积极宣传党外知识分子的工作业绩和先进事迹,发现和培养优秀人才,举荐政治和业务优秀的党外知识分子进入高端人才队伍。

高校党外知识分子是高校统一战线的重要组成部分和重要依靠力量。做好高校党外知识分子工作,事关高校人才队伍建设,事关高校办学宗旨和办学目标的实现,事关高校校园的和谐稳定,必须以创新的精神,务实的态度,从坚持正确导向、围绕中心履行职责、开展联谊交友活动、不断加强自身建设等方面,切实加强高校党外知识分子的思想政治工作,努力推动高校教育事业科学发展。

高校"三位一体"毕业生就业工作体系构建*

摘 要:健全高校毕业生就业工作体系是实现毕业生就业的重要条件。高校应构建起就业促进、就业服务和就业管理三位一体的就业工作体系,实现毕业生高质量就业。

关键词:毕业生;就业;体系

做好大学生就业工作,是构建社会主义和谐社会的重要内容,是建设人力资源强国和建设创新型国家的必然要求,是关系我国高等教育持续健康发展的大事。高等院校在促进毕业生就业方面负有重要责任。针对当前毕业生就业工作现状,高校有必要构建起就业促进、就业服务和就业管理三位一体的就业工作体系,实现毕业生充分就业、顺利就业和高质量就业。

一、当前高校毕业生就业工作体系的缺失

长期以来,高校在促进毕业生就业方面做了大量的工作,取得了显著的成就。但是,面临新形势新任务,高校毕业生就业工作还存在着诸多不适应的地方,主要是高校毕业生就业工作体系还不够科学完善,还存在缺失,突出表现在以下三个方面:

一是在就业促进上,全员参与、开拓创新促进就业的意识缺失。学校、院系、教研室、教师、学生等全员参与机制和就业市场开拓体系尚不够健全。由领导带队、各方面人员组成,开展走访用人单位,开拓用人市场的全国性的就业促进行动尚不多见。广泛与企业建立联系、交流和合作关系,建立一大批实习见习基地方

---

* 本文作者:张振飞,重庆科技学院党委宣传部理论宣传科科长,讲师,主要从事教育管理、高校党建与思想政治教育研究。

面尚需进一步努力;此外,在实施订单培养、建立起产学研一体化发展新平台方面还不够主动,特别是在发掘利用校友资源促进毕业生就业方面还需加强。

二是在就业服务上,高校专业设置存在缺陷。主要是专业设置脱离社会需求,课程开设不尽合理,教学内容脱离社会实际,教学资源重复建设严重。教育模式的相对稳定与产业结构动态发展不适应,造成高校培养的毕业生与人才市场的需求相脱节,导致大学生就业难。同时,许多高校在对学生的培养模式上过于注重其对理论知识的掌握程度,却忽视了对学生实际动手能力与创新能力的培养,尤其缺乏对大学生情感与态度方面的培养,造成了高校毕业生知识能力结构失衡,综合素质不能满足社会发展对复合型人才需求的状况。

三是在就业管理上,立体化的科学就业管理格局缺失。没有将促进毕业生就业放在就业工作的首位,就业工作思路不清晰,党委统一领导、党政齐抓共管、职能部门和院系各负其责、全校紧密配合的领导体制和工作机制,以及"全员、全过程、全方位"的工作格局尚未形成。许多高校没有相对独立的就业指导机构,其工作人员业务能力欠缺,对毕业生就业指导质量不高。此外,一些高校对大学生职业生涯规划重视不够,没有将职业生涯规划和就业指导贯穿于大学全过程,导致大学生职业生涯规划设计和就业指导缺乏;或者大学生职业生涯规划和就业指导的内容缺乏系统性和科学性,师资力量不足,教学形式单一,培训的时间短、层次低、针对性不强,职业规划设计的指导培训和效果不尽人意。

二、三位一体毕业生就业工作体系构建

教育、服务和管理是高校学生工作的基本模式。高校毕业生就业工作是高校学生工作的重要组成部分,也必须遵循学生工作基本规律,建立起就业促进、就业服务和就业管理三位一体的就业工作体系。

(一)坚持市场导向,构建毕业生就业促进体系

所谓毕业生就业促进体系,就是通过加强与校外市场和企业的沟通联系,搭建起校内和校外、学校和社会的联动桥梁来促进毕业生就业的体系。其基本依据是,社会和市场是高校人才培养质量的重要评价方。高校培养的人才只有面向市场、服务经济社会发展需要,才能最终实现高校的办学效益。这就要求,现时代的高校必须树立营销的理念,以营销的方式开拓就业市场,促进"产品"的最终消费。

第一,着力建设就业市场。统一开放、竞争有序的就业市场是实现毕业生就业的前提和条件。促进毕业生就业,一是要巩固行业市场的目标"客户"。根据国

家对行业的宏观布局和企业发展定位,分层次、针对性地巩固已经成熟的行业内现有市场,维护长期合作关系。寻找市场突破口,延伸、拓展行业内部就业市场。二是积极拓展地方就业市场。立足本地、着眼地区区域经济发展需要,加大与重大行业企业的联络力度,密切联系与学校学生就业相关的重点地区、重点企业,不断拓展地方市场。三是不断培育开发新专业、新领域就业市场。通过整合各种市场资源,以"走出去,请进来"的方式加强与潜在"客户"的定期联系与沟通机制,搭建毕业生与用人单位的桥梁。四是建设分类型、分区域、分层次的毕业生就业市场数据库,提高就业市场建设效率。

第二,巩固拓展就业基地。拓展就业基地是实现毕业生就业的重要手段和策略。一是巩固和强化定向就业基地,加大企业"订单式"培养力度,提升定向就业基地建设水平。二是积极拓展新的就业基地,通过校企合作打造行业就业基地和通用专业就业基地。三是建设就业营销基地。对就业市场进行分区域管理,以区域为单位划分就业市场责任区,设立就业工作组和就业联络站,积极主动拓展就业信息的来源渠道。四是以就业工作为核心,建设就业基地与社会实践基地、毕业实习基地"三位一体"的就业基地新模式。

第三,努力拓宽就业渠道。拓宽就业渠道是实现毕业生就业的重要举措。畅通渠道,多管齐下,才能全面促进毕业生就业。高校应在巩固和强化传统就业渠道的基础上,开辟就业新渠道,拓宽就业主渠道。要积极指导帮助毕业生到基层就业、到中小企业和非公有制企业就业;创造条件支持帮助毕业生考研、留学;鼓励大学生自主创业,支持鼓励大学生入驻学校和地方创业园进行创业实践,努力培育大学生创业项目,提高入驻创业孵化园数量。

第四,坚持用好就业政策。国家的就业政策是实现毕业生就业的重要依靠和重要保证。高校要认真研究国家和地方关于鼓励和帮助大学生就业的各项政策,认真领会政策精神,贯彻落实政策要求,将政策用好用足,支持鼓励应届毕业生参军入伍,关注指导学生参加大学生"村官"计划与西部志愿者应考应征,扶持帮助家庭困难毕业生申请就业援助;要以学校大学生创业与创新教育中心、大学生创业讲坛、大学生创业助学基地等为平台和载体,贯彻落实国家和地方有关大学生就业的政策精神,开展大学生创业教育和实践,积极奠定学生创业基础。

(二)坚持学生为本,构建毕业生就业服务体系

所谓毕业生就业服务体系,就是高校通过提供标准化的优质服务,增强毕业生在就业市场上的竞争力,实现以质取胜。其根据是,服务社会是高校的基本办

学宗旨。而为社会输送有用的人才又是服务社会的直接体现。因此,高校必须将标准化的优质服务体现在服务社会的办学宗旨中,在人才培养的整个环节,以标准化的优质服务实现毕业生的高质量就业。

第一,提升学生就业能力。具备就业能力是实现就业的根本要求,而就业能力的强弱则取决于高校教育服务的供给能力。高校要进一步转变教育思想观念。增强人才培养的适应性和针对性,提升学生就业和发展的竞争力,增强学生终身学习的能力,加强素质教育,努力培养学生的创新精神和创新能力。进一步理清人才培养工作思路。按照人才培养的基本原则,坚持知识、能力、素质协调发展,培养具有社会责任感和创新精神,具有自身特色的高级专门人才,在基础型或实用型人才培养上打造特色,在特色上塑造人才品牌。进一步优化人才培养方案。坚持在通识教育基础上实施专业教育、通识教育与专业教育并重的基本思路,构建由通识教育和专业教育两个教育类别和若干教学模块组成的课程体系基本框架和实践教学体系。因材施教,促进学生个性发展。大力实施人才培养工程,积极推进基础课程教学改革,对量大面宽的公共基础课程实施分级教学。开设专业综合试点班,实施分流培养。以建立和完善教师评价机制为重点,建立健全教学质量标准和质量保证体系;以特色专业建设点和人才培养模式创新实验区为突破口,积极推进人才培养模式改革;以教学团队建设为载体,全面推进课程建设;积极开展教学研究,促进教学水平提高;加强产学研合作教育,形成合作育人的机制。

第二,加强学生就业指导。就业指导是学校毕业生就业的重要责任,也是就业服务的重要内容。要进一步完善就业指导体系。科学整合就业指导和大学生生涯规划,提高就业指导的针对性和实效性,努力提升学生就业能力。一年级的生涯规划设计,要帮助学生了解行业发展趋势、专业就业前景、社会用人标准、职业资格条件,引导学生确立最佳生涯设计方向。二、三年级的生涯规划实施,要指导学生了解就业形势、社会要求,不断给予学生成长动力,确保生涯规划得到充分落实。毕业班的就业择业指导,要培养学生具有合理定位、科学择业、高素质就业的能力。各专业可收集各类优秀学生成长案例,建立不同类型学生的成长路线图,为每名学生提供成长路线指导。全体教师特别是专业教师和辅导员要担负起对学生进行就业指导和帮助学生进行生涯规划的责任,促进学生在思想作风、专业素质、实践能力等方面的全面提高。积极做好就业困难学生的帮扶工作。对就业困难的毕业生,采取"一对一"的方式,进行重点指导、重点服务、重点培训和重点推荐。

第三,畅通学生就业信息。随着毕业生就业的网络化信息化发展,畅通学生就业信息显得尤为重要。信息畅通已经成为就业畅通的重要条件。高校要做好毕业生情况动态信息库和信息发布平台建设。引入"网络运营"理念,强化网络的市场功能,创造更大的就业空间。建立网络就业联盟,收集就业信息,积极为毕业生和用人单位举办网上双选活动。利用网络,宣传就业政策,介绍就业技能,帮助学生就业。举办好各种"双选"会,为学生提供就业机会和信息。条件具备的,可印制毕业生发展报告等材料,为用人单位提供毕业生相关信息,便于用人单位有针对性地挑选毕业生,提高签约效率。做好用人单位的回访及毕业生跟踪调研。每年有计划、有针对性地做好用人单位的回访及毕业生调研工作,收集学校教学质量、毕业生能力素质评价反馈信息,让学生了解就业所需素质和能力。

(三)坚持全员参与,构建毕业生就业管理体系

所谓毕业生就业管理体系,就是通过对毕业生就业工作整个过程和各个方面实施科学有效的管理,以管理的规范有序促成毕业生顺利就业。这是基于高校毕业生就业是一项系统工程,绝不是学校某个部门的事情,因此必须强化组织领导,协调动员全校资源,并通过科学有效的管理,才能保证整个就业体系的高效运转,也才能有效促进就业。

第一,进一步理顺就业工作机制。科学完善的就业工作机制是做好就业工作的应有之义。机制活,则工作效率高;反之,则杂乱无序,效率低下。高校应加强领导,明确职责,健全就业工作组织机构。成立学生就业工作领导小组,由校领导任组长和副组长,相关职能部门负责人为成员。各学院(系)也应成立学生就业工作组,学院(系)主要领导任组长。各学院(系)应将大学生就业工作作为"一把手工程",各单位党政负责人要亲自抓学生就业工作,将就业工作列入重要议事日程。各学院(系)要设置就业工作岗位,相关职能部门人员、学院领导要带头担任毕业班就业工作导师,形成专业教师、学生工作者、班级就业委员全员参与就业工作的局面。进一步完善校院两级就业工作机制,积极推动就业工作"职能分解,重心下移"。学校学生就业工作领导小组负责制定学校学生就业工作有关规定与实施办法,宏观管理学校学生就业工作,为就业工作提供制度保障。学生处要加强对就业政策的分析、研究,贯彻落实学校毕业生就业工作领导小组的工作要求,制定和完善各种工作规范及流程,加强就业指导队伍建设,及时了解、沟通和反馈全校就业工作信息,制订全校就业工作方案,组织好全校性大型"双选"会,指导支持

各学院开展就业工作。各学院(系)学生就业工作组具体实施毕业生就业指导工作,分析就业市场和形势,研究和解决学院系学生就业工作中出现的困难和问题,动员和布置全院(系)力量参与学生就业工作。

第二,进一步强化预测预警机制。毕业生严峻的就业形势要求高校必须工作前移,提早谋划,适时监测,定期分析,建立健全预测预警机制。要以学校相关职能部门为主导,二级学院为主体,定期走访相关行业、重点地区的劳动人事主管部门、企业事业单位以及具有影响力的劳动就业市场,开展以专业为单位的市场需求分析,形成就业预测,并及时按照就业规律和市场反馈及时调整学科专业结构、优化专业设置,将招生工作、人才培养工作与就业工作紧密挂钩。

第三,进一步规范就业工作制度和流程。加强就业工作基础管理,健全规章制度是做好就业工作的基本要求。高校就业工作指导部门和各二级学院要明确就业工作年度目标和任务,完善就业工作管理办法和就业工作考评办法,规范工作程序,完善工作制度,制订工作方案,完善考评办法。要落实就业工作目标责任制,对就业工作考核不合格的学院进行问责。

做好高校毕业生就业工作是高校提高人才培养水平的需要,是提升办学水平的需要,是培养社会主义合格建设者和可靠接班人的重要组成部分。高校要进一步认真分析形势,把握就业规律;创新工作方式,积极拓展就业市场,加强就业指导与服务,着力构建起具有高校自身特色的毕业生就业促进、服务和管理工作体系,不断提高毕业生就业工作水平。

参考文献

[1]张振飞:《构建高校系统化就业格局的思考与实践》,载《温州职业技术学院学报》,2010年第2期。

高校思想政治理论课教师马克思主义信仰与教学*

　　摘　要:思想政治理论课教师要能自觉划清马克思主义与反马克思主义的界限,必须掌握三个问题,即什么是马克思主义、怎样用科学的态度对待马克思主义、怎么划清界限。

　　关键词:马克思主义;反马克思主义;界限;思想政治理论

　　当代中国始终坚持马克思主义在意识形态领域的指导地位,坚持以马克思主义中国化最新成果为指导。马克思主义是引领我们前进的旗帜,在我国意识形态领域中占主导地位。随着我国改革开放的逐步深化和社会主义市场经济的不断发展,各种思想文化相互激荡,出现了各种非马克思主义思想意识,甚至还有一些反马克思主义的错误思想。反马克思主义就是敌视、攻击、背弃和否定马克思主义的种种社会思潮,如新自由主义、民主社会主义、历史虚无主义、极端个人主义、拜金主义、享乐主义等。这些思潮力图否定马克思主义指导地位,取消中国特色社会主义理论体系的指导。

　　反马克思主义思潮在人们心目中颠倒黑白、混淆视听,助长一部分人怀疑和否定党的领导和社会主义道路的情绪,对思想政治理论课教师和广大学生产生了相当大的负面影响。面对着大量西方文化思潮和价值观念的冲击,有的大学生对马克思主义的信仰产生了动摇,甚至有的学生认为授课教师可能都不相信或做不到自己所讲的一系列理论,从心里对该课和授课教师产生抵触。少数教师心态浮躁,将教师职业仅仅看作是一种谋生手段,而没有看作是一份光荣的、神圣的事业来谋求发展。甚至有的教师并不信仰马克思主义,缺乏信仰。在教学中,思想政治理论课存在缺失应有的立场、模棱两可等错误倾向。思想政治理论课教师是马

---

　　* 本文作者:张晓玲,重庆科技学院党委宣传部教授,研究方向为马克思主义中国化。

克思主义的重要传播者,思想政治理论课程教学,向学生宣传马克思主义基本理论的主要渠道和阵地。因此,思想政治理论课教师必须自觉同这些反马克思主义的思潮划清界限,不断提高马克思主义理论水平,在实践基础上推进马克思主义的理论创新。在传播马克思主义的过程中,思想政治理论课教师首先要解决自己的疑惑,什么是马克思主义以及如何研究马克思主义。

马克思主义理论指导着中国快速发展,同时马克思主义理论也在发展,并且展现出蓬勃的生命力。但是,马克思主义在迅速的社会变迁和世界格局的复杂变化面前也遇到了新的时代挑战,需要马克思主义给以应对和回答。恰恰是这些挑战性问题,既是社会公众,也是青年学生所关注的问题。特别是时代的发展给思想政治理论课教师提出了"什么是马克思主义"和"怎样研究马克思主义"的问题。这些问题不是靠教材研究和教学法研究所能圆满解决的,思想政治理论课教师必须重新认识马克思主义,自觉划清与反马克思主义的界限,繁荣马克思主义学术,发展和丰富马克思主义理论。

首先,思想政治理论课教师要坚定不移地信仰马克思主义。由于思想政治理论课是一门意识性较强的学科,教师不仅要有坚定的马克思主义信仰,更重要的是要在此基础上对马克思主义进行研究和传播。只有自己真学、真懂、真信、真用马克思主义,才能使学生对教师及教师所传授的理论心悦诚服,真正"诚学之,笃信之,躬行之"。对马克思主义的坚定信仰来自教师对马克思主义原著的阅读,真正掌握马克思主义理论。而且,思想政治理论课教师必须要把握马列主义、毛泽东思想、邓小平理论的一脉相承性和与时俱进性,全面深刻地理解这一理论体系的立场、观点和方法,在指导中国特色社会主义建设实践的过程中,不断回答出现的实践问题,脚踏实地、一步一个脚印地进行马克思主义理论的研究和教学。

思想政治理论课教师要用马克思主义的态度对待马克思主义。思想政治理论课教师必须以马克思主义作为世界观和方法论,坚持解放思想、实事求是,针对社会发展过程中不断出现的新问题敢于打破过去对马克思主义教条式的理解,发展过去一些社会历史性的结论,创造性地提出符合当代社会实际的新观点,不断地补充和丰富马克思主义。这种与时俱进的态度正是划清马克思主义和反马克思主义界限的前提。

其次,思想政治理论课教师要投入到学科建设中。社会发展使大学生提出更广泛、更多样性的问题,他们希望能得到更具有实效性的答案。教师必须积极地投入到学科建设中,根据承担的课程,明确学科定位,调整学科发展方向,深入理解马克思主义。

思想政治理论课教师首先要确定学科定位。思想政治理论课教师必须具备的理论基础是对马克思主义科学体系的掌握和了解。这个体系包括了马克思主义基本原理和马克思主义中国化三大理论成果。教师对马克思主义理论体系的掌握不能局限在某一领域,必须坚持马克思主义的全面性和整体性观点。马克思主义作为一门具有强烈社会性质的科学,它在知识占有的广度和深度上有着较高的水平和较广的内容,与自然科学、人文科学是不可分离的。马克思主义的创立和发展都离不开自然科学和人文科学的发展,它不断地从中汲取新的营养来丰富和发展自身,与之融为一体。所以,在知识结构上,学科建设需要教师不断学习,进一步提高自己的马克思主义理论水平,补充自己欠缺的知识领域,同时深化原有知识,深度研究马克思主义理论体系,明确学科建设方向,既能提高教学效果,又能提升学科建设和专业研究能力。此外,为了把握社会的热点与学生关心的问题和提高马克思主义理论的针对性,思想政治理论课教师还要密切关注时代的变化和发展,解决实际问题。

学科建设为思想政治理论课教师可持续发展提供了广阔的空间。思想政治理论课不能只限于宣传教育层面,教师要经过马克思主义理论与思想政治教育专业化的培养,具有坚实的理论基础,才能将思想政治理论课建设成为具有学科基础和内在逻辑的知识体系。在投入到学科建设的过程中,思想政治理论课教师就可以找到自我发展的位置和空间,更有利于马克思主义的发展和传播。

最后,思想政治理论课教师要提高科学研究的能力和水平。由于思想政治理论课教师科研能力总体不高,阻碍了部分思想政治理论课教师深入理解马克思主义理论。教师缺少科研能力,就无法透彻地领悟马克思主义的本质所在,也就无法成为合格的马克思主义的传播者。为了在学科建设中确立和巩固自己的学科方向和研究特色,思想政治理论课教师必须坚持创新精神,运用马克思主义理论,研究各方面存在的问题,理论联系实际,在现实中研究马克思主义,加强对现代化建设中重大理论与实践问题的研究,总结新经验,补充和丰富马克思主义理论,不断积累科研成果,贯彻马克思主义的立场、观点和方法,推动马克思主义理论在实践中不断提升,形成新的理论,这样才能提高教学的科学性,增加这门课程的理论魅力。并且,对马克思主义理论的教学和研究采取能研究现实问题的新方法,进行创新式的教学,不仅在探索中可以增加马克思主义理论的研究方法,还能找出马克思主义理论深入人心的方法。

此外,教学可以促进科学研究能力和水平的提高。虽然教学会占用教师大量的时间和增加工作量,但是在与学生交流互动的过程中,教师会发现自己的理论不足之处和接触到新的问题,进而开拓科研的新视角和新思路,可以加深对一些理论和实际问题的认识和见解。并且,在推进马克思主义中国化的过程中,思想政治理论课教师应有较强的实践能力,在实践中发展马克思主义。思想政治理论课教师要积极参加马克思主义理论课的各种实践活动,如参观、访问、调查等,把理论和实践结合起来,通过实践丰富理论素材,用实践得出的结论来说服人、教育人,在实践的探索中提升理论。积极参加学术活动,提高自己的学术水平。政府和高校应该采取各种措施,提高思想政治理论课教师科研的积极性和创造性。第一,扩大思想政治理论课教师队伍,减轻教学工作压力。第二,积极参与课题项目,争取加大经费支持力度。第三,建立帮扶制度,坚持让老教师对青年教师进行科研指导。第四,提供更多国内外访问学习和进修交流等机会,为思想政治理论课教师创造良好的工作环境。

总之,每一位思想政治理论课教师都必须坚定地信仰马克思主义,具备扎实的理论功底,全面发展自己,不断提高马克思主义理论水平,自觉与反马克思主义划清界限,才能增加思想政治理论课的理论深度,才能达到新时期对思想政治理论课教师的要求。

参考文献

[1]李孝纯:《划清马克思主义与反马克思主义的界限》,载《红旗文摘》,2010年第2期。

[2]北京市中国特色社会主义理论体系研究中心:《划清马克思主义与反马克思主义的界限》,载《光明日报》,2010年第4期。

[3]佘双好:《思想政治理论课教师应提升学科建设的意识》,载《思想理论教育导刊》,2007年第9期。

[4]姜永昌:《论思想政治理论教师的素质结构》,载《辽宁科技学院学报》,2006年第2期。

[5]曹顺霞:《论思想政治理论课程改革与教师素养提高》,载《思想教育研究》,2007年第7期。

[6]姚宏志:《思想政治理论课改革的关键点在于提高教师素质》,载《思想教育研究》,2006年第3期。

关于构建高校系统化就业格局的思考*

摘　要：本文以高校大学生就业为研究对象，立足于系统化就业的目标，从促进就业的整体架构、根本基点和措施方法等三个方面，并结合实际，论述了高校构建系统化就业格局的思路、机制和特点。

关键词：大学生；就业；系统化

高校毕业生是国家宝贵的人才资源，抓好大学生就业工作是高校实现办学目标和办学效益的客观要求。当前，高校毕业生就业面临着巨大的压力，如何破解大学生就业难题，是高校必须思考的重大问题。面对高校毕业生就业的严峻形势，重庆科技学院坚持以科学发展观为指导，全力构建起系统化就业工作格局，切实保证了毕业生就业在逆境中前进，在创新中发展。所谓系统化就业，是指将就业促进工作寓于人才培养的全过程和全方位，探索系统内部各个要素的有机联系及运行规律，科学整合系统资源，发挥资源合理配置对学生就业的促进作用。系统化就业既要有面上的铺开，又要有点上的突破；既要承续传统思路，又要创新主导理念；既要有思路上的谋划，又要有行动上的挖潜，因而是有机的立体化的就业模式。

一、建立系统化就业的整体架构

毕业生就业是一项系统化工程，绝不是个别部门和人员的事，全体教职员工都负有促进毕业生就业的责任。因此，促进就业首先是要建立起系统化就业的整体框架，需要高校构建起全员全过程全方位的就业工作格局。高校首先要加强对

* 本文作者：张振飞，重庆科技学院党委宣传部思想政治工作科科长，讲师，主要从事高校党建与思想政治工作研究。

毕业生就业工作的领导,坚持把促进毕业生就业摆在学生教育管理的首位。实施毕业生就业"一把手"工程,党政班子会议要对毕业生就业工作专题研究,院系要把毕业生就业工作纳入重要议事日程,成立毕业生就业工作领导小组,机关后勤要积极服务,共青团学生会要大力支持,建立起党委统一领导、党政群齐抓共管、职能部门和院系各负其责、全校紧密配合的领导体制和工作机制。切实加强就业工作队伍建设,建立起学校、院系、教研室、教师、学生五位一体的就业市场开拓体系。着力提高就业队伍的综合素质,推动就业工作队伍向职业化、专业化、专家化方向发展。不断完善毕业生就业工作考核评价体系,实施毕业生就业工作责任制,加大毕业生就业工作奖惩力度,对促进毕业生就业有突出贡献的单位和个人进行重奖。加大毕业生就业工作的经费投入,为做好毕业生就业工作提供可靠保障。

二、抓住系统化就业的几个根本点

系统化就业在某种程度上就是内涵式发展的大就业,必须抓住以下几个根本点:

1. 深化教育教学改革,向社会和市场输送高素质人才。高校毕业生的就业能力客观上反映了高校人才培养的质量。促进大学生就业,必须从人才培养的战略全局来思考和谋划。高校要抓住系统化就业中质量这个根本,以质量求生存,以质量促发展,深化教育教学改革,建立以社会需求为导向的人才培养机制,制订促进就业的人才培养方案,把就业教育作为一门学科加以建设。重庆科技学院在实践中坚持把增强就业能力纳入人才培养的整体方案中,构建起了"社会责任感强、基础理论强、实践及社会活动能力强、创新意识及创业能力强、综合素质强"的"五强"人才培养模式,由此培养出的人才深受用人单位欢迎。同时调整优化学科专业设置,建立以就业影响招生的反馈评价和调控机制,进一步改造传统学科,巩固提高基础学科,加快发展应用学科,大力扶持交叉和新兴学科。把就业教育纳入教学大纲和教学计划的同时,编写专门的就业教案和教材,将就业教育作为一门必修课程贯穿始终,使大学生在求学期间接受到科学完善的就业和职业教育。加强就业教育师资队伍建设,提高就业教育的教学质量。

2. 加强大学生实践教育,增强大学生的知识应用能力。实践证明,大多数的企业和公司更垂青那些动手能力强的毕业生,实际操作能力强的毕业生在就业市场上具有更大的就业优势,受到用人单位的普遍欢迎。这就要求高校特别是工科院校在人才培养环节高度重视实践教育,重视学生实际操作能力的培养,引导学生做"下得去、稳得住、上手快"的人才。高校要更加重视实验教学,加强实验室建设和实验教学改革。重庆科技学院在实践中依托行业办学优势,实施"获得工程师基本训练"的应用型人才培养计划,形成了实践教学特色和应用型人才培养特色,对毕业生就业起到了积极推动作用。高校可充分利用暑期"三下乡"社会实践活动、专业课程实习实训、毕业见习实习等各类实践活动,引导大学生将理论与实际结合起来,增强解决实际问题的能力,更好地适应就业市场的需求,从而为大学生顺利就业创造条件。

3. 创新思想政治教育,引导大学生转变观念、增强信心。大学生就业教育本就是思想政治教育的重要组成部分,要坚持将解决学生的思想问题与解决学生的实际问题结合起来,以坚定理想信念为重点,强化社会主义核心价值体系教育,引导广大毕业生自觉把个人前途和祖国命运联系起来,积极响应国家号召,勇于到西部去,到基层去,到祖国人民最需要的地方去。重庆科技学院在促进学生就业工作中提出了"三个相信"和"两个选择",以此推动了学校就业工作和学生就业观念的双重转变。"三个相信",即大学生要"相信国家的发展前景,相信学校的积极促进,相信自己的勤奋努力"。正是在"三个相信"的引导下,学校毕业生积极响应号召,用好国家和地方的大学生就业促进政策,毅然主动"选择西部,选择基层"。众多毕业生积极参加"西部计划",踊跃报考村官,积极应征入伍,选择到中小企业和艰苦的地方工作。毕业生就业路径进一步拓宽。

4. 实施生涯规划教育,引导大学生对自己的未来负责。坚持以学生为本,认真实施大学生生涯规划,将生涯规划作为就业指导教育的重要组成部分贯穿大学教育始终。坚持生涯规划从源头抓起,从入学开始,发挥学生思考和规划自己未来的主动性。大一新生重在科学分析自己的性格特征和个性心理,初步了解职业选择和职业倾向;大学二、三年级学生重在对生涯规划的实施,重在提高素质,并在实施和提高的过程中不断修订完善;大四毕业生处在实现就业阶段,侧重职业规划的检验和落实,重点是加强毕业生择业教育,掌握求职面试的技巧,顺利实现就业。生涯规划和指导要注意个体的差异,增强针对性和实效性。加强就业指导教育的理论研究,探索建立富有学校特色的就业指导教育体系。

5. 实施素质教育,从根本上增强毕业生就业市场竞争力。打铁还需自身硬。过硬的综合素质是顺利实现就业的可靠保证。无论就业形势多么严峻,高素质人才总会在激烈的市场竞争中脱颖而出。高校要把提高人才培养质量看作是办学治校的根本任务,大力实施素质教育,按照科学发展观的要求,促进大学生德智体美全面发展,实现世界观、人生观、价值观的全面发展,身体素质和心理素质的协调发展,人格、智力、能力、体力和创造力的可持续发展等。教育学生学会做人、学习、工作、生活,勇做全面发展的一代新人。近年来,重庆科技学院在全体学生中坚持不懈地开展能力素质教育,大力推行职业技能"双证制",深入实施"自主学习能力培养、人际交往能力培养、文化素质能力培养"等三大计划,学生的创业、创新、创造能力不断增强;广大学生积极参与优良校风学风创建活动,在各类竞赛中屡获佳绩,全体毕业生在就业市场上的竞争力进一步增强。

三、掌握系统化就业的几项措施

系统化就业注重挖掘系统潜力,合理优化配置系统资源,发挥各子系统和各要件在激发系统整体功能中的作用。高校毕业生就业既要在就业本身的因素上做文章,同时也要在就业之外的因素上做文章。

1. 充分利用校友资源,多渠道促进毕业生就业。校友资源是学校的无形财富,校友的良好发展状况和广阔社会背景是毕业生就业的重要凭借。特别是在高等教育大众化时代,毕业生就业工作必须进一步适应市场和社会需求。此时,开发利用校友资源就显得尤为重要和迫切。实践证明,凡是有远见的大学校长,都是善于发掘利用校友资源的人。以重庆科技学院为例,学校是由两所著名的部属专科学校合并组建而成,以石油冶金为特色,具有五十多年办学历史,校友遍布全国各大石油公司和钢铁企业。学校在全国各地拥有数十个校友会,通过与各地校友的密切联络,既有力地促进了毕业生就业,又推动了产学研合作,进一步夯实了学校办学的行业根基。

2. 以营销的理念和策略推动毕业生就业。"营销"一词大多作为经济学意义的术语使用,是关于企业如何发现、创造和交付价值以满足一定目标市场的需求,同时获取利润的学科。借用在促进毕业生就业工作上,是指在毕业生就业整体处于供大于求的买方市场时代,面对严峻的就业形势和就业市场上的激烈竞争,等靠要没有出路,高校必须主动出击,转变"酒香不怕巷子深"的观念,调动全部可利用的资源,积极开拓就业市场,促销自己的"产品"。重庆科技学院在应对危机的关键时刻,充分依托学校、院系、教研室、教师、学生五位一体的市场开拓体系,依靠专业化的就业队伍,集中实施促进就业六大行动,深入三大石油集团公司和各大钢铁企业,走进社区和开发区,上门促销毕业生。该行动创下了单月就业率提高 13 个百分点的记录,既有力地促进了毕业生就业,又加强了与企业的联系和沟通,建立了一批实习见习基地,成功实现了校企合作,可谓取得了一举多得的丰硕成果。同时在这个过程还创新了促进就业的长效机制,推动了毕业生就业工作进一步适应社会和市场需求。

3. 加强大学生创业教育,促进大学生自主创业。自主创业是另种意义的就业,而且是更深层次的就业。同时也是积极响应国家以创业带动就业的就业实现途径。当前,就业压力巨大,国家又出台了系列政策,自主创业已成为毕业生可以考虑的现实选择。高校要鼓励大学生自主创业,不仅授人以鱼,而且要授人以渔。重视对大学生开展创业教育并在教程上逐步规范化和制度化。高校要认真解读宣讲国家鼓励自主创业的政策措施,可以"挑战杯"大学生创业计划大赛为切入点,帮助学生科学选定创业项目,认真撰写创业计划书,努力促进学生自主创业。以重庆科技学院的大学生创业助学园区为例,园区免费向学生提供经营场地和服务设施,按企业模式运营,自主经营,自负盈亏。短短一年时间,园区已由初期的一个报刊亭和一个科技服务中心发展到现在的财务部、物流部、人力资源部等三个部门,科技、报刊、文化、驾驶、绿色回收等五个服务中心,员工由初期的 9 人发展到现在的 120 余人;园区成立当年,集团公司就实现利润近 10 万元。同时,创业助学园区各项管理运行制度也逐渐完善。大学生创业助学园区的建设和发展培养了大学生的创业意识,增强了大学生的创业能力,有力地促进了大学生的自主创业。曾经在园区工作过的学生,毕业时都成了"抢手货"。目前,学校在实践探索的基础上正积极开展毕业生自主创业的课题研究。

4. 切实加强和改进毕业生就业服务,以优质的服务促进毕业生就业。为毕业生提供高质量的就业服务是高校的应尽之责,高校要通过举办校园招聘会、供求洽谈会等不同层次不同类型的各类"双选会",为毕业生提供大量免费就业信息和就业服务。强化对受金融危机影响较大的专业毕业生就业援助,强化对就业困难的女毕业生的援助,完善就业困难毕业生信息,实施专项就业帮扶,重点向用人单位推荐。加强网上就业信息平台建设,着力开发方便快捷安全的网络招聘平台;加强毕业生实习见习基地建设,推动毕业生素质与市场需求接轨;完善毕业生就业信息库,及时高效掌握毕业生就业情况,推动毕业生就业服务上水平、出效益。

高校毕业生就业是一项宏大的系统工程。伴随着国家经济增长方式的继续转变和高等教育大众化的深入推进,解决高校大学生就业问题将是一个长期复杂的过程。虽然当前毕业生就业面临着严峻的形势,但是有理由相信,有国家经济社会的不断改革发展,有一系列促进就业的有效政策措施,有包括高校在内的全社会的共同努力,高校大学生一定会度过就业的寒冬,迎来充分就业的春天。

参考文献

[1]熊英:《大学生就业与创业问题研究》,载《科技创业月刊》,2004 年第 8 期。

[2]杜言敏:《大学生职业发展与求职方略》,山东人民出版社 2005 年版。

关于构建职业院校 SSEAF 学风建设格局的思考[*]

摘 要：学风建设是职业院校的永恒主题，也是一个系统化工程。大学精神、制度规范、评价监控、活动开展、环境设施等五个方面形成一个有机整体，共同推动职业院校学风建设。

关键词：学风；精神；制度；评价；活动；环境

学风建设是包括职业院校在内的学校教育的永恒主题。加强学风建设是职业院校提高人才培养质量的必然要求。学风建设又是一个综合性的系统化工程。优良学风，重在建设。职业院校学风建设，大学精神（Spirit）是灵魂，制度规范（System）是根本，评价监控（Evaluation）是关键，活动开展（Activity）是基础，环境设施（Facilities）是保障，五个方面形成一个有机整体，共同推动职业院校学风建设。

一、深刻认识职业院校学风建设的重大意义

（一）加强职业院校学风建设，是促进职业院校科学发展的需要

长期以来，由于生源素质、师资力量、校园文化氛围等多方面的原因，与老牌重点本科院校相比，职业院校的学风状况一直备受关注。全国职业教育工作会议明确提出，要加强职业院校学风建设，提高人才培养质量。学风是学校之魂，生存之基，发展之本。优良学风包括正确的学习目的、强烈的学习动力、端正的治学态度和良好的学习方法，它对学校人才培养、科学研究具有重要的意义。加强职业

---

* 本文作者：张振飞，重庆科技学院党委宣传部思想政治工作科科长，讲师，主要从事高校党建与思想政治工作研究；张艳芳，重庆电子工程职业学院汽车工程学院教师，讲师，主要从事高等职业教育研究。

院校学风建设,对于坚持社会主义核心价值观,全面贯彻党的教育方针,营造良好的育人环境,提高师生员工的思想道德水平和科学文化素质,促进学校持续健康全面发展,实现学校的奋斗目标都具有重要意义。

(二)加强职业院校学风建设,是培养和造就应用型高级专门人才的重要条件

职业院校学风建设的成效直接影响和决定着人才培养质量。学风优良,校园呈现出求是奋进的活力,学生成长成才的环境就优良。反之,人才培养的质量就会受到影响。加强学风建设,有利于职教学生全面发展,树立积极主动,自觉独立的学习意识和精神,养成严谨的治学作风、实事求是的科学态度;有利于学生积极参加社会实践及公益服务活动,理论联系实践,提高社会适应能力和综合素质。

二、职业院校学风建设存在的突出问题

随着职业教育的改革发展,职业院校的学风建设也在不断改进和提升,取得了明显成效。但与此同时,职业院校的学风建设仍存在着一些亟待解决的突出问题。一是部分学生理想信念不够坚定。一些学生政治信仰迷茫,理想信念模糊。有的学生缺乏中国特色社会主义理想,没有确立正确的人生观;一些学生强调自我中心,缺乏集体观念;现实主义、享乐主义、拜金主义思想在学生中很有市场。二是部分学生目标动力不足。一些学生学习目的不明确、学习态度不端正。有的学生不知道自己需要什么,该朝什么方面努力;有的学生急功近利,认为上职业院校就是为了毕业后找一份实用的工作;有的学生专业意识不强,对专业的认识不全面,课程学习有所偏废。部分学生学习动力不足,积极性不高,不想学不愿学,甚至厌学;有的学生"得过且过",学习的内在需求不足。学习不用功导致不少学生出现多门专业课"红灯高挂",考试舞弊成为一些学校的顽症。三是部分学生纪律观念淡薄,自律意识不强。旷课、迟到、早退,上课精力不集中、打瞌睡、讲话、看报、聊天、接听电话、发微信、打游戏等现象仍然比较突出;有的学生热衷于谈恋爱、沉迷于网络游戏或网上聊天;有的学生在寝室深夜上网或看录像,影响其他同学休息;有的学生晚归甚至不归,纪律涣散。四是部分学生道德欠缺,行为失范。有的学生的言行举止不文明,公共场所行为不雅;有的学生不珍惜粮食,浪费现象严重;极少数学生酗酒、打架、搞江湖义气;学生抄袭作业,考试作弊已非个别现象。

三、构建职业院校 SSEAF 系统化学风建设格局的对策措施

（一）学风建设，大学精神（Spirit）是灵魂

蔡元培先生认为："一个大学的精神，可以说是它的学风，也可以说是它在特殊的表现中所凝聚成的风格。这种风格的凝聚不是突如其来的，更不是凭空想象的。"学风是大学精神的集中反映和重要标志。大学精神制约大学学风，大学学风则直接体现着大学精神，同时又反作用于大学精神。因此，学风建设，必须以大学精神为灵魂，将大学精神贯穿于学风建设的各环节和各方面。弘扬大学精神，引领职业院校学风建设，首先要强化办学理念，明确价值取向。办学理念是大学文化的中观范畴，是大学精神的直接体现。始终坚守正确的办学理念是职业院校学风建设的基本要求。德国一流职业院校之所以能够长盛不衰，最根本的原因是它始终坚守自己追求真理、崇实尚用的办学宗旨，把学校看作一个传授知识、发展知识乃至应用知识的场所，看作培养应用型高级专门人才的机构。强化办学理念，要求牢固树立"现代化、社会化、产业化、终身化"的现代职业教育理念，坚决贯彻学校发展战略，准确把握学校定位，明确学风建设的方向。其次要强化社会实践，提高创新能力。《高等教育法》明确指出，高等教育必须贯彻国家的教育方针，与生产劳动相结合，使受教育者成为德、智、体等方面全面发展的社会主义事业的建设者和接班人。《国务院关于加快发展现代职业教育的决定》指出，职业教育要"坚持校企合作、工学结合，强化教学、学习、实训相融合的教育教学活动。推行项目教学、案例教学、工作过程导向教学等教学模式"。社会实践、校企一体是改进学风，增强学习效果的有效形式。社会实践、校企一体将理论教学与实践教学融为一体，将传授知识与培养能力融为一体，既在实践中拓展新的理论知识，又在实践中提高学生的动手动脑能力，从而培养起职教学生的操作能力和创新思维。职业院校应组织学生积极参加全国职业院校大学生职业技能竞赛等活动，培养学生的实际应用能力。最后要加强文化建设，提高人文素质。大学文化是大学教育最好的教材、最好的课堂、最好的教师，对优良学风的形成具有重要的引领和熏陶作用。职业院校要以树立和践行社会主义核心价值观为主线，加强大学文化建设，特别是要建设具有职教特色的校园文化，培养学生爱国、爱校精神，提高学生人文素质，形成优良的学风。

（二）学风建设，制度规范（System）是根本

制度建设是强化管理的基础，没有教育的管理是盲目的管理，没有管理的教

育是不完全的教育,以教育引导管理,以管理强化教育,从严要求,加强管理是建设优良学风的保障。加强制度建设,一是要坚持依法治校、依法治教,完善管理制度。制度是学风建设的基础,是学生行为的原则和规范体系,是学生行动的有形之规,无形之网。制度建设是确保学生教育管理科学、规范、有序,不断推进学风建设的前提。职业院校要建立健全具有职业教育特色的章程和制度,建立健全企业经营管理和技术人员与学校领导、骨干教师相互兼职制度。完善体现职业院校办学和管理特点的绩效考核内部分配机制。建立健全理论教学、实习实践、管理服务规章制度以及学术道德规范、教师师德规范、管理人员规范、学生行为规范等制度,建立健全职业院校制度文化价值观及行为方式,以制度促学风建设。二是要加强教学管理,提高教学质量。人才培养质量是学校的生命,教学质量是教学工作的生命。教学管理的唯一目标就是保证和提高教学质量,提高学校办学水平。教学管理的制度、办法和规范化建设,是学校文化建设的一部分,更是学风建设的一部分。职业院校应以落实教学工作规范为重点,加强教学过程的监控与管理。教师要按照理论和实践课程教学规范加大实习实训在教学中的比重,创新顶岗实习形式,强化以育人为目标的实习实训考核评价,严格学生学习效果的考核,严把质量关,不断改进教学方法,提高教学水平。三是要加强师德示范和"双师型"教师队伍建设,提升指导能力。学高为师,身正为范。教师承担着教书和育人的双重职责。创建优良学风,教师责任重大。教师要坚持爱生爱岗乐教,增强教书育人的责任感和使命感,以高尚的人格魅力和丰富的学识魅力影响、教育学生,以严谨的治学态度和求实创新的精神赢得学生的尊重。职业院校教师要主动承担学生指导服务,特别是通过实习实训指导、职业生涯规划指导、就业指导、创新创业指导等各种活动促进学风建设。

(三)学风建设,评价监控(Evaluation)是关键

学风状况关乎着学校的形象,学风建设的成效影响着人才培养的质量。社会及用人单位对毕业生的评价与认可程度,在客观上反映了对学校学风建设的评价和认可度。因此,积极引入社会评价,建立学风监控体系来促进学风建设是非常必要的。《国务院关于加快发展现代职业教育的决定》指出,要"完善职业教育质量评价制度,定期开展职业院校办学水平和专业教学情况评估,实施职业教育质量年度报告制度。注重发挥行业、用人单位作用,积极支持第三方机构开展评估"。为此,职业院校必须做好三个方面的工作,一是要以开放办学的姿态接受社会信息反馈,关注社会特别是企业对学风的评价,树立社会评价意识,以社会需求

为导向,遵循高职教育规律,提高人才培养质量,彰显学校社会责任。二是要建立起校内外监控体系:其一是建立社会监控体系,通过社会评价学风效果,评价毕业生质量,形成社会评价信息库,其二是建立校内监控体系,对学风建设的关键环节进行监督,形成校内评价信息库。然后将校内外评价的信息反馈到教育教学工作中,指导学校人才培养和教育教学改革。其三是要通过表彰先进典型来促进学习风气。充分发挥先进典型的示范带动作用,用先进典型引领助推职业院校学风建设。学校要表彰学风建设中涌现出的先进典型,评选表彰"优秀教师""优秀学习标兵""示范班级"和"示范单位",并对他们的先进事迹广泛宣传,号召师生向他们学习。此外,学校还应加强与企业的联系与合作,积极引入各项企业奖学金,激励品学兼优的学生成长成才。

（四）学风建设,活动开展（Activity）是基础

优良学风,重在建设,是指把"建设"作为学风建设的出发点和落脚点,以立为本,持之以恒,贵在落实,务求实效。这是基于学风建设本身是一个过程,具有实践性和动态永恒性。"罗马城不是一天建起来的",优良学风的孕育、形成和发展都是一个长期积累的过程,不可能一蹴而就。只有坚持从实际出发,尊重学风建设自身规律,把学风建设作为持续推进的过程,积少成多、聚沙成塔,才能取得成效。学风建设的外在表现是风气和面貌,内在和本质却是对学习目的和态度的认识。因此,创建优良学风,首要的是要解决思想问题,树立起奋发有为的志向。职业院校要进一步加强和改进学生思想政治教育工作,切实解决学生深层次的思想困惑和存在的实际问题。例如,职业院校可实施导师制,开展生涯规划教育活动,引导学生树立求学成才的理想抱负,形成正确的世界观、人生观、价值观。学风虽是学校整体学习风气的反映,但却体现在一个个的师生的个体身上,渗透在学生学习生活的各环节和各方面。因此,引导学生养成良好的习惯,营造教室、宿舍和食堂的良好环境,同样是学风建设的客观要求。职业院校应加强日常管理,建立健全"学生一日生活制度",加强学生晨练晨读、课堂学习、寝室卫生、文明就餐、课外活动、晚间自习、晚归登记、按时就寝等基础环节的管理,引导学生健康成长。同时还应加强班级的班风学风建设,以及学生公寓的和谐社区和谐之家建设,这是因为班风是学风的重要组成和重要表现,学生公寓是学生日常起居生活的重要场所。学校要开展学风建设"示范班级""和谐宿舍"创建活动,发挥班级教育、服务、管理的功能,将公寓建设成为学风浓郁、情趣高尚的场所,引导全体学生勤奋学习。

（五）学风建设，环境条件（Facilities）是保障

加强学风建设，环境设施是保障。良好的环境设施不仅能为学生的学习提供良好的条件，同时也是校园物质文化的重要组成部分，是学校以大学文化引领学风建设的重要依托和重要手段。职业院校应大力宣传高素质劳动者和技术技能人才的先进事迹和重要贡献，引导师生确立尊重劳动、尊重知识、尊重技术、尊重创新的观念，促进形成"崇尚一技之长、不唯学历凭能力"的社会氛围，提高职业教育社会影响力和吸引力。不断加强实习基地、工程实训中心、实验室建设，根据学生需要适度设立全时开放教室，完全开放学生活动中心，鼓励学生自主学习。加强网络信息化建设，进一步完善职业技能竞赛网络在线平台，积极开发文化素质教育网络在线平台，为学生学习提供有力保证。在校园，图书馆是知识和学术的象征，教室、实验室等是教师传道授业解惑的重要场所，是学校日常教学的主渠道和主阵地。没有这些，学校日常教学将无法正常进行，必须花大力气建设好，必须理顺运行机制，使其最大限度地发挥功用，以助推学校学风建设。同时，针对学生成长过程中需求的多样性与选择性，职业院校应搭建服务平台，拓展成长路径。建立健全心理健康教育与咨询、法律援助、职业指导、创业与创新培训、外语培训、艺术教育培训等各种平台，拓展学生健康成长的有效路径。

学风建设关乎着职业院校学生的成长成才，关乎着学校办学水平和教育质量。学风建设本身的复杂持续性，决定了学风建设是一项永恒的系统化工程。优良学风，重在建设。要发扬"诲人不倦""学而不厌"的优良传统，以学校师生为主体，以学生学风建设为重点，积极倡导学生"好学、会学、乐学"，着力抓好文化精神建设、规章制度建设、评价体系建设、活动组织建设、环境设施建设，建立起全方位多层次立体化的职业院校学风建设制度和机制，促进优良学风创建。

参考文献

[1]《国务院关于加快发展现代职业教育的决定》，http://www. moe. edu. cn/publicfiles/business/htmlfiles/moe/moe_1778/201406/170691. html

[2] 罗标：《大学精神与学风建设》，http://gj. ybu. edu. cn/news. php? id=1795

基于党风建设的高校机关作风建设 *

摘 要:高校机关作风是高校党风的重要组成部分和重要体现,事关高校党的形象和教育质量的提高。必须以党风建设为着力点和突破口,全面推进高校机关作风建设。

关键词:党风;高校;作风

党的作风是党的先进性最具代表性的反映,在各种风气中具有总揽性、引导性和示范性。党的作风在不同的历史时期有不同的内涵和要求,在不同的领域有不同的表现形式。高校机关后勤作风是高校党风的重要组成部分和重要体现,事关高校党的形象和教育质量的提高。必须以党风建设为着力点和突破口,全面推进高校优良机关作风建设。

一、党风引领下的高校机关作风建设的目标定位

高校机关后勤部门是高校党政的决策参谋和执行机关,也是教学科研工作的服务管理机构。高校机关作风状况关系着机关部门职能的发挥,关系着高校党的形象。必须通过加强机关后勤党的建设促成优良的党纪党风,以优良的党纪党风带动工作作风的全面转变。要把良好的机关后勤作风内化为机关干部职工平时的自觉言行,着力增强服务意识,树立良好的服务形象,促进工作效率的提高,真正为高校师生起好示范带头作用,对内对外树立起良好的窗口服务形象。基于此,基于党风建设的机关作风建设的目标定位应该是,加强机关党建,夯实基础,抓好机关后勤工作人员的言行举止、仪态仪表、服务态度、办事效率,进一步强化

---

* 本文作者:张振飞,重庆科技学院党委宣传部思想政治工作科科长,讲师,主要从事高校党建与思想政治工作研究。

大局服务意识与责任使命意识;进一步加强机关后勤基层组织建设、管理制度建设、运行机制建设,积极开展"学习型、服务型、效率型、节约型、廉洁型"的五型机关后勤创建活动,严格机关后勤考核与奖惩,促进机关后勤管理科学化、服务人性化、运转高效化、办事规范化,不断提升机关后勤的管理水平与服务质量,让群众放心、师生满意。

二、抓党建、促作风的对策建议

(一)加强党的建设,夯实作风建设根基。高校党的建设是机关后勤作风建设的重要前提和重要保障。一所学校有什么样的党风,就有什么样的机关作风,也就有什么样的服务管理水平。党风正,则作风正;党风不好,则作风不正。所以,要建设优良的机关后勤作风,必须狠抓党的建设。一是要加强机关后勤党员领导干部作风建设。机关后勤党员领导干部在开展作风建设中要发挥好率先带头和以身垂范作用,坚持好校领导接待日制度,坚持过好双重民主生活会,坚持定期与师生群众进行对话座谈。要通过扎实开展下基层、听民声、办实事、促发展的活动,主动深入基层单位和学生班级了解情况,主动走进师生群众中听取意见和建议,及时帮助基层和师生群众解决好学习工作生活中面临的实际困难和突出问题,以良好的"亲民、务实、勤政、廉洁"形象带动机关后勤作风的切实转变。二是要加强机关后勤基层党组织建设。科学合理设置机关党总支和党支部,组建起组织严密、高效灵活、富有朝气的机关后勤基层党组织。充分发挥好机关后勤党委(党总支)的政治核心作用和基层党支部的战斗堡垒作用,通过坚持开展"支部组织生活""主题党日活动""党性实践活动"等丰富多彩的组织活动,全面增强机关后勤基层党组织的凝聚力和战斗力。三是加强机关后勤党员教育管理。进一步加强对机关后勤广大党员的党章学习和党史知识学习,进一步强化对广大党员的党风党纪教育和党性教育,充分发扬一个党员就是一面旗帜,一个党员岗位就是一个示范窗口的先锋模范作用,充分发挥广大党员在开展机关后勤作风建设和提高工作效率中的骨干带头作用和示范表率作用。

(二)加强规范管理,严格劳动纪律。机关后勤部门承担着学校不同方面的服务管理工作。管理的规范性和科学化直接反映着工作作风。科学管理,纪律严明,有条不紊,是优良作风的体现;管理混乱,没有纪律,杂乱无序,则显示出机关作风上的弊病。机关部门的共产党员要带头遵守党的纪律,带头遵守劳动纪律,促成规范有序和优良作风。加强规范管理,严格劳动纪律。一是要抓好制度文化建设。制度文化具有强烈的规范性和强制性,抓好制度文化建设,始终坚持科学民主依法治校,创新管理体制和运行机制,建设现代大学制度。扎实抓好机关后勤管理制度与办事流程建设。对办公室的布局标识、管理制度、办事程序及服务标准进行统一设计制作并上墙,促进管理规范化与服务标准化。二是明确部门与岗位职责。要结合高校设岗聘任等人事制度改革的推进,进一步理清部门管理权责关系,进一步优化岗位设置,进一步明确岗位职责要求。组织和人事部门要牵头对机关各处室及后勤各部门的主要管理权限与承担职能进行明确,对岗位设置与岗位职责进行明确。要将部门职责统一设计上墙,将个人岗位职责、人员姓名、职称照片统一制作成标识牌对外公开,主动接受师生群众的监督。三是严格出勤考核。机关后勤工作人员要严格遵守上下班作息时间,不迟到,不早退。机关各处室及后勤各部门严格按照学校考勤制度,坚持每天考勤,每月考勤情况要及时报人事部门。人事部门要牵头每月不定期开展对机关处室及后勤部门出勤情况的考核抽查。根据对机关各处室和后勤各部门的平时考核情况及抽查考核情况兑现当月绩效工资奖惩。四是加强上班纪律。上班期间,机关工作人员必须坚守岗位,一律不得做与工作无关的其他私事。不得无事随意串岗,不得未经领导允许私自离岗或溜号,不得利用办公计算机打游戏或炒股等。一经发现上述行为应严格实行考核扣分制度,直接与个人和本单位年终考核直接挂钩。

(三)端正服务态度,提高工作效率。高校机关部门的管理职能是通过服务来实现的,管理即服务。因此,机关部门必须始终坚持党的宗旨,增强党性观念,树立服务意识,努力为人才培养服务,为教学科研服务。一是要大力开展"四服务"活动。坚持"服务师生、服务群众、服务院系、服务基层"的四服务思想,不断强化机关工作人员的服务意识,切实改进服务态度。二是要抓好制度建设。要切实抓好机关后勤的"第一负责人负责制""首问负责制""作风投诉制""听证会制度"等制度建设,机关各处室要根据本部门的工作实际情况,切实开展本部门服务承诺活动。特别是要落实好任务首接制。当师生群众来机关后勤办事时,第一个接待的人即为任务首接人员,必须无条件地把师生的办事事项承接下来,然后通过相关职责分工引领到相关部门办理,直至师生群众圆满完成事项办理为止。还要落实好限时办结制。机关后勤承接师生群众办事任务后,一般事务应当即办结,对涉及相关程序规定较为复杂的事项,应当明确在一定的时限内完成。确因有特殊原因不能按时完成的,需要及时向当事人做好解释,求得谅解。无论何种情况,机关工作人员不得与来办事师生群众发生争执或争吵。三是要开展服务标准化建设。机关后勤各部门要结合各自管理服务的实际特点,总结和制定本部门的服务要求与服务标准,主要包括个人着装仪表、服务态度、微笑服务、普通话服务、办公室环境整洁保持等内容。坚决杜绝"门难进、脸难看、事难办"现象的发生。

(四)加强学习研究,严格考核运用。实行机关作风考核,是促进机关作风建设的有效举措。必须坚持以考核促作风改进提高。机关作风考核,必须科学设计考核指标体系,正确理解和运用考核结果。在考核范围上,应当涵盖除二级学院之外的学校全部机关后勤教辅部门。在考核的内容上,应紧密围绕学校中心任务和机关工作实际,着重对机关讲大局、讲工作规范、讲劳动纪律、讲服务质量、讲廉政勤俭等方面内容进行考评,也可以结合实际需要调整检查考核的阶段性重点。在考核的组织上,学校应当由校一级的机关作风建设领导小组统一组织实施,相关职能部门担负具体考核工作。各部门党政一把手是本部门工作作风建设的第一责任人,要积极支持和配合考核工作的开展。在考核的程序和方法上,可采取抽查评分、自查自评、部门互评、服务对象测评等方式。若机关部门由于工作失误等原因,发生严重责任事故,给学校造成重大不良影响,应取消当年评选机关作风建设先进单位的资格。在考评结果运用上,按照考评结果得分从高到低排名,奖励先进,激励后进。并将考评结果以及收集到的意见、建议及时向有关部门反馈,并提出整改意见和要求,以进一步促进相关部门的作风建设。重庆科技学院在机关作风考核中,采取量化指标考核与院系测评考核相结合的考核办法,平时量化指标考核占70%,院系测评考核占30%。每学期期末集中开展一次机关后勤作风建设考核。考核结果作为机关后勤部门年终评优、奖惩的依据。同时,抓好干部职工的管理知识与业务技能学习考核,定期分批开展机关干部的管理知识与业务能力和学习与培训工作。

机关后勤作风建设是高校党风的重要组成部分和重要体现,关乎高校党的形象,关乎高校教育质量的提高。必须将高校机关后勤作风建设作为党的群众路线教育实践活动的一项长效举措,作为全面落实"管理育人、服务育人"的着力点和突破点,落实在平时的实际工作中,落实在机关后勤干部职工的行动中。力戒急功近利与形式主义,扎实稳固推进,努力推动机关后勤作风建设朝着常态化、规范化与标准化方向发展。

参考文献

[1]张浩:《加强高校机关作风建设刍议》,载《辽宁行政学院学报》,2007年第7期。

[2]姚大斌:《高校机关作风建设的思考与实践》,载《安徽工业大学学报》,2005年第3期。

论青年马克思的择业观以及对当代青年创业的启示*

摘　要:青年马克思的择业观主要体现了择业中的自我认知、职业认知和社会认知。当代青年创业过程中存在着功利化、自我化和感性化的问题。要以青年马克思的择业观为指导,引导青年创业要树立崇高理想,严肃认真思考,提高自身素质,大胆探索求知,拓宽就业渠道。

关键词:马克思;择业观;青年;创业

李克强总理说,推动大众创业、万众创新是充分激发亿万群众智慧和创造力的重大改革举措,是实现国家强盛、人民富裕的重要途径,要让创业创新成为时代潮流,汇聚起经济社会发展的强大新动能。广大青年是创业的主体力量和最重要的创客群体。创业过程中,青年人在职业价值、创业领域、经营理念、工作态度等各个方面都难免会出现彷徨和迷惘。能否选择正确的价值取向、坚持积极的情感态度、坚守个人的道德底线,是广大青年创业取得成功的关键。1835年,中学时代的马克思写下的《青年在选择职业时的思考》一文,对青年择业问题有着缜密的思考和冷静的分析,集中体现了青年马克思的择业观。同时,也对今天广大青年创业创新具有重要的指导作用。

一、青年马克思的择业观内涵

概括起来,青年马克思的择业观主要包含"三个认知",分别是:

---

*　本文作者:张振飞,重庆科技学院党委宣传部思想政治工作科科长,讲师,主要从事高校党建与思想政治工作研究;陈超,重庆科技学院人事处处长,教授,主要从事教育管理、高校党建与思想政治教育研究。

基金项目:本文系重庆科技学院宣传思想文化科研项目"马克思主义与青年创新创业"(项目编号:15XCKT15)阶段性成果。

（一）自我认知

青年在选择职业之前,应该对自身条件有客观、全面的评估,尽可能选择自身力所能及的职业。马克思说:"如果我们错误地估计了自己的能力,以为能够胜任经过周密考虑而选定的职业,那么这种错误将使我们受到惩罚。即使不受到外界指责,我们也会感到比外界指责更为可怕的痛苦。"因此,要通过衡量自身的专业特长、兴趣爱好、性格特点、个人能力等各方面的因素,综合考量自身特质与所选职业之间的契合度。例如,在现实生活中,学习软件技术、网络开发等相关专业的青年,在创业的时候往往选择电脑维修、电脑器材配件销售等创业项目,原因就是能够发挥自身的专业优势,增强创业可能性和可行性,提高创业效率。

（二）职业认知

每个行业、每个岗位在社会地位、行为规范、薪资待遇、工作方式、就业环境等方面都有不同的特点。青年在择业之前应该对所选职业有全面的了解,提高自身的职业认知。马克思指出,"如果我们通过冷静的研究,认清所选择的职业的全部力量,了解它的困难以后,我们仍然对它充满热情,我们仍然爱它,觉得自己适合它,那时我们就应该选择它,那时我们既不会受热情的欺骗,也不会仓促从事"。例如,近些年来,随着生活水平的提高和消费观念的转变,人们对精神享受的需求越来越高,休闲娱乐行业蓬勃发展。很多青年发现了这其中的商机,在对区域市场需求进行深入调研的基础上,详细了解餐饮行业的食品卫生规定、娱乐场所运营规范等相关知识,并在理论学习的基础上深入实践,做好充分准备之后,开设酒吧、咖啡厅、台球厅、网吧等休闲娱乐场所,取得了良好的创业效果。

（三）社会认知

马克思认为,个人价值的实现主要体现在个人对社会的贡献。因此,在选择职业的时候,青年应该明确自身对于职业的社会认知,尽可能选择对国家、对社会贡献大的职业,正如马克思所说:"我们就可以选择一种能使我们最有尊严的职业,选择一种建立在我们深信其正确的思想上的职业,选择一种给我们提供广阔场所来为人类进行活动、接近共同目标(对于这个目标来说,一切职业只不过是手段)即完美境地的职业。"因此,青年在创业过程中应该本着服务国家、服务社会、服务群众的原则,力求个人价值与社会价值的"双实现"。例如,在我国改革开放初期,一些青年受到市场经济大潮的冲击而暂时迷失了方向,选择倒卖盗版光盘、走私电子手表等损害国家和人民利益的"创业"项目,虽然赚了一些钱,物质上得到了满足,但是这种"创业"却不叫创业,而叫"毁业",不仅不是成功的创业选择,甚至走向违法犯罪的深渊。相比之下,当代青年更加重视创业过程中的社会认知,在实现个人价值的同时,也追求实现集体价值和社会价值,实现个人、集体和社会的和谐统一。

二、当代青年创业中存在的主要问题

当代青年创业中存在的主要问题,可归结为"三化",分别是:

(一)功利化

随着市场经济的深入发展和思想多元化时代的到来,很多年轻人将成功的定义等同于"金钱"。于是,在创业的时候,很多青年人被眼前利益蒙蔽了双眼,在创业项目选择上强调挣"快"钱,忽略长远发展和社会效益;在创业地点选择上,许多青年人倾向于到一线城市或沿海地区进行创业,认为发达地区遍地黄金,只有到这些地方去,才能发家致富;在创业信念上,奉行"利润至上"的原则,漠视道德伦理和规律法规,将追求利润最大化作为创业的唯一目标。例如,目前电子商务行业发展迅猛,最初的"垦荒者"收益颇丰,很多青年受到利润的诱惑,纷纷投身电商"捞金"。然而,由于受到功利化思想的影响,他们不能在经营项目、服务质量、运输方式、技术创新等方面潜心钻研,甚至采取"刷单""刷好评"等不良的竞争手段获取利润,虽然在短期内获得了一定的经济利益,但是不利于自身的长期发展,也不利于我国电商行业的健康发展。

青年创业功利化的趋向导致如下问题:一是人力资源配置不合理。有理想、有能力的年轻人聚集在个别城市和个别领域,导致我国整体人才和资金分配失衡,区域之间经济发展差距加大;二是影响青年长远发展。选择不符合自身能力、兴趣和专业领域的创业项目,导致青年个人能力得不到发挥和锻炼,人生观和价值观也得不到健康发展,个人价值难以得到真正实现;三是导致创业困难。创业地点和项目的过于集中导致行业内部竞争增大,需求变小,给青年创业带来困难;四是导致诚信缺失。一些青年在利益面前选择放弃道德底线和法律底线,采用恶性竞争、钻法律空子、欺诈消费者等手段获取利润,最终放弃当初创业的美好梦想,彻底沦为金钱的奴隶。

(二)自我化

目前,一些青年在创业时过分强调自我价值的实现,缺乏对社会整体需求和国家整体利益的关注,完全以自我为中心,导致创业项目不仅不能服务于社会和适应于社会,甚至还会损害社会整体利益,使个人创业脱离于社会整体而孤立存在。例如,近年来,我国广告业发展迅猛,一大批心怀"广告梦"的青年投身广告创意和服务领域。然而,这些青年在选择创业的时候不了解社会对广告行业的实际需求,也不明确广告业未来的发展方向,单纯希望能够实现个人理想,创造个人价值,导致自己所创立的广告公司不能真正有效满足区域企业的广告需求,创业遭受重重困难。

青年创业自我化往往导致如下问题:一是青年对个人条件和社会环境认识不足。创业缺乏灵活性和适应性,容易在创业中遭受挫折;二是青年在创业过程中缺乏责任意识。不能正确理解个人创业与社会整体之间是相互作用的关系,使创业陷入狭隘的空间。

（三）感性化

一些青年在创业的时候容易受到感性的影响,存在虚荣、冒进、保守、摇摆等多种情况,缺乏良好的创业心理和理性分析,容易导致创业失败。例如,有的青年受虚荣心和冒进心理的驱使,认为到中关村开办科技型企业是"精英选择",而在二线城市开办电器销售企业则是"无奈之举",不顾自身在技术研发上的劣势和北京竞争"压力山大"的现状,毅然决然"北漂",致使创业举步维艰,自尊心和自信心屡屡受挫,直至最后一蹶不振;相反,还有的青年在创业机会到来的时候心态保守,始终希望能够抱定事业单位的"铁饭碗",在面对有利条件和利好政策的时候不敢放手一搏,错过了创业的大好良机。

青年创业感性化往往导致如下问题:一是对创业没有正确认识和心理准备,从一开始就错失创业良机;二是在创业过程中缺少管理、执行和决断能力,出现怯懦、任性、沮丧、狂躁等诸多不良情绪,从精神上难以支撑创业行为的继续。

三、青年马克思的择业观对当代青年创业的启示

通过对青年马克思择业观的认知和对当代青年创业问题的分析,不难发现,青年马克思的择业观对当代青年创业有着重要的指导和启示意义,主要体现在以下几个方面:

（一）树立崇高理想　转变创业观念

通过对青年马克思的择业观的学习认知不难得出结论:青年人在创业中应该树立崇高的职业理想,将自身的创业行为与国家富强、人民幸福和社会进步紧密结合起来。只有将自身的"创业梦"融入"中国梦"当中,才能激发自己的创业热情,端正自己的创业态度,规范自己的创业行为,在创业过程中积极培育和践行社

会主义核心价值观,使自身始终在市场经济大潮中沿着正确的"航向"行驶,才能到达真正胜利的"彼岸"。例如,新疆小伙董帅在回家乡创办网购平台之前是内地一线城市的销售经理,年薪 50 万。体面的工作和稳定的收入足以让他在大城市过上中产阶级的生活。然而,这些物质上的满足并没有磨灭他对家乡的依恋和热爱。每次回到家乡阿克苏,望着自己的农民兄弟守着房前屋后的特色美食,却过着清贫落后的生活,都激发起他回到家乡创业、带领同乡致富的热情。最终,他选择辞去高薪工作,回到家乡创办了电商服务站。通过网络服务平台,一方面,将农民们种出来的美食销售出去,获取利润;另一方面,为农民们购买所需农资,帮助生产。与此同时,为了提高自身网络平台的竞争力,他还创建了多语种可切换网络购物平台,满足不同语言和民族用户的需求,提高产品销量、促进不同民族之间的交流与融合。董帅的事例充分证明,青年人只有具有"胸怀家国天下"的气度和胸襟,才能切实增强创业的动力和积极性,创业前途才会更加光明。

(二)严肃认真思考　端正创业态度

马克思认为,青年人的择业和创业需要从主观和客观两方面进行冷静、认真的思考,做出慎重的选择。正如马克思所说:"当我们认清一个行业的好与坏的全部之后,我们仍然爱它,认为自己适合它,那么就可以选择它作为自己终身的职业。"因此,当代青年人创业要充分认识到自身条件与客观环境之间的辩证关系,一方面,要对自身的职业兴趣、综合能力、性格特征等有客观的评价;另一方面,要对当前整体的创业环境和社会需求有清醒的认识,要将二者综合起来,最大限度地发挥自身特长、利用周边资源、适应社会环境、推进创业进程。例如,出生于1982 年的河北青年薛贺强拥有先天性残疾,双腿从出生开始就不能走路,也没有接受过任何的正规教育。对于这样的一个青年人来说,生存都是一个大问题,更不用谈创业。然而,在对自身身体条件和知识基础综合考虑的基础上,加之对于周边村落实际需求的调研,薛贺强认为学习维修技术是一条可行的创业之路。从21 岁起,他开始自学认字并学习家电维修。在 5 年时间里,他通过阅读书籍、观看教学光盘、动手操作、拜师学艺等多种途径学习家电维修技术,于 2011 年开设了自己的家电维修店铺,并利用 4 年的时间,还清了当初开店所欠下的 7 万元钱款,实现了自给自足。这充分说明,青年创业需要严肃认真思考,科学分析主观条件和客观现实,在科学把握主客关系之中实现成功创业。

(三)提高自身素质　增强竞争实力

市场经济不是梦中的"水晶城",也不是校园里的"象牙塔",而是一个充满竞争、压力和残酷现实的"角斗场",只有实力雄厚的人才能"生存"到最后。马克思在《青年在选择职业时的考虑》一书中提到,"人们很容易受到体质的威胁",而在市场经济环境下的青年创业者,所受到的威胁除了"体质",还包括工作能力、管理水平、营销理念、执行能力、专业技能等各个方面。青年创业者要想不被这些"威胁"所压垮,就要努力具备创造性思维和创业精神,增强经济与管理能力,增强对市场变化的敏感性,丰富自身的人力和社会资本,不断提高个人素质,使自身的各项能力适应创业需求。例如,上文中提到的薛贺强,他就是在认清主观和客观现实的基础上,从提升个人技能入手,通过自己的不懈努力,逐渐满足创业需求,并最终取得成功。

（四）大胆探索求知　勇于推陈出新

青年创业的根本在于"创",也就是"创造""创新""创优",青年人只有在"创"和"闯"的过程中大胆探索和小心求知,不断发现新的行业模式、踏足新的科技领域、开辟新的市场天地,才能不断推陈出新、大有作为。例如,2000年,年仅20岁,高中刚毕业的山东小伙张永波自立门户,用1万元钱开办了小型加工厂,并随着订单不断增多和生产规模不断扩大,在2009年成立了潍坊斯威特机电设备有限公司。然而,张永波并没有满足于现状,不仅加强在经营管理、机械制造等方面的理论学习与工作实践,还锐意进取、大胆创新,积极引进机械制造方面的优秀人才,鼓励员工进行技术革新。自企业成立至今,产品先后经历了5次更新换代,目前销售的"兴工数控"牌CK6156更是荣获国家专利的最新型号数控机床,走在了我国数控行业的前沿。张永波号称"专利达人",通过自主研发,先后申请了13项国家专利,是一个一直在学习、在探索、在创造的青年人。马克思强调青年人要在择业和创业过程中重视个体与社会的辩证关系,而张永波不断创新的源动力,也正在于其不断满足社会对产品的更高需求。由此可见,正是他的这种大胆探索求知、勇于推陈出新的精神,才使他带领的企业不断发展和壮大,在激烈的市场竞争中立于不败之地。

（五）拓宽创业渠道　力求灵活创业

正如马克思所说,"我们并不总是能够选择我们自认为适合的职业",青年并不一定能够找到完全适合自己的创业项目,那么如何调整自身定位、拓宽创业渠道,实现灵活创业,就是当代青年人需要严肃面对的一个问题。在实际创业过程中,青年人要根据环境要求和社会发展对自己的创业规划进行调整与完善,使自身在"不适合"中做到"最适合"。例如,广东徐闻青年罗仁表在"电商"这条创业道路上可谓"三进三出"。2012 年,罗仁表尝试一边上学一边经营网店,生意不错,赚得了人生中的第一桶金。然而,随着网络购物平台的不断增加和竞争压力的不断增大,他放弃了电商之路,转而经营实体店。但是,由于缺乏相关经验和生意决策上的失败,他迅速亏得血本无归。2013 年,"折翼的天使"罗仁表重回电商领域,希望能够凭借自己已有的电商工作经验和运营理念重拾"往日辉煌"。然而,2013 年的电商市场与 2012 年已经有了很大的不同,由于资金匮乏和技术落后,他的电商之路再遭重创。在电商市场上还未"扬帆"就遭遇"海浪"的罗仁表又转行开始实体销售,但是效果仍然不尽如人意。2015 年,赶上了"大众创业,万众创新"东风的罗仁表再次踏足电商领域。这一次,他借助互联网创业园的力量,在资金、人脉、技术、场地等各个方面都获得了帮助与支持。从前期市场调研、网站技术管理、日常销售运营、商品生产研发等各个环节都进行了改革与完善,取得了良好的销售业绩,他的创业之路终于重回正轨。罗仁表的事例充分证明,在面对一份职业、一个项目的时候,没有人有绝对的适合或不适合,而是要根据自己所处的社会环境、职业环境、市场环境和政策环境积极调整自己的心理状态、创业理念、工作方式和运营模式,使自己由"不适合"逐渐变得"适合",这才是创业成功的关键。

结束语

综上所述,在"大众创业,万众创新"的时代浪潮中,青年人无疑是全民创业的中坚力量。在青年创业的过程中,除了需要政策鼓励、资金支援和技术扶持之外,同样也需要精神指引。因此,应该加强青年马克思择业观的学习与研究,发挥其对青年创业的指导和启示作用,指引当代青年在创业道路上始终坚持正确的方向,并不断取得更大的成就。

参考文献

[1]刘铸、张纪洪:《大学生创业教育的基本功能与重要意义》,载《中国高等教育》,2010 年第 18 期。

[2]陈先达:《马克思早期思想研究》,中国人民大学出版社 2006 年版。

[3]马克思、恩格斯:《马克思恩格斯全集》(第 3 卷),人民出版社 1995 年版。

[4]王钰:《对择业与就业的思考——读马克思〈青年在选择职业时的考虑〉有感》,载《吕梁教育学院学报》,2006 年第 3 期。

［5］魏新凯:《青年马克思的择业观及其对当代大学生择业的启示》,载《职业技术》,2013 年。

［6］麦克莱伦:《马克思传》,王珍译,中国人民大学出版社 2006 年版。

行业特色高校文化育人研究*

——以重庆科技学院为例

摘　要:行业特色高校以行业为依托背景,其文化育人策略既有大学文化育人的共性,又有行业文化育人的特性。大学文化育人策略的共性表现为:在文化的传承与创新过程中育人、文化的引领和辐射过程中育人、文化的民族化与国际化过程中育人。行业文化育人策略的特性表现为:大学精神文化的行业基因根植、大学学术文化的行业动力驱动、大学物态文化的行业因素渗透。通过制定规划、优化师风、打造社团等策略可以不断深化行业特色高校的文化育人工作。

关键词:高校;行业特色;文化育人

人们很难对"文化"一词进行精确的定义。在汉语中,"文化"最初是一个动词,《易经》的系辞里提到"以文化人",西汉的刘向也使用了"文化"的这一界定。可见,文化即指精神和道德层面的培养和教育教化。在西方拉丁文中,"文化"的词根是 cult,含有"栽种、培育"的意思。由此可见,在中西方文化中,"文化"从语源上即有育人之功能。雷蒙·威廉姆斯(Raymond Williams)认为"文化"一般有三种定义:文化是人类完善的一种状态或过程,文化是知性和想象作品的整体,文化是对一种特殊生活方式的描述。综之,大学文化是指人们在大学环境或大学生活方式中,通过知性和观念形态,不断完善大学精神,并进而运用大学精神培育人才的过程、状态或结果。

行业特色高校主要指因应行业需要而创校、依托行业发展而办学,在高教管理体制改革中由行业直属转变为地方直管的高等学校。重庆科技学院是典型的

＊ 本文作者:陈超,重庆科技学院人事处处长,教授,主要从事教育管理、高校党建与思想政治教育研究。

行业特色高校,由两所行业直属的专科学校合并组建而成,原两所专科学校曾由石油工业部(中国石油天然气总公司)、冶金工业部(局)直管。重庆科技学院现在实行中央与地方共建、以重庆为主的管理模式。

中央与地方共建、以地方为主的管理模式要求行业特色高校,立足实际,服务地方和国家经济社会发展的同时,又要保持行业特色优势。因此,在办学进程中,行业特色高校的文化建设既具有其他高校大学文化的共性,又具有行业特色高校大学文化的特性。行业特色高校因之面临共同的问题:在融入大学文化共同体的同时,如何更好地传承优秀行业文化,并建立起富有自身特色的现代大学文化,从而更好地实现文化育人的功能。在多年办学的过程中,重庆科技学院立足石油和冶金两大行业背景,在支持行业和地方科技与经济发展等方面发挥了重要作用,形成了既具有大学文化共性,又具有行业文化特质的大学文化。文化育人工作中,既采取共通性的大学文化育人策略,又采取有特性的行业文化育人策略,取得了一定成效。

一、大学文化育人策略的共性

就历史渊源而言,中国的大学在长期教育和办学实践中,基于历史的积淀、学术的沉淀,已经形成了与其他教育层次和教育形式有所不同的文化底蕴。从内部结构而言,中国大学文化具有精神文化、学术文化、制度文化和物态文化的内部结构因素。正是基于大学文化的相似源流与共同结构,中国大学包括行业高校在内,在大学文化育人策略方面具有共同的性质。

(一)在文化的传承与创新过程中育人

优秀传统文化不仅仅属于大学,但优秀传统文化的传承与创新的任务却必需大学。优秀传统文化成果在大学里不断累积迭加,使大学成为知识的集聚地和优秀传统文化的宝库。大学对传统文化的主流传播使优秀传统文化在大学得以接续传承;而大学不断吸收世界一切文明的先进成果,通过各种新兴文化现象的激辩和碰撞,通过对传统文化的权威阐释和知识更新,凝聚和创造出新的思想与思维方式、新的理论与实践方式、新的知识与组织方式、新的技术与作用方式,促进社会文化建设积极发展,大学因之成了创新优秀传统文化的主要基地。由此,优秀传统文化的传承与创新应该而且也必须成为大学文化发展的重要任务。

重庆科技学院充分利用优秀传统文化的丰富内涵,在文化的传承与创新中育人。人才培养方案中,面向全校学生开设《中华传统文化》《中国文学作品选读》

《大学语文》《中华传统礼仪》等文化课程,除汉语言文学专业的学生外,要求全校学生必须选修以上至少一门课程。与此同时,重庆科技学院已经连续六年在清明节、端午节、中秋节集中开设节日文化系列讲座,邀请校内外知名专家向全校学生深入剖析传统节日文化的深刻内涵,清明风筝比赛、端午粽子比赛、中秋书画比赛等一系列文化活动已经形成机制。该校还坚持每年邀请全国知名的传统文化大家或大师来校,对学生进行传统文化熏陶和教育,国家京剧院来校宣讲和表演中国古典戏剧、东方歌舞团来校演出中国古典舞蹈、国家话剧团来校演出歌舞剧《原野》、刘叔子院士来校宣讲大学科技文化与中华传统文化、王晓路博导来校宣讲大学文化与人文精神等。学校社科联大力扶持中华传统文化创新课题,组织一批专家进行专题攻关,成功完成《中华传统节日文化》《儒家伦理的固化与中和——〈史记〉中的母子关系研究》等省部级科研项目,出版《中华传统节日文化》《性别与阴阳》等专著。

(二)在文化的引领与辐射过程中育人

大学由学者、学术、学生构成,是高素质、知识型人才的积聚地。一批训练有素的学者带领更多的一批类似于"初生牛犊"的学生,以蔑视权威的朝气、敢于失败的胆气、勇于创新的锐气、放眼未来的底气,在专业的学术训练中,专注于研究和创新科技文化知识,使大学成了知识的发散地,不断产生新知识,创造新科技,从而为社会文化发展提供永不枯竭的动力。正因为大学中的知识不断被创新,包括新知识、新成果在内的大学文化,不断向外扩散、传播和渗透,作用于社会文化生态,成为社会文化发展的风向标。唯其如此,这就要求大学文化始终站在学科发展和时代进步的前沿,始终与时代需求同行,与先进文化同步,才能发挥大学文化对社会文化的正向引导作用。

重庆科技学院高度重视学生科技创新,学校实行导师育人工作制度,全校所有专业教师除指导毕业论文和毕业设计,还必须指导学生参加其他科技创新活动,并作为教师的教育教学工作量,与教师的绩效工资挂钩。连续多年来,学校坚持在秋季集中举办科技创新文化节和学科知识竞赛,对专业导师和学生的科技创新成果进行一年一度的集中检验和评比。学校帮助学生将评比出的优秀成果转化为专利技术,学校联系企业和科技园区对科技创新成果、专利技术进行孵化和应用。学生连续多年在全国"挑战杯"、全国大学生建模大赛、全国大学生机器人大赛等大赛中取得好成绩。

（三）在文化的本土化与国际化过程中育人

大学立足于国家改革发展、立足于地方经济社会,中国大学基于中国特色教育体系,基于传承中华优秀传统文化的职责,基于社会主义核心价值的内在统一,中国大学文化因之必然是具有中华民族特色、中国特色的大学文化。除此之外,中国各大学因所处地域不同、服务面向不同,不同类别的大学之间也会形成各自的文化特色。比如,部分大学居于某一区域,存在于民族地区或服务面向少数民族地区的大学,因之自然地担负着传承与发展地方特色文化或族群文化的重任,其大学文化也就必然受到地域特色文化或族群文化的深刻影响。

与此同时,经济全球化趋势日益加剧,教育国际化已成时代潮流,不同国家间的大学文化交流已然成为跨文化交流的重要组成部分。由于文化在综合国力中成为国家、民族的软实力,具有越来越突出的地位和作用。中国大学文化也必然在跨文化交流中,在弘扬中华民族文化生命力、创造力、凝聚力的同时,也不可避免地会学习和借鉴其他国家部分先进的制度文化、学术文化、物态文化。当下的大学文化,必然是多元文化交融的结果。

重庆科技学院重视利用巴渝文化育人。每年新生进校,均邀请重庆红岩陈列馆馆长到校面向全校学生举办"红岩魂"讲座,使学生接受重庆文化与革命精神的双重熏陶。该校注重国际文化育人,学校所有文化产品、宣传材料、文化标志均使用中英双语标识,形成了国际化的文化育人环境。与此同时,在向全校留学生开设现代汉语、中国文化等文化课程的同时,每年均会送出一批大学生到英国、美国、墨西哥等国参加社会实践和文化学习。

二、行业文化育人策略的特性

大学文化虽然具有大量共性,但差异性也非常明显。如前所述,面向不同族群、居于不同地域的大学,在大学文化均会有相应的民族特色文化或地区特色文化因素。同理,不同行业特色的高校也会因其服务面向于不同的行业,其大学文化也会有相应的行业文化特色,形成行业特色高校大学文化的特性。

（一）大学精神文化的行业基因根植

大学精神是大学追求价值和目标信念,是大学文化之魂。办学目标的确定是价值追求的方向,信念动力的源泉。大学精神为办学目标的实现汇聚向心力、感召力、凝聚力,大学精神可以固化追求价值、汇聚行动力量、坚定办学理念。

行业特色高校因行业而发端,建校伊始便深受行业管理制度等文化氛围的影响,国家使命与行业自强的责任使其始终流淌着行业文化的血液;行业特色高校又因行业而壮大,与行业发展同呼吸共命运,与行业之间的文化交融也格外紧密,相互渗透,难以分割。因此,行业特色高校的大学精神渗透着行业文化的基因。

行业特色高校曾经是行业的组成部分,依托行业办学形成的历史脉线,曾经血浓于水的情感联系使行业特色高校办学目标的确立、大学精神的形成均受到行业文化的深刻影响。与行业既是物质共同体,更是文化的共同体。行业特色高校的文化与行业文化在观念意识融为一体。重庆科技学院身之一的重庆石油学校、重庆石油高等专科学校在将石油精神作为大学精神,爱国、创业、求实、奉献成为学校精神的核心。重庆科技学院身之二的重庆钢铁学校、重庆钢铁高等专科学校,将重庆钢铁公司的公司文化融入到了本校文化之中。

行业特色高校划转地方管理后,紧密的历史联系使两者特别是行业特色高校与行业在情感和文化上很难分割,行业文化在行业特色高校中得以延续。行业物质载体的职业化与行业特色高校人才培养的职业化使两者之间具有人才需求与人才供给的现实关系,这种现实关系深入到文化之中。重庆石油钢铁高等专科学校和重庆石油高等专科学校合并升格为重庆科技学院后,学校将原两校共同的文化基因,同时也是石油钢铁两大行业的共同文化基因——艰苦奋斗的创业精神,融入新大学文化中,"创业"成为重庆科技学院大学精神的核心。正是基于这一核心,重庆科技学院提出了打造品牌本科生的要求,将"德优品正"作为品牌本科生的第一位要素,所谓德优品正,即指在社会主义核心价值框架下,将爱国、爱校、爱行业作为品牌本科生的首位要求。根据这一要求,该校向全校开设行业文化课,分批组织学生到全国各地的石油冶金企业进行生产实习实践,有计划有目的地邀请石油冶金行业的优秀校友回校向学生现身说法讲述奋斗史等,使学生将艰苦奋斗的创业精神自觉融入思想深处,形成"德优品正"的优良品格。

(二)大学学术文化的行业动力驱动

学术研究是大学功能的基本体现,也是大学文化的核心和重点。清华大学梅贻琦说过:"大学者,非为有大楼之谓也,有大师之谓也。"大师能够带动形成一批学术水平高、文化底蕴厚、育人能力强的队伍,大师能够带动形成一批水平高、结构优、优势强的课程和学科专业,大师能够带动图书馆、实验室、基地等学术工作支撑条件优化建设。今天的大学不可能都自己培养出大师,但可以致力于培养名师,可以致力于培养出致力于育人工作且具有较强学术水平的一批教师。通过这批教师提高大学的学术水平,形成氛围浓厚的学术文化,巩固学术文化育人的机制。

　　行业特色高校不可能都有名师,但所依托的行业有一批学术专家,行业特色高校因此可以借用行业中的名师力量,形成行业高校学术文化建设和学术文化育人的不竭动力,提高学术文化育人的水平和能力。重庆科技学院每年自筹资金公派 30 名教师特别是石油冶金专业的教师出国深造,同时一批石油冶金行业的院士、长江学者、企业高管到学校举办讲座,连续定期举办"石油大讲堂""冶金大讲堂",要求出国深造的教师归国后至少举办一场学术讲座,教授、博士每年至少举办一场学术讲座,基本做到了每周有一场介绍国外最新学术前沿的学术讲座,每月有一场介绍国外行业发展的学术讲座,每两个月有一场来自行业内知名专家的学术讲座,每学期有一场以上来自行业的院士、长江学者的学术讲座,校园内深受行业文化浸染的学术文化氛围,发挥着重要的育人功能。

　　随着教育竞争日益加剧,众多非行业特色高校主动适应行业需求,增设行业需要的学科专业,改革人才培养模式,主动培养行业需要的人才,培育相应的学术文化,传统的行业特色高校面临冲击。但非行业特色高校面临的最大障碍是文化隔膜,行业文化很难进入其大学精神的核心。而行业特色高校的主干学科专业由于历史传承与行业建立了极为紧密的联系,行业文化已经渗透到学科专业建设之中,形成具有特色的学术文化,与非行业特色高校相应的学科专业相比具有先发优势。但这种优势并非持续优势。在此情形下,行业特色高校应该主动应形势变化,对大学精神的内涵进行新诠释或新调整,将行业文化与大学精神的纽带强化,将行业需求变为学术文化的行业动力,并将这种驱动动力化为带有行业文化因子的学术文化,实现学术文化的育人功能。

　　重庆科技学院面对石油冶金两大行业产业升级的战略调整,因应两大行业对科技创新和技术进步的强烈需求,将"创新"作为自己大学精神的第二个因子,"创优"作为大学精神的第三个因子,提出打造"德优品正、业精致用、拓新笃行"品牌本科生的要求。品牌本科生的内涵既传承了行业文化中富于理想的奋斗精神和甘于奉献的献身精神,又强调了行业所需的专业精湛、技艺精良的学生知识和技能素质,同时还强化了对学生的科技创新的意识和能力培养。通过持续努力,重庆科技学院的科技创新工作与行业需求紧密结合,将行业需求作为科研工作的驱动器,并将其作为学术文化育人的驱动力。重庆科技学院申报结题的国家自然科学基金项目数和经费总额连年增长,近 8 年的科研经费总量连续保持 30% 以上的年增长率。学校教师参与国家深海钻井 981 平台重大课题研究并取得成果运用,还为神舟系列飞船提供冶金材料方面的重要部件。学生在世界网络炼钢大赛中获得东亚——大洋洲赛区第 3 – 10 名;学生与来自全国的石油工程及相关专业本科生、研究生、博士生同台竞技,在全国石油工程设计大赛中排名前列。

(三)大学物态文化的行业元素渗透

文化是多层次立体化的有机整体,需要一个系统性的结构来整合各个组成部分。物态文化是指具有具体可见的物质形态的文化事物,如果说观念文化是内核,物态文化则是外壳。大学物态文化既是大学得以存在的基础,也是大学精神的具体呈现,直接反映了大学文化建设的水平。大学校园里的一山一水、一草一木、一砖一瓦,其布局、构形、命名等,都是大学精神的体现。大学通常都会在校园物质文化建设中充分蕴含大学精神;反之,大学精神也会以物态的形式代代相传,并将原有的大学精神诠释出新的内涵。因此,大学物态文化是大学文化的重要组成部分,文化育人自然包括物态文化育人,物态文化育人也是最直接、最直观、最易为人接受的文化育人。行业特色高校在物态文化建设中会有意识地将带有行业特色的元素融入,使大学校园中的物态呈现鲜明的行业特征。这种行业特征以生动而又恒久的形式彰显行业特色高校独特的文化身份,作用于学生的感知和心灵,逐渐固化为学生对行业文化和大学文化的直观理解和身份认同。

重庆科技学院在新校区建设过程中有意识地在校园环境规划中充分考虑到文化建设需要,在文化建设规划中也对校园环境基本建设的文化内涵提出了要求。重庆科技学院新校区各种文化标识的设计和设置充分融入深厚的文化内涵,将石油冶金工业文化因子渗透到了校园环境的方方面面。该校在学校正门两侧建了两组反映石油、冶金工业建设发展的大型群雕,在教学区域和实践基地建设了图文声像立体呈现的石油冶金行业文化长廊。该校还规划建设室内、室外环境融为一体的校史馆,正面向 10 万余名校友征集体现石油冶金工业的工业拉把、钢包、生产车床、冶金材料等行业生产用品,在校园内建设系统的石油冶金工业景观。石油冶金行业也主动参与到该校的物态文化建设中。中国石油天然气集团公司、中国石油化工集团公司、中国海洋石油总公司与重庆市人民政府签署协议共建重庆科技学院,武汉钢铁集团公司、重庆钢铁集团公司、中国铝业集团公司西南铝公司分别与重庆科技学院签署共建协议。中国石油天然气集团公司与重庆科技学院共同建设了具有充分石油工业元素、占地 1500 平方米的石油工程实践实训基地,重庆钢铁集团公司与重庆科技学院共同建设了反映钢铁冶炼工业全过程的实习实训虚拟生产线。校园内高高耸立的石油井架和运转的冶金生产线成为石油冶金文化身份的直观呈现。渗透了行业文化因子的校园文化景观,影响了学生的行业文化感知,浸染了学生的文化品格,发挥着潜移默化的文化育人功能。

三、行业特色高校文化育人工作的深化策略

中国共产党第十八次全国代表大会指出,立德树人是教育的根本任务。大学文化育人工作是立德树人的关键,大学文化育人工作如何更好地适应大学发展不同阶段的需要,更好地适应大学生成长的个性特点,深化大学文化育人工作的内涵,拓展大学文化育人工作的有效路径,制定文化育人工作的深化策略,是当前大学文化育人工作的重点。行业特色高校的文化育人工作与行业发展紧密相关,行业发展的细微变化均会直接影响到行业特色高校的文化育人工作,而高校文化育人工作的效果也会直接影响到行业的未来发展,行业特色高校的文化育人工作特别需要深化。

(一)制订文化育人工作规划,发挥其在文化育人工作的引领作用

大学文化是引领,决定了大学建设改革发展的方向,而文化育人工作的效果是评价大学文化建设成效的关键。所谓"十年树木,百年树人",文化育人工作是系统工程和长期工程,不能漫无目的地兴之所致,也不能一盘散沙式地各自为阵,需要确定目标,聚合力量,系统规划,进行着眼长远的顶层设计和分阶段分步骤的精心安排,使文化育人工作有章可循,有据可依。

重庆科技学院的应对策略是制订文化育人工作规划,正是通过制订文化育人工作规划,该校确立了"立足重庆、背靠行业、面向世界、服务全国"的办学思路,确立了"特色立校、文化兴校、人才强校"的发展战略,确立了"创业、创新、创优"的大学精神,确立了"德优品正、业精致用、拓新笃行"的品牌本科生内涵等办学理念,并将办学理念坚持不懈地融入文化育人工作中。该校还将每隔十年制订一个大规划、每隔五年制订一个小规划、每隔三年召开一次文化工作大会、每年制定一个专题工作要点,作为文化育人工作的系统设计和实施机制。特别是每隔三年进行一次的文化工作大会,邀请校外相关单位参加,邀请行业企业参加,对文化育人工作规划执行情况进行全面检查和深入总结,对文化育人工作规划执行效果不佳的情况进行深刻分析并做出及时调整,确保文化育人工作始终符合党和国家的要求,始终符合行业发展需要,始终符合学校文化建设方向。

(二)培育优良师德师风,发挥其在文化育人中的引导作用

教师是为人师表的职业,教师的一言一行均会影响到学生,甚至成为学生榜样。大学教师通常学历较高,阅历和知识丰富,科研能力强,在大学生心中拥有重要的地位,成为学生思想道德的示范和表率。行业特色高校的教师通常情况下具有一定的实践经验和技术创新能力。行业特色高校的学生一般要求具备必需的工程实践能力和科技创新意识。行业特色高校的教师与学生之间既是通常的师生关系,也是专业实践和创新创业实践中的师徒关系。在文化育人工作中,行业特色高校教师比其他高校教师的优势和作用更加明显。行业特色高校教师的师德师风优劣会直接影响文化育人工作的效果。加强行业特色高校教师的师德师风建设,对行业特色高校的文化育人工作显得至关重要。

要增强行业特色高校教师的文化育人意识。大学教师担负着教书育人的重要任务,既要教书,更要育人。学高为师,身正为范。学生对教师学识的评价是直接通过课堂教学效果来体现的,对教师道德的评价也是通过课堂教学过程来评价的。行业特色高校新进教师通常在本科阶段、硕士研究生或博士研究生阶段均未进行系统的师范训练,对教师职业特点的把握、对教学教法技巧的运用、对大学生心理的分析等方面的知识和技能需要不断提高。重庆科技学院的应对策略是通过导师工作制度来增强文化育人意识。其导师制为两个层面,即对新进教师的"传帮带"导师制和学生工作全员导师制。新进教师的导师通常为教学能力强、学生评价高的老教师,他们对年轻教师言传身教,在教学能力和师德表现上对年轻教师做示范。学生工作全员导师制则是要求全校教师均要担任学生导师,每个教师均要担负 20 - 30 名学生的专业导师和思想导师,除正常教学科研和实践实习工作外,导师还要定期与所指导的学生进行集体或个别的学习和思想交流引导,导师工作是教师绩效评价体系的重要组成部分。

要增强行业特色高校教师的行业文化意识。行业特色高校教师其教学内容直接服务于行业,其科研成果直接应用于行业,与行业联系极为紧密。但不少新进高校的年轻教师虽然具有一定的行业理论研究或实习实践经历,却对行业文化的认知较为淡薄。重庆科技学院的应对策略是实施青年教师三种经历制度,即学习进修经历、学生工作经历和行业生产经历,"三种经历"与教师职称晋级直接挂钩。学生工作经历可以与前述导师工作制度衔接,而行业生产经历则要求每个新进教师必须到行业企业生产第一线,到远离城市的钻井平台,到钢铁冶炼车间参与企业生产工作,时间不得少于 3 个月。深入生产现场的经历将使新进教师对石

油冶金行业的生产工作环境、对行业文化有更加直观和深刻的认识,这种认识会增强其文化育人工作的主动性和生动性。

(三)打造具有特色的学生社团,发挥其在文化育人中的带动作用

高校学生社团还是促进学生身心健康发展的重要平台,丰富多彩的社团文化活动能够帮助当代大学生培养优良的品行和心理素质,满足处于成长期的青年人不同层次的文化需求,通过娱乐和有趣的文化活动丰富他们的精神生活,从而促进崇高的审美理念和积极健康的审美情趣的形成。高校社团文化活动是学生参与度高、影响力大的校园文化活动,学生社团在学生中亲和力强,学生社团组织开展文化活动较能贴近学生实际,可以发挥在文化育人工作中对学生的带动作用。行业特色高校社团在大学文化与行业文化的宣传、教育、带动方面还可以进一步加强。

重庆科技学院的应对策略是打造社团品牌。该校高度重视学生社团工作,将校园品牌社团的培养、打造和传承作为校园文化建设的重要方面,投入人力物力组建和扶持了一批宣传行业文化的社团,组建了大学生艺术团、大学生交响乐团、大学生合唱团、大学生记者团等一系列社团,开展了一系列卓有成效的大学生社团活动,例如,社团文化节、十佳歌手大赛、职业生涯规划大赛、大学生科技创新创业文化节等,每年均会涌现出一批宣传石油、冶金行业文化的好作品。通过打造优质精品社团,以学生为出发点体现人文关怀,鼓励学生自发成立一些对自身发展有利的社团组织,把兴趣转化为进步的动力,营造良好的人文氛围,充分发挥社团的文化育人功能,积极引导学生树立起正确的人生目标,让社团文化在大学文化建设中起到更加积极的作用。

结　语

行业特色高校的文化育人工作既需要把握大学文化育人的共性,又需要把握行业文化育人的特性,坚持大学精神,融入行业文化,才能开创新的大学文化育人工作的新路。在新的形势下突出行业背景高校的文化育人工作特色,发挥行业背景高校的文化育人工作优势,切实提高人才培养的质量,具有重要意义。

参考文献

[1]王晓路:《文化批评关键词研究》,北京大学出版社 2007 年版.

[2]高富伟:《行业特色高校校园文化建设途径研究——以河海大学为例的一

个分析》,载《中国科技博览》,2010 年第 35 期。

[3]王冀生:《大学文化的科学内涵》,《世界多元文化激荡交融中的大学文化——"海峡两岸大学文化高层论坛"论文集》,载《高等教育研究》,2005 年第 10 期。

[4]齐金华:《地方工科院校对大学文化的呼唤》,载《江苏高教》,2012 年第 2 期。

[5]赵晓霞、龚秀勇:《充分发挥大学文化的积极作用》,载《高校理论战线》,2012 年第 4 期。

[6]王长乐:《大学文化创新前提性问题探析》,载《河北师范大学学报(教育科学版)》,2012 年第 4 期。

[7]何慧星:《大学文化的当代使命》,载《中国高等教育》,2011 年第 12 期。

浅析网络语言对大学生的影响[*]

摘 要：新媒体形势下，网络语言已成为新的语言传播载体，对大学生语言学习、思想行为等方面造成了积极影响和消极影响，高校教育工作者应该发挥网络语言的积极作用，客观全面地看待网络语言，促进良好校风、教风、学风的养成，重视校园 BBS 网站的监管和舆论引导，从而提高大学生网络素养、营造和谐的校园文化环境，推动高校人文素质发展。

关键词：网络语言；大学生；积极；消极

网络语言（Network language）是伴随着网络的发展而兴起的一种有别于传统平面的，在各种聊天室、博客、微信、电子公告栏等虚拟空间中交流使用的媒介语言形式。狭义的网络语言一般仅指网民在网络社区中交际使用的别具风格的语言和符号。广义的网络语言还包括与计算机、网络、网络文化现象等有关的特别用语和专业术语。网络语言已成为新媒体形势下新的语言传播载体，对大学生语言学习、思想行为等方面造成了一定的影响，如何客观对待网络语言及引导大学生正确使用网络语言成为新时期教育者应该直面的课题。

一、大学生网络语言使用现状

网络语言在我国发展速度非常快，各种不同形式的网络语言逐渐被人们设计和提出，成为网络生活中的重要组成元素。2010 年教育部、国家语言文字工作委员会发布了中国语言生活绿皮书《中国语言生活状况报告（2009）》。报告显示，

* 本文作者：汪源，重庆科技学院工商管理学院讲师，主要从事教育经济与管理研究。
基金项目：本文系重庆科技学院宣传思想文化科研项目"网络语言对大学生思想和行为的影响"（项目编号：XC201307）的阶段性成果。

五年间,我国语言环境已经有了较大变化,网络热词不断丰富着民众的语言生活。由此可见,网络语言已经成为新的语言传播载体。诸如"给力""我爸是李刚""神马都是浮云""囧"等一些热门网络词汇,不仅一些主流媒体用来吸引眼球,同时也出现在大学生的交往对话甚至论文中。网络语言符合大学生新潮、不拘泥于传统、追求个性的心理,通过大学生的创造,也赋予网络语言活泼幽默、时尚新潮的特点。

在我校进行问卷调查,共发放调查问卷300份,回收有效调查问卷280份,调查对象涵盖不同年级、不同专业,其中男生120名,女生180名。在对大学生网络词语使用情况进行调查时,有77.3%的学生选择"经常使用"和"偶尔使用",其中选择"经常使用"的占25.4%,22.1%的学生选择"从不使用"。在对哪种场合使用网络语言时,选择"网络聊天""课下与同学聊天""个人博客"和"电子邮件"的比例较高,分别占61.2%、25.8%和7.8%,选择"作文中"的仅占2.6%。在对大学生认为可以在哪种场合运用网络语言的调查中,选择"网上论坛""网络聊天""个人博客日记"的分别占85.80%、78.1%和65.4%,但也有3.9%和4.3%的学生选择"课堂上"和"作文中"。对大学生喜欢用网络语言的原因调查中,选择"小范围内部的自娱自乐"和"显示出自己的与众不同"的占96.2%,选择"减轻学习、工作压力"的占16.70%,还有11.3%的学生选择"其他",例如,日常同学间交流。在对大学生使用网络语言对语文表达能力的影响进行调查时,选择"有提高"的占20.4%,选择"有负面影响"的占27.1%,选择"没有影响"的占52.5%;在对大学生关于网络语言在社会流传的态度进行调查时,"提倡使用"的占11.3%,"可以使用,但应区分语境"的占59.6%,"不提倡使用"的占17.1%,"无所谓"的占12.1%;在对学生如何看待出台汉字书写等级标准的调查中,表示赞成的占60.8%,表示反对的占10.5%,认为说不好的占28.7%。

中国青年政治学院三名在校大学生对北京大学、清华大学等10所高校大学生网络语言对大学生的影响进行调查结果显示:80.9%的人反对网络语言错别字,67.1%人则赞成其中的数字、符号;89.5%的人反对网络粗俗语言,但仍有7%的人不反对粗俗网络语言。在调查为什么使用网络语言时,60%的人认为"输入方便",30%的人表示网络语言"时尚、幽默",68%的人认为,网络语言为传统语言添加了新元素;48.6%的大学生承认网络语言使他们与长辈之间的隔阂加深了。但是,44.3%的人不承认使用网络语言是叛逆;61%的人还表示,网络语言使人际关系更加融洽,是人际交往中的润滑剂。

以上的调查结果显示,网络语言对大学生的影响是显而易见的。第一,有七到九成的大学生对网络语言青睐有加,说明网络语言在学生中间是受欢迎的,在大学校园中有着巨大的生存空间;第二,大学生在使用网络语言时,有近八成的学生能够理性看待,会区分场合去使用,在网络聊天、个人博客、网上论坛等网络媒体上使用频率较高,而在日常写作、课堂发言中出现的次数极为有限;第三,在对网络语言使用上,有九成多的学生认为是自娱自乐显示个性,有六成的学生认为是输入方便。同时,有近九成的学生反对网络粗俗语言;第四,在使用网络语言对传统语言的影响中,有七成的学生认为有提高或没有影响,而且还有近七成的学生认为网络语言为传统语言添加了新元素。可见,多数大学生还能正确看待网络语言,但也有少部分学生对网络语言缺乏正确认识,这给汉语言文化在某种程度上带来了冲击。

二、网络语言对大学生的积极影响与消极影响

(一)积极影响

1. 充分发挥大学生的创新和创造力,提高他们的学习认知能力。大学生在使用网络语言时可以充分发挥其丰富的创造力和想象力,不断推动网络语言的更新换代,帮助大学生更新理念,提高学习认知能力。

2. 符合大学生喜爱新奇事物、追求新潮的心理特点。大学生在网络生活中使用网络语言,丰富了他们的精神文化世界,也活跃了枯燥的学习生活,提高了他们的学习兴趣。

3. 对大学生的语言使用环境注入了新的元素。大学生正确使用网络语言可以为他们的语言使用环境注入新的流行元素,也为大学生提供一种新型的、人性化的交流方式,发挥网络语言在文化建设中的作用。

4. 适当满足大学生对社会负面事件的宣泄心理。大学生通过积极参与社会方方面面的评价和建设,在不断交流和表达观点的过程中人文精神得到了更好释放,使大学生们更具有责任感和自律性。本次调查中受访的某大学生就说过这么一段话:"这些新兴语言可能网下人觉得难以理解,但在网上却可以,而且我们觉得非常有趣,并且还是我们在紧张学习生活中自我解压,尽情宣泄的一种方式。"

5. 增强形象性的感受和思考问题的灵活性。当代大学生经历了一个"读图时代",伴随其成长的主要是一些卡通画、电视、电脑等大量的视觉图像信息,而相对抽象的语言文字信息以及面对面的社会交往信息则有所减少。网络语言长期

使用的话,对于这些青少年在形象性方面的感受能增强,思考问题、处理问题方面也会相对灵活,这对他们是有一定好处的。

(二)消极影响

1. 不确定的网络语言影响大学生学习。网络语言具有不稳定性和模糊性,网民对一些网络语言词意的解释也众说纷纭,莫衷一是。例如,对于 PS 一词的理解,网络的游戏玩家多认为 PS 是 play station 的缩写,是索尼公司(Sony Company)研发的一款游戏机。而有的人认为这是 photoshop 的简称,但是更多的人提出 PS 是 post script 的缩写,其意思为"后记,附言"。又对于"寒"或"汗",一般被网民认为是表达敬畏之词。但事实上,人们对这一词义颇有争议,如有人认为其义为"汗颜",也有人认为"汗"表达"晕"的意思,还有人用以表达的则是"居然这样"的内涵。由此可见,网络词汇虽然新鲜活泼,但常常意义不确定,网民对网络语言的解释也常会争议不断,影响了大学生理解、学习和运用汉语。

2. 网络语言盛行影响了大学生的阅读和表达能力的提高。网络语言是由直白且浅显的词语、字母甚至符号组成的,通俗易懂,而我们传统上用规范性语言写成的文章含蓄、委婉。对大学生来说,他们自然不倾向于阅读和接受深奥难懂,甚至有些枯燥的传统文化,而更愿意进行"浅阅读"、接受网络语言。这样,他们就会不自觉地疏远规范语言文章而追求网络语言作品,甚至随意曲解原著的思想和主旨。从此以往,大学生的文学素养会因阅读量的减少而下降。另外,我国传统文化在网络语言面前也面临被消解的命运。网络语言的运用还会对大学生的表达能力产生影响。网络语言大部分都是一些较短的句子甚至是词语,这些词句有的隐秘晦涩,初接触的人根本不知所云,有的直白浅显,但是句子结构十分松散,表达方式超越常规且毫无逻辑性可言。在这种风气的影响下,大学生写的文章已经没了应有的水准,文学素养和表达能力都呈下降趋势。不仅语法结构混乱、错误而且文章逻辑性极差。有些书面表达中还经常夹杂字母缩写、数字和错别字,显得不伦不类。

3. 网络语言所传承的由网络文化构造的个体理想化世界容易导致大学生对现实社会的认同危机。现实的社会结构诸要素所结成的稳定体系,调整着人们的相互关系,维系着社会的整体性,社会角色的扮演也是客观和真实存在的。而虚拟社会没有社会构成的基本要素,更不可能按照一定的秩序形成稳定的体系,社会角色的扮演也是虚幻的。它的存在随时会因各种原因而变得支离破碎,这会给网络社会成员造成精神打击和精神压力,情绪受到压抑。涉世不深的大学生们往往难以对网络成员进行正确的角色判断,当出现上当受骗的情况时,就会产生不解、愤怒和茫然等情绪,如果不加分析地把这种情绪带到更加复杂的现实社会中来,则会使他们对现实世界产生认同危机,从而不能正常参与社会生活。

4. 网络语言对高校思想政治教育工作提出了挑战。随着网络技术的不断发展,大学生对于网络信息的接触机会也逐渐增多,教师与学生信息不对称的条件日益消除,教师和学生可以随时获取信息,而当部分教师获得信息的技术和水平落后于学生时,在某些方面大学生反过来变成了教师的知识传授者和信息传播者,学生使用的网络语言教师听不懂,而教师的思想政治教育学生不爱听,这对高校思想政治教育工作提出了挑战。

三、新媒体形势下高校如何发挥网络语言的积极作用

1. 教育引导大学生适度使用网络语言。学校是传道授业解惑、传承文化之所,在教育引导大学生使用网络语言时,要取其精华,去其糟粕。一些能够展现时代风貌、生动形象的网络语言可用于大学生的生活与学习之中,而那些带有脏话、粗话及令人费解之词的网络语言则要坚决反对。同时,遵循国家教育部、国家语委的相关要求,积极引导大学生使用正确规范的语言文字,自觉抵制粗俗、庸俗、媚俗的、令人不解其意的游戏文字,不可随意引用未经国家权威部门认可的网络语言,尽可能消除某些网络言语的不良影响;帮助大学生用客观的眼光来看待网络语言,分享那些通俗易懂、诙谐生动的网络语言给大学生带来的愉悦,让大学生在丰富生动、充满活力的言语交际活动环境中获得语言实践的经验,把使用规范语言变成自己的习惯。

2. 将网络和网络语言转化为高校思想政治教育的新手段。对于高校思想政治教育工作者来说,应该转变教育观念,客观全面地看待网络语言,既不要视之若洪水猛兽,不问青红皂白一概否定,也不要不管不问,视若无睹。网络是把双刃剑,网络语言同样如此,大学生思想教育应正视网络发展带来的种种机遇和挑战,高校思想政治教育工作者只有了解和正确使用网络语言才能有效地进行网络思想政治教育。上海市首届师德标兵、华东理工大学金山校区德育研究室主任和心理咨询中心主任张海燕教授说:"如果没有同一个语言系统,学生不会接纳你。所以刻意的准备不可少。比如每次网上与学生进行咨询沟通前,我都要搜索一下网络语言,熟悉一些当今大学生们爱用的符号和语句。"成都理工大学今年开始在"形势与政策"课上向全校学生开展"大学生网络道德修养"专题教育,提倡网络

文明用语,要注意网络语言关,不谈论庸俗话题,不使用粗俗的语言;教导学生在网上不散发反动的、迷信的、淫秽的内容,不散布谣言,不搞人身攻击,提高学生的分辨力、判断力、控制力、免疫力,对于大学生规范网络语言和行为都有积极的作用。

3. 利用大学生对于网络语言的理解和认识,促进良好校风、教风、学风的养成。通过调查分析我们发现,大学生对于网络语言的理解和认识相对来说是存在差异的,但是对网络语言出现在课堂、学习、书面表达等传统领域的看法却是一致的。有超过60%的学生认为应该对网络语言在校园中的使用场所加以引导性的限制;有超过一半的人认为教师在课堂教学中不应该使用网络语言,将近70%的学生反对在大学生日常语言学习中使用网络语言,要维护传统汉语的权威性;这些数据充分说明了大学生对于网络语言在校园中的使用有着比较客观的评价,这也为良好的教风、学风的养成提供了条件。高校在校园文化建设过程中应充分利用这一点,发挥学生自身对网络语言认识的独特优势,展开讨论,培养学生对于好的教风、学风的认同感,实现学生的自我教育。

4. 高校应重视校园BBS网站的监管和舆论引导。高校思想政治教育工作者应在熟知网络语言的基础上做出及时反馈,防微杜渐,防患于未然。同时开展丰富多彩、生动活泼的网上教育、交流、讨论等活动。可结合学校工作,精心策划,开展融思想性、知识性、趣味性于一体的网上校园文化活动,如开展网页制作竞赛,校园动漫竞赛,网络道德问题辩论和征文,也可在校园网上设立心理咨询窗口,设立互动的公开电子信箱以及微信号,来解答同学们的心理难题、化解他们的心理障碍。充分发挥网络的优势,来提高思想教育的实效。

网络语言在网络环境下孕育而生,已经真切地走入了大学生的生活。一方面,因其为大学生提供了创造想象的空间,使大学生可以自由表达自己的情感诉求、满足表现欲而广受大学生的青睐。但另一方面,网络语言也会给大学生的成长带来不良影响。因此,对待网络语言不仅应该用客观、公正、发展的眼光来看待,更要对其进行依法管理、规范引导和道德约束,以引导大学生正确、适度地使用网络语言。

参考文献

[1]汪一丁:《从文化自觉角度看网络语言对大学生的影响力》,载《浙江水利水电学报》,2012年版。

［2］孙文杰:《浅谈网络语言对大学生的影响》,载《河南财政税务高等专科学校学报》,2011 年版。

［3］张九海:《网络语言对大学生的影响及其对策》,载《长春教育学报学报》,2011 年版。

坚持党校姓党　提高高校党校科学化水平[*]

　　摘　要:高校党校在党的建设中发挥着重要作用。提高高校党校科学化水平,需要建立健全教育培训体系,建立开放式的办学模式,创新干部教育培训方式方法。

　　关键词:高校;党校;培训;科学化

　　习近平总书记在全国党校工作会议上指出,实现全面建成小康社会奋斗目标、实现中华民族伟大复兴的中国梦,关键在于培养造就一支具有铁一般信仰、铁一般信念、铁一般纪律、铁一般担当的干部队伍。党校承担着为领导干部补钙壮骨、立根固本的重要任务,必须坚持党校姓党这个党校工作根本原则,更加重视干部教育培训工作,切实做好新形势下党校工作。高校党校是高校党委直接领导下培养党员、干部、入党积极分子和党建理论骨干的学校,是高校党委的重要部门、高校党的建设的重要研究基地。加强和改进高校党的建设,做好高校思想政治工作,落实全面从严治党重大责任,全面推进党的建设新的伟大工程,必须更加重视党员、干部教育培训工作,充分发挥党校教育培训在党员、干部队伍建设中的基础性作用和主渠道作用,使党校真正成为党员和干部教育培训的重要基地、入党积极分子培养教育的重要摇篮。

一、当前高校党校存在的主要问题

　　长期以来,在高校党委的直接领导下,高校党校在党员、干部教育培训中发挥了重要作用,取得了明显成绩,为高校改革发展提供了有力的组织保障。但是,与

　　* 本文作者:张振飞,重庆科技学院党委宣传部思想政治工作科科长,讲师,主要从事高校党建与思想政治工作研究。

高校党的建设新要求、高等教育事业发展新形势、党员干部队伍建设新任务相比，高校党校工作还存在着"说起来重要、做起来次要、忙起来不要"的问题，主要表现在以下几个方面：

一是缺乏足够的思想认识。一些高校没有充分认识到党校在高校党的建设中的地位和作用，没有深入研究和解决党校改革和发展的重大问题，没有在人员、场地、经费、物资等方面对党校的发展提供必要的支持，以致许多高校党校工作长期不见起色，甚至处于停滞状态。高校党员干部对为什么要参加党校培训、党校培训什么、要达到什么样的培训效果等认识不足，结果必然是培训主动性不强，效果不好。

二是缺乏创新性的教学改革。一些高校党校不思变革，故步自封，只限于开展一些简单初级的培训活动，不考虑时代要求，不考虑对象需求，关起门来搞教学，势必造成课程设计缺乏系统性、科学性，教学内容缺乏针对性、时效性，教学形式单一，教学方式陈旧，教学手段落后，教学过程缺乏互动性、实践性，教学管理制度不健全，所用教材的时代性不强。

三是缺乏稳定的教师队伍。一些高校党校培训主要依托学校党务干部和一些专家教授等。由于兼职教师大多平时工作繁忙，基本没有足够的时间和精力来思考和研究党校的教学工作，加之党校教学工作难度较大、课酬相对较低、教学任务不算进学校教师正式工作量等原因，致使许多党务干部和专家教授并不太愿意承担党校教学任务。随着党校培训规模不断扩大，党校工作量不断增加，党校教师队伍日益紧张。

四是缺乏充足的保障条件。一些高校将党校教育培训与学校教育混为一谈，认为改善学校教育条件就是改善党校教育培训条件，结果造成党校办学经费不足，学员实践经费没有保证，教学没有相对固定的场所，教学资料比较匮乏，教学设施比较落后，办公条件比较简陋，学员实践基地严重不足。

二、提高高校党校科学化水平的对策建议

（一）构建科学的教育培训体系

高校党校科学的教育培训体系体现为，教育培训目标与高校党的建设、思想政治工作、高等教育改革、学校事业发展同步前进，重视培训对象规格的多层次、广泛性，重视培养对象的整体优化，体现出"以人为本"的党校教育理念。这就要求高校党校要构建起多层次、分类别、全覆盖的教育培训体系。当前，高校党校应

着力抓好以下群体的培训：

一是党员领导干部教育培训。以提升思想政治素质和实际工作能力为重点，大力加强党员领导干部教育培训，引导和促使党员领导干部学习和掌握辩证唯物主义和历史唯物主义基本原理和方法论，学习和掌握习近平总书记系列重要讲话精神，提高战略思维能力、辩证思维能力、综合决策能力、驾驭全局能力，不断坚定道路自信、理论自信、制度自信、文化自信。围绕立德树人的根本任务，着力提高党员领导干部把握办学规律、推动科学发展的能力，善于抓住机遇、善于谋划运作的能力，应对复杂局面、破解发展难题的能力，依法治校、民主管理的能力，深入实际、做好群众工作的能力。定期组织专题研讨班，集中学习领会国家及区域发展战略和重大规划，研讨学校及本单位发展思路和改革举措。

二是广大党员教育培训。坚持党校姓党，就要始终把党性教育作为党员教育培训的主要内容，深入开展理想信念教育、党的宗旨教育，把总书记系列重要讲话精神、党章党规党纪学习教育作为党性教育的重要内容，不断深化"两学一做"学习教育。要加大力度、增加分量，安排足够的时间，形成党性教育课程体系，有效改进党性教育方式方法，提高党性教育实效。引导广大教师党员争做"有理想信念、有道德情操、有扎实学识、有仁爱之心"的"育人标兵"，忠诚党的教育事业，树立高尚的师德，坚定不移跟党走；引导广大学生党员争做"坚定理想信念，练就过硬本领，勇于创新创造，矢志艰苦奋斗，锤炼高尚品格"的好党员，积极带头树立和培育社会主义核心价值观，努力锻炼成才，争当"学习标兵"，争做社会主义事业合格建设者和可靠接班人。

三是入党积极分子的教育培训。入党积极分子的教育培训是高校党校培训的一项基础性和经常性工作。要坚持把对入党积极分子的培养教育作为党校教育培训和发展党员工作的着力点，重视做好思想上入党工作。以理想信念、立场观点、宗旨使命、入党动机教育培训为重点，坚持早启蒙、早选苗、早培育，紧扣教师入职教育、学生入学教育等关键点，着重强化政治信仰，开展党章党规、党的历史、基本理论、路线方针和时事形势政策教育，开展习近平总书记系列重要讲话精神教育。加强社会主义核心价值观、中国特色社会主义和"中国梦"教育。与组织部门协同，要把综合素质好、入党积极性高、有培养前途的教师和学生作为重点培养对象，主动开展工作，做到重点联系、重点引导、重点培养，使广大入党积极分子端正入党动机，树立崇高的理想信念，为伟大事业努力奋斗。

（二）建立健全科学的办学模式

教学质量是党校的安身立命之本。"主渠道""主阵地"要靠培训效果说话，靠实践检验。要坚持高标准办学，把质量立校作为高校党校工作的重要抓手，努力提高教学科研质量。针对一些高校党校普遍存在着办学方式较封闭、联系实际不紧密、研究成果不管用等问题，高校党校必须在中国特色社会主义理论的指导下，坚持党校姓党的根本原则，坚持以学员为本、以培训质量为核心，以党员干部素质和能力建设为目标的方针，着力走出一条在进一步强化党性修养和基本理论教学的基础上，把各方师资请进来，让受训学员走出去，在实训中更新思维，在实干中解放思想，在实践中提高能力的开放式办学的新路子。

一是要构建开放的课程体系。研究和把握党员、干部成长规律和党校教育规律，突出理论教育、党性教育、能力提升和知识更新，建立体现新形势新任务要求、适应党员干部素质和能力培养需要的课程体系，不断充实和创新培训内容。以学习掌握中国特色社会主义理论体系和党的路线方针政策为重点，引导党员干部夯实理论基础、坚定理想信念；以正确认识国际国内形势和科学把握教育科技发展趋势为重点，引导党员干部拓展世界眼光、培养战略思维；以学习了解国家和区域重大战略、重大规划、重大需求为重点，引导党员干部提升工作站位、增强全局观念；以学习法律法规、开展反腐倡廉教育和群众路线教育为重点，引导党员干部增强党性修养、培养优良作风；以人文素养和科学精神教育、业务知识和方法技能培训为重点，引导党员干部提升综合素养、提高工作能力。

二是要建设开放的师资队伍。坚持党校姓党，首先，高校党校教师要做到自觉坚持党校姓党、党校教师姓党，在自身党性锻炼上更要严格。要充分发挥高校学科人才优势，聘请具有较高思想政治素质、扎实专业基础、良好师德师风、热心党员干部教育培训工作、授课效果好的教师担任党校专家教授。要积极选聘中央和地方党政机关、企事业单位、高等学校、科研院所等机构实践经验丰富、理论水平较高的领导和专家到党校授课；选聘先进典型人物、知名专家学者和思政科骨干教师担任学校党校兼职教师；要坚持党员领导干部带头讲党课制度，提升党课的质量和水平，努力形成校内外有机结合、互相补充的党校师资队伍。要坚持党校教师队伍建设与党政管理干部队伍建设和专业技术教师队伍建设同部署同落实，坚持将党课教学与公共课教学同等对待，计入教学工作量。要大力实施"名师工程"，着力培养政治强、业务精、作风好的知名教师，培养造就一批马克思主义理论家。

三是要建立开放的培训格局。坚持"请进来"与"走出去"相结合,广泛开拓校外资源,拓宽党校办学思路。将课堂学习与实践学习相结合,紧紧围绕培训主题,有目的地组织学员开展社会实践和专题调研;将校内培训与校外培训相结合,主动加强与国家级和所在省市干部教育培训机构的交流与合作,有针对性地选派党员干部和师生骨干参加校外培训;将境内培训与境外培训相结合,统筹境外培训资源,依托国家留学基金委员会有关项目和校际交流项目等,有计划地选派管理干部赴境外高校进行深入学习考察,掌握先进的办学理念,开阔国际视野和工作思路,进一步增强走中国特色社会主义道路的自觉性和坚定性。

(三)创新干部教育培训的方式方法

能否创新干部教育培训的方式方法,是干部教育能否取得成效的关键。在干部教育培训方式上,许多高校党校进行了积极探索,取得了一定成效。但同高等教育快速发展的形势相比,当前的干部教育培训方式仍相对滞后,在一定程度上影响了干部学习的积极性和主动性。因此,应进一步创新干部教育培训方式,大力实施干部教育培训计划和教育培训工程,把干部参加教育培训的兴趣更好地激发出来,不断提高党员干部教育培训成效。

一是要完善培训计划生成机制。坚持把需求调研作为培训计划生成的必经环节。针对不同培训对象的特点,合理确定培训主题,开展深入细致的需求调研,准确把握组织需求、岗位需求和党员干部需求,以此为依据制订相应的培训计划,增强培训内容的针对性和实效性。要完善多部门协调会商机制,加大培训班次、培训计划、参训人员统筹力度,科学设置培训班次,突出分类别、分专题培训,切实增强培训实效。

二是要探索多样化的教学方式。进一步改进讲授式教学。加强互动教学,综合运用研究式、案例式、模拟式、体验式等教学方式,通过开展问题调研、经验交流、对策研讨、举办学员论坛等方式,鼓励学员积极思考,深化对高等教育发展趋势和先进办学理念的认识和理解,围绕学校改革发展的重大问题提出可行性方案建议,促进学习培训与工作研究、推动发展相结合。加强实践教学,组织党员干部、骨干教师和学生骨干到革命传统教育基地、体现改革开放生动实践的企事业单位和农村社区、承担国家重大科研项目的机构以及兄弟院校等进行考察学习和实践锻炼,增强教育培训的吸引力和感染力。

三是要建立经常性学习机制。要坚持党校集中教育培训与党员干部分散自学结合起来,完善党委理论中心组学习制度,探索建立系列专题讲座学习制度,拓展干部经常性学习途径。利用现代教育技术手段,开辟网络在线学习平台,通过提供学习资源、集成重要信息、推荐优秀图书等形式,鼓励党员、干部开展网络学习培训。依托全国干部教育培训基地的资源,组织干部积极参加自主选学。鼓励党员、干部利用业余时间多读书、读好书,真正使学习成为一种精神追求、一种生活态度、一种工作责任。

四是要健全考核评价机制。建立和完善党校培训质量评估办法,及时听取培训对象对培训内容、形式和培训效果的意见建议,把学员评价作为完善培训计划、推进教学改革、选聘授课师资的重要依据。要严格学员管理制度,狠抓学风建设,建立和完善学员学习考核办法和跟踪反馈机制,将学员在党校学习的情况向组织部门和所在单位进行反馈。要建立和完善干部培训档案,坚持把干部参加党校培训情况作为干部考核的内容和选拔任用的重要依据。

高校党校在高校党建和思想政治工作中发挥着重要作用。要始终坚持党校姓党,切实加强和改善高校党委对党校工作的领导,坚持高校党委办党校管党校建党校,将党校工作纳入高校党建和思想政治工作总体安排,健全教育培训体系和开放的办学模式,创新党员干部教育培训的方式方法,强化党校发展条件保障,不断提高高校党校的教育培训质量和高校党建工作科学化水平。

重庆市高校绩效工资改革背景下的
教职工思想动态调查及对策建议*

当前,高等院校实施的绩效工资改革是增强高校办学活力,提高教育质量的重要举措。这项改革不仅涉及高校教职工的切身利益,也关系着教育改革能否赢得广大教职工的衷心拥护,进而也影响到经济社会的和谐发展和稳定。为认真做好绩效工资改革背景下教职工思想政治工作,课题组对部分重庆市属高校绩效工资改革后教职工的思想动态状况进行了抽样调查,并在认真分析的基础上提出了相应的对策建议。

一、调查结果及分析

课题组对已经实施了绩效工资改革的部分市属普通本科、高职高专等 10 所院校 400 名教职工进行了抽样调查,有效问卷为 400 份。调查对象涵盖一线专职教师、非教师专业技术人员、机关后勤教辅人员和工勤技能人员。

调查显示,重庆市高校绩效工资改革背景下教职工思想动态呈现以下特点:

(一)教职工充分理解认可并大力支持高校绩效工资改革,认为绩效工资改革是调动广大教师积极性、激发办学活力的重要举措。受调查的 400 人中,对绩效工资改革持赞成态度的达 389 人,占 97.25% ;认为在绩效工资实施后对工作的态度更加热情的达 348 人,占 87% 。如下图。

---

* 本文作者:思想动态调查课题组

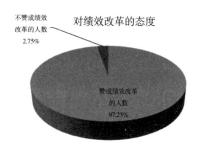

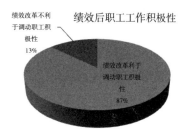

（二）教职工认为绩效工资改革能紧紧围绕教职工，充分发挥教师民主管理的作用，实施程序比较科学化和规范化。

认为学校绩效工资总体合理及基本合理的达 354 人，占 88.5%；认为学校绩效分配方案由全体大会或代表大会通过的达 324 人，占 81%。如下图。

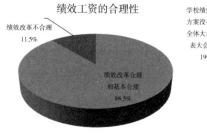

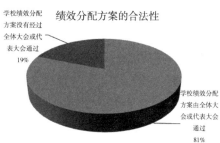

（三）教职工认为绩效工资改革应充分反映教职工自身工作能力和付出的劳动量。在绩效考核工作量的制定上，认为学校工作量制定比较科学和科学的达 346 人，占 86.5%；认为教师收入应充分兼顾职称、教学能力及工作量的达 380 人，占 95%，其中教学能力、职称及工作量分别为 143 人、119 人和 118 人，分别占 35.75%、29.75% 及 29.5%。如下图。

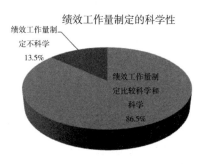

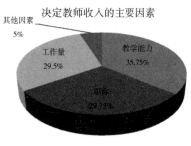

（四）教职工认为，绩效工资改革后，收入及生活水平明显改善，工作学习积极性明显提高，职业幸福感显著增强。在绩效工资实施的效果方面，认为绩效实施后自己收入增长的达338人，占84.5%，认为减少的只有22人，占5.5%；与其他行业比较，对自己收入满意或比较满意的达341，占85.25%，不满意的有13人，占3.25%。如下图。

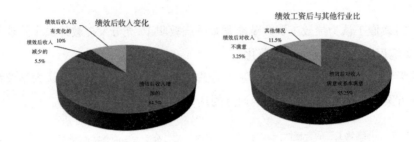

（五）教职工对绩效工资改革的总体认知度还不够高，学校绩效实施过程还不够细致，改革后教职工收入普遍增长的同时差距有所扩大。调查中，教职工清楚绩效工资改革相关文件精神的有196人，占49%，了解一些的有57人，占14.25%。认为学校认真听取了广大教职工的意见和建议并且对特殊群体进行了摸底交流的有172人，占43%。认为绩效改革后收入差距拉大的有256人，占64%，差距不大的有58人，占14.5%。如下图。

二、存在的问题及原因分析

调查显示，高校绩效工资改革总体较为科学顺利，成效明显。同时，也存在着一些问题，主要表现为：一是一些教职工对绩效工资改革的相关政策措施了解得不够全面系统，掌握得不够精准，以致影响了参与改革的积极性；二是一些高校在改革过程中没能认真听取和对待部分教职工的呼声和诉求，工作中存在着态度过粗，方法简单，急于求成的情况；三是对于如何既以收入提高调动广大教师的积极性,又防止收入差距过大的问题,高校在思想认识和具体措施上还有待进一步探索。经过分析存在的问题,主要有以下几个方面的原因。

(一)改革精神与政策的传达与沟通、思想引导不到位。一些高校在精神传达、政策解读和舆论引导方面的工作力度不够,致使一些干部特别是许多教师对绩效工资改革的背景、目标、指导思想、基本原则、工作程序与工作措施、工作机制等认识领会不够,思想认识不到位。

(二)实施的程序不够规范。主要表现是:在制订绩效工资改革方案时,学校没有能够广泛深入充分征求各类人员的意见和建议;或者对一些科学的意见和建议没有认真采纳,或者在征求意见上存在着搞形式、走过场的现象,甚至干脆由少数人决定、拍脑门决策,以至于引起教师的不满。

(三)实施方案考虑还不够全面。主要表现为,没能全面统筹教师等专业技术人员、管理岗位人员、工勤技能人员等各类人员的利益诉求;对一些具体情况,如绩效工资改革实施后,已经取消的原有各类补贴现在又该如何体现等考虑不周。在推进绩效工资改革的过程中,缺乏对较少数群体或者特殊个体进行情况摸底和交流。

(四)处理公平与效率问题上还不够科学。通过实施绩效工作改革,如何既促进效率,合理拉开差距,同时又兼顾公平,不至于收入差距过大,还需要进一步探索。例如,学校对收入总量与工作总量关系的处理还不够科学,对高校内部教师与管理人员收入差距的处理还不够科学等。

三、对策建议

(一)加强改革精神的宣传教育

做好高校绩效工资改革精神的宣传是改革顺利推进的前提。广大教职工只有全面深入理解领会了改革精神,才能关心改革支持改革参与改革,也才能促进改革的顺利进行。反之,相关政策精神宣传不到位,势必影响教职工对改革的认同和推进。一是要认真组织广大教职工学习文件传达的政策精神。认真学习《高等教育法》《国家中长期教育改革和发展规划纲要》以及地方政府和教育主管机构关于事业单位绩效工资改革实施意见及教职工绩效考核的指导意见等文件精神,形成广大教职工支持参与绩效工资改革的共识。二是引导教职工搞清绩效工资改革的主要内容。要通过学习讨论,使每个教职工弄清楚绩效工资改革的指导思想、基本原则、主要内容、聘任程序、基本特点等。促成教职工转变因循守旧观念,树立改革创新意识;转变安于现状观念,树立竞争上岗意识,从而调动广大教职工的积极性、创造性,增强广大教职工关心支持改革的责任感。三是要加强舆论宣传引导。高校要通过广播、电视、报纸、网络、橱窗等载体和平台,广泛宣传以绩效工资改革为核心的绩效工资的目标意义、方针政策、具体操作办法等,为改革营造良好的氛围。

(二)坚持走群众路线

密切联系群众是我们党的优良作风。坚持走群众路线是我们建设和改革顺利推进的重要方法。高校绩效工资改革必须继承和弘扬党的群众路线。要采取"走下去,请上来"的方式,充分依靠群众,广泛听取群众意见。在调查研究的基础上设计改革方案,切忌闭门造车。一是要走下去。要深入到基层单位,深入了解情况,掌握第一手资料。掌握学校现有的各类人员、项目和数据等。要通过机关教辅后勤、二级学院(系)、工会系统等广泛征求意见。二是要请上来。要把教授专家、学院(系)党政负责人、民主党派负责人、教职工代表等请上来,分别开好座谈会,认真听取各方面的意见和建议。三是要把群众意见集中起来分类整理研究。正确的意见建议,要吸纳;不准确或不正确的意见,要加以解释和说明。将精心制订的改革方案提交给广大教职工讨论,反复听取意见。特别要充分听取工会和教代会的意见。四是要加强群众来信来访工作和领导接待日制度。进一步听取意见,理顺群众情绪,化解矛盾。

(三)善于统筹和兼顾不同方面群体的利益

善于统筹和兼顾不同方面群体的利益,是对党在高校执政能力的基本要求。高校党委在推进绩效工资改革时,既要注重提高效率,又要兼顾公平,努力实现改革、发展、稳定的有机统一,实现教育科学发展和高校校园和谐。一是绩效工作改革要体现倾斜教学科研一线。在岗位的设置上,教师等专业技术岗位等级序列数应多于管理岗位;在序列人群的总体收入上,二级院(系)整体人均收入应高于机关教辅人群;在绩效工资标准设置上,教师岗位绩效标准应高于相当级别的其他专业技术岗位和管理岗位。二是要体现按劳分配、优劳优酬。要按照不同的岗位分系列进行奖励性绩效工资设计,充分体现各岗位职责的不同。将基本岗位职责之外的对学校发展起促进作用的,可以设置专门津贴,体现优劳优酬。三是体现公平合理。要适当拉开差距,但避免差距过大。应在所有人员的收入普遍增长的同时注意托底。要关注学校的低收入群体,主要是工勤技能人员和人事代理人员。四是认真落实分流安置工作。要通过宣传教育,转变分流人员的择业观念。

要拓宽就业渠道,可组织待聘人员参加技术培训,主动与当地人才交流中心联系,积极向社会用人单位推荐富余人员就业等,妥善安置分流人员,保持学校稳定。

(四)发挥党员的先锋模范作用和典型的示范带动作用

树立先进典型,发挥先进典型的示范带动作用,是思想政治工作的重要方法。高校绩效工资改革中,要注意选树先进典型,特别是要发挥改革先锋和排头兵的作用。一是高校党员领导干部要充分发挥先锋模范作用。必须具备坚定的党性观念,高度的事业心、责任感和敬业精神,严于律己,乐于奉献,坚持实事求是,公道正派,待人热情,谦虚谨慎。工作要严谨扎实,细致准确。二是应不断加强人事干部队伍自身建设。培养良好的职业道德、过硬的思想作风和高效的工作作风,身体力行,言行一致,这本身就是最强有力的人事思想政治工作。三是大力宣传支持改革积极参与改革的教职工。宣传他们在传播政策、提出建议、参与方案制订和实施中的示范带动作用,营造宣传典型、学习典型的浓厚氛围。

高校绩效工资改革关系高校办学质量的提升和校园的和谐稳定,涉及广大教职工的切身利益和积极性的发挥,这就要求高校在改革中要牢固树立思想政治工作的"生命线"意识,充分发挥党的思想政治工作优势,加强政策宣讲,坚持走群众路线,注意统筹兼顾不同群体的利益,发挥党员的先锋模范作用和典型的示范带动作用,以良好的思想政治工作促进改革的顺利推进。

执行力与策划力[*]

——高校学生干部的两种基本能力浅论

摘　要:学生干部在学生工作中发挥着重要作用,必须以学生干部的能力建设为根本,全面提高学生干部的执行力与策划力,努力建设高素质的学生干部队伍,不断夯实学生干部培养和全部学生工作的根基。

关键词:学生干部;执行力;策划力

学生干部是学生工作最基层的组织者、实施者和服务者,是沟通师生的重要桥梁和纽带,与学校党团工作者、辅导员一道,在整个学生工作队伍中发挥着重要作用。高素质的学生干部队伍是学生工作固本强基、顺利推进的重要保证,必须以提高学生干部的工作能力为重点,着力增强学生干部的执行力与策划力,以学生干部的工作能力建设推动整个校风学风建设和人才培养工作。

什么是学生干部的能力? 学生干部的能力是指学生干部处理人际关系,推动工作开展的思想力、行为力和意志力,具体包括协调处理师生、同学之间关系的能力,推动校院(系)班级工作开展的能力,以及自身表现出来的道德修养能力、自主学习能力、心理调试能力、语言表达能力等。根据能力层级划分,基于学生干部的角色作用,和学生干部的选拔、使用、培养和管理,从根本上说,学生干部应同时具备执行力和策划力这两种最基本又是最重要的能力。

什么是执行力,即按照指令完成某项工作的能力。执行力强,指能很好地理解领会指令的意思和意图,高标准、高效率、高水平地完成某项工作的能力。策划

---

* 本文作者:陈超,重庆科技学院人事处处长,教授,主要从事教育管理、高校党建与思想政治教育研究;张振飞,重庆科技学院党委宣传部思想政治工作科科长,讲师,主要从事高校党建与思想政治工作研究。

力是指基于实际情况,对工作做出分析、判断、推理、决断的能力,策划力强是指根据客观情况,又好又快地做出科学而又有价值的决定安排。显然,执行力是一种低层次的能力要求,被动性、局部性、单一性较强,策划力是一种高层次的能力要求,主动性、全局性、综合性较强。执行力与策划力密不可分,提高执行力是提高策划力的前提和基础,策划力增强才能更好地增强执行力,首先提高执行力进而提高策划力是学生干部工作能力提高的科学逻辑。

提高学生干部的执行力与策划力是加强学生干部队伍建设,推动学生工作科学发展的重要任务和迫切需要。当前,学生干部工作中存在的诸多问题,在某种程度上都可归咎于学生干部的执行力与策划力不强,比如,一些学生干部不能很好地理解掌握学校教育的相关政策,不能准确地领会传达有关会议的精神,不能较好地完成教师布置的工作,遇到重大事件和突发事故,或者手足无措,或者逃避消遁,缺乏独立开展工作的能力和应对突发事件的能力,对本职工作缺乏长远科学的规划,对当前工作的开展缺乏创新的思路和举措等。如果这些问题得不到有效地解决,不仅直接影响到学校学生工作的科学发展,同时也直接影响着学生干部的整体素质和整体形象。因此,必须以学生干部的能力建设为根本,以增强学生干部的执行力与策划力为目标,真正将学生干部打造成为一支想干事、会干事、能干事的高素质队伍,使学生干部真正成为高校学生工作队伍的生力军,为推动高校学生工作科学发展做出应有的贡献。

那么,该如何提高学生干部的执行力与策划力呢?

第一,要制订完善学生干部队伍建设的整体规划。要以课程建设的思想,像制订人才培养方案一样制订学生干部培养方案,明确培养目标,强化培养措施,完善质量监控,保证培养效果。规划既要立足当前又要着眼长远,既要反映干部培养的一般规律又要结合学校学生干部的实际情况,既要有理论的科学性又要有可操作的实践性。要分年级、分专业、分层次制定学生干部培养目标,不同年级、不同专业特别是文理科专业、不同层次(主要是学校、院系、班级三层次)的学生干部,其执行力与策划力的培养目标及要求也应该有所不同,既要保证主要关键岗位的学生干部的培养目标的实现,又要保证一般学生干部的能力培养目标的实现,能力培养要分步实施,稳步推进,采取有效措施,切实保证效果,建立健全质量评价体系。

第二,加强对学生干部执行力和策划力提升的学习培训。学习和培训是我们加强自身建设,提高干部素质,永葆先进性的优良传统和有效经验,完全可以为学生干部的能力培养所借鉴。要大力实施"青年马克思主义者培养工程",充分发挥党校党课、团校团课在培养学生干部方面的重要作用,进一步改革教学内容,改进授课方式,严肃培训纪律,确保学习培训的效果。要充分发挥实践教学在干部培养中的重要作用,大力开展素质拓展活动和社会实践活动。在学习培训的过程中要充分发挥名师专家的指导作用,充分发挥学生干部自身的主观能动性,注重教与学的互动,注重理论与实践相结合,做到学以致用、活学活用。

第三,注重在实践中培养提高学生干部的执行力和策划力。实践出真知、实践长智慧,矛盾在实践中产生,问题在实践中解决,能力在实践中培养。事实证明,在实践中锻炼干部是培养干部的有效途径,学生干部执行力与策划力的提高归根到底也要通过实践来检验。要赋予学生干部充分的自主权,鼓励学生干部创造性地开展工作,大胆创新,宽容失败,在实践中摸索出一套工作的本领。要根据实际情况,善于向学生干部压担子,派任务,善于将学生干部派到问题多,矛盾多,情况复杂的岗位去工作,着力在实践中培养学生干部统揽全局统筹规划协调各方的能力,又好又快地完成各项工作的能力,较好地处理突发事件的能力,以及作为学生干部必备的其他基本能力,使学生干部较快地得到锻炼成长。

第四,建立健全科学的学生干部考核评价体系。要以执行力与策划力的考核评价为重点,坚持德才兼备、以德为先,健全学生干部的选拔、使用、培养、管理机制,建立能者上、平者让、庸者下的学生干部动态管理机制,真正把那些政治素质好,业务能力强,师生公认的同学选拔到学生干部的工作岗位上来。建立健全学生干部科学的考核评价体系,细划考核指标,强化考核措施,对那些在德、智、体、美等各方面表现突出的学生干部要给予奖励,在毕业时要积极向用人单位推荐,对表现一般的学生干部要注意鼓励引导,对表现较差的学生干部要进行批评教育,视具体情况或降级使用或免去职务,违反纪律法规的,要依纪依法严肃处理。

学生干部的能力建设是一项长期而又紧迫的重要任务,必须把提高学生干部的执行力与策划力放在学生干部队伍建设和整个学生工作科学发展的战略高度来认识和谋划,明确目标,强化措施,重在落实,确保实效。要通过持续不断的不懈努力,使学生干部的执行力和策划力得到明显提升,学生干部队伍的整体素质明显提高,学生工作的基础不断巩固,学生工作的面貌呈现出可喜变化。

参考文献

[1]谭长福:《高校培养学生干部探析》,载《河南工业大学学报》,2005年第

3 期。

[2]胡文华、刘金凌:《高校学生干部培养教育之浅见》,载《辽宁师专学报》,2005 年第 2 期。

[3]包志伟:《对高校学生干部队伍建设的几点思考》,载《齐齐哈尔大学学报(哲学社会科学版)》,2007 年第 5 期。

[4]刘大为:《高校学生干部的选拔培养与使用》,载《辽宁医学院学报(社会科学版)》,2007 年第 3 期。

当代大学生政治观现状调查及影响因素分析*

摘　要：当代在校大学生是伴随着改革开放巨变而成长起来的一代，全球化时代的变迁和改革开放的历史变革在他们的世界观、人生观、价值观形成中烙下了显著的时代印记。大学作为当代大学生成长成才的主要场所担负着培养大学生良好思想道德品质的重要责任，对大学生政治观现状的调研以及对所受的社会性因素的准确把握有利于提高高校开展大学生思想政治教育工作的针对性和实效性。

关键词：大学生；思想现状；思想政治教育

为进一步贯彻落实中共中央、国务院《关于进一步加强和改进大学生思想政治教育的意见》，深入了解当代大学生的政治观状况，找准当代大学生思想政治教育的切入点，增强思想政治教育工作的针对性和实效性，本课题组主要以重庆市14所高校全日制在校大学生为问卷调查对象，于2010年7月起进行了专题调研。

一、调查概述

本次调查主要采用三种方式：随机问卷调查、高校师生座谈和深度访谈以及网络论坛消息检索分析相结合的方式进行，累计发放调查问卷1000份，回收有效问卷927份，有效回收率为92.7%。并先后与100名本科学生、50名高校"两课"教师以及其他专业教师进行座谈、访谈累计二十余次。为提高调查的针对性和准确性，我们在问卷设计、访谈对象选择以及问题内容把握上都做了精心研究，从受访者的参与规模和态度等指标来分析，本次调查较为全面、真实地反映了重庆市

---

* 本文作者：刘剑波，重庆科技学院学工部，副教授，主要从事大学生思想政治教育研究；王苑岭，重庆科技学院学报编辑部，主要从事大学生思想政治教育及管理研究。

大学生的政治观现状。

调查显示,当代大学生政治观状况主流是积极向上的,大部分学生具有正确的世界观、人生观和价值观,政治信仰比较稳定,拥护社会主义制度和党的领导,对国家发展的大局和趋势普遍看好,对党和政府的工作持积极肯定态度。他们对当前社会现象和自身的社会角色能进行较理性、客观的分析和评价,具备进一步完善自我政治素养的意识与迫切需要。通过调查也反映出在大学生群体政治思想中也存在着一定程度的政治理论缺乏、政治取向功利化和政治信仰冷漠化等问题;部分大学生在价值观方面也存在一些困惑,如集体主义价值观和个人主义价值观的困惑,职业价值观理想与现实的困惑等;个别大学生甚至人生目标不明确,对前途感到有些迷茫等。

二、调查结论

从总体上看,当代大学生政治观主流积极向上,政治思想稳定健康,人生态度乐观进取,价值取向务实多元。同时,也存在不少值得关注的问题。

(一)政治信仰坚定,但不乏困惑、疑虑和矛盾

阶级观、国家观、政党观是政治观的核心内容,具体表现为对国家的政治制度、政党制度以及由此确定的国家方针政策的看法和态度。调查表明,80%(分别有 65.8% 和 14.2%)的大学生对"马克思主义对现代化建设仍然具有根本指导作用"表示"坚定不移"和"较有信心";有 89.8% 的大学生认可"社会主义现代化建设中坚持中国共产党的领导";85.5% 的大学生认同社会主义制度,认为资本主义与社会主义将长期共存;社会主义最终将战胜资本主义。大学生普遍认为"以科学发展观为指导,解决我国目前在建设与发展过程中出现的各类问题"取得了成效,分别有 53.75% 和 15.17% 的大学生认为"具有成效"或"成效显著"。这表明,多数大学生对马克思主义在中国的指导地位、中国共产党在中国的领导地位有清楚的认识,对社会主义前途命运充满信心。

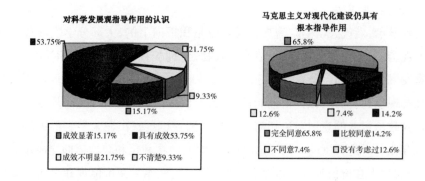

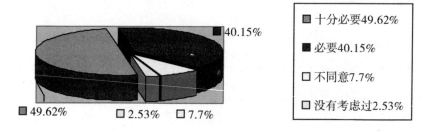

　　但是,对于"马克思主义对现代化建设仍然具有根本指导作用"这一观点,有12.6%的大学生表示"没有考虑过"。面对西方"民主、自由"的思想,多数大学生能够认清其本质,对西方大肆宣扬的某些文化价值观念能够认识到其危险性,认为应当警惕。但一些大学生容易将西方意识形态与西方的某些社会思潮相等同,对于西方意识形态对中国的影响渗透认识不足。调查发现,当被问到西方意识形态对青年的影响的问题时,不少大学生认为"有利于青年在不同意识形态上进行选择"。由此可见,大学生由于缺乏理论支撑,在政治认知上容易停留在对于现实的简单判断,不乏困惑、疑虑和矛盾,甚至出现政治信仰冷漠化倾向。

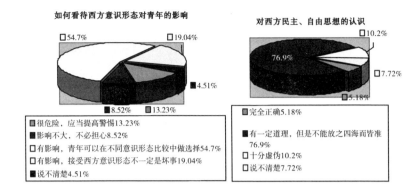

如何看待西方意识形态对青年的影响

☐54.7%　☐19.04%　■4.51%　■8.52%　■13.23%

■ 很危险，应当提高警惕13.23%
■ 影响不大，不必担心8.52%
☐ 有影响，青年可以在不同意识形态比较中做选择54.7%
☐ 有影响，接受西方意识形态不一定是坏事19.04%
■ 说不清楚4.51%

对西方民主、自由思想的认识

☐10.2%　76.9%　■7.72%　■5.18%

■ 完全正确5.18%
■ 有一定道理，但是不能放之四海而皆准76.9%
☐ 十分虚伪10.2%
☐ 说不清楚7.72%

（二）政治情感渐趋理性，但政治盲动和政治偏激依然明显

当代大学生饱含爱国热情，关心国家大事，对2008年我国遭遇的雪灾、"3·14"拉萨事件以及西方媒体的失真报道、奥运圣火在法国传递遭遇攻击、"5·12"汶川大地震、北京奥运会的成功举办等社会热点问题和政治事件，大学生群体高度关注，表现出了强烈的社会责任感和国家忧患意识。在"对改革开放三十年总体看法"的评价上，12.8%的大学生认为"相当成功"，66.4%的大学生认为"利大于弊，应继续推进改革开放"。两项相加占被调查总数的是79.17%（2008年11月类似选项赞成率为82.5%）这说明大学生普遍关心国家的前途和改革进程，并希望通过进一步的改革开放使我国当前的一些社会矛盾得以缓解，已有的社会问题得以化解，推动整个社会的和谐进步。

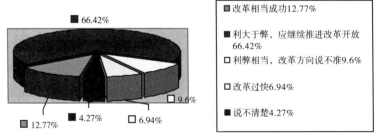

你对改革开放三十年的总体看法

■66.42%　☐9.6%　■4.27%　☐6.94%　■12.77%

■ 改革相当成功12.77%
■ 利大于弊，应继续推进改革开放66.42%
☐ 利弊相当，改革方向说不准9.6%
☐ 改革过快6.94%
■ 说不清楚4.27%

个人对国籍的坚持与否,对本国文化的认同度是衡量个体是否爱国的重要指标。对于有机会加入发达国家国籍而坚持不加入发达国家国籍,并始终保留中国国籍的有 53.7%,同时有 89.8% 的大学生坚持自己是中国人。只有 8.6% 的大学生愿意完全放弃自己的中国国籍。这表明了当代大学生具有强烈的爱国热情和民族认同感。

大学生正值青年期,是生理上的成熟与完全加入成人世界之间的一个不明朗时期。这一时期所造就的大学生的身心特点使其在逐步走向成熟过程中内心充满矛盾和冲突。他们精力充沛、血气方刚、勇往直前,但有时却盲目蛮干,任性固执,当受到批评指责、敌意挑衅时,容易情绪失控,做出偏激的行为。他们在思考政治问题,发表政治见解、参与政治事件时,敢于直抒胸臆、针砭时事,但往往容易出现群体从众效应,形成某种政治共振,产生冲动性政治行为。

(三)政治敏锐性极强,但急需相应的教育和指导

当代大学生的政治态度比较鲜明、积极,敢于对政治问题抒发自己的见解,针砭时事。调查显示,在"社会主义社会和资本主义社会之间的关系"问题上,有10.5% 的大学生认为"二者无所谓社会制度的区别";在对"共产党整体评价"上,39.86% 的大学生认为整体先进但个别党员的先进性需要加强,10.4% 的大学生认为整体先进性不明显,多数党员需要加强先进性教育。当代大学生能够敏锐、直观、灵敏地捕捉到现实政治社会生活中的新状况。调查显示,青年大学生普遍关心国家发展大局和政府工作动态。对我国政府应对"5·12"汶川大地震的救援措施给予了高度评价,64.8% 的大学生认为政府"救援部署及时,救援工作迅速",20.5% 的大学生认为"救援较及时,管理不完善"。对于"当前的社会腐败现象",共有 43.6% 的大学生认为"较为严重"。而对于有效治理腐败现象,大学生普遍认可的三大方面依次为:健全社会主义法制体系,继续推荐我国政治体制改革、加强社会精神文明建设,提高公民素质。

你对共产党员的整体评价

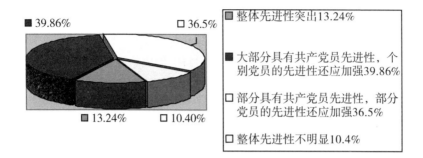

青年期大学生的思维品质发展还不成熟,其特点是思维的独立性、批判性和创造性发展迅速,而思维的广阔性、深刻性发展较慢。[1]思维品质发展过程中的不平衡性使得青年大学生言行常常表现为"初生牛犊不怕虎",勇往直前而无所畏惧。然而大学生的激情在行动上往往表现出一味的批判,无所顾忌的抨击甚至是冲动、暴力的行动。大学生的这一思维、行为方式亟须学校、社会及时把握其思想情绪动态,加以适当的教育与引导。

(四)人生态度乐观积极,但不乏迷茫压抑

青年大学生年富力强、朝气蓬勃,对人生充满了激情与幻想,人生态度普遍积极乐观。调查显示,当代大学生中,23.34%能乐观积极地看待自己的人生前途,49.03%主张努力奋斗争取明天的幸福,也有22.84%对自己的人生感到"命运难测,说不清",极少数大学生甚至抱有"过一天是一天"(1.8%),甚至是"很悲观"的看法。"5·12"汶川大地震直接或间接地关系着许多大学生的生活,对他们人生态度也产生了一定的影响,76.4%的大学生认为"个人更应珍惜人生的每一天,积极面对人生的挫折",也有10.8%的大学生认为"人生对我来说更加悲观,一切都无法把握"。

不同的人生观反映在生活态度上也是多方面的。调查中,27.8%的大学生表示自己的大学生活"心情舒畅,充满生气",33.6%的大学生表示"正在刻苦学习为将来工作打基础",也有30.2%的大学生受到当前就业形势的影响感到"心情压抑,前途未卜",8.4%的大学生更是表现出"无所事事挨岁月,吃喝玩乐等文凭"的消极状态。不少大学生反映,当前大学生思想中存在"没有远大的人生目标和理想""人生态度不够积极""对个人前途缺乏信心""对职业人生缺乏规划"等问题。

　　身心的巨大变化和学习、工作、生活的压力使当代大学生无所适从,压力沉重。如处理不当,极易产生诸多心理和行为异常。诸如抑郁症、躁狂症等情感性精神障碍,歇斯底里、焦虑症等神经症以及偏执型、强迫型、分裂型、反社会等人格障碍和精神分裂等都是青年人群常见的心理和行为异常。[2]如何引导大学生养成健康积极的生活方式,树立切实可行的人生目标,形成乐观进取的人生态度、锤炼耐受挫折的意志品质,是当前大学生思想政治教育需要思考的问题。

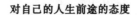

对自己的人生前途的态度

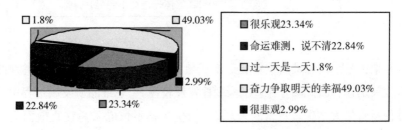

□1.8%　　　　□49.03%

■很乐观23.34%
■命运难测,说不清22.84%
□过一天是一天1.8%
□奋力争取明天的幸福49.03%
■很悲观2.99%

■2.99%

■22.84%　　■23.34%

　　(五)积极追求自我价值的实现,多元化的选择性困惑凸显

　　随着市场经济的不断发展和改革进程的不断深入,越来越多的大学生开始正视并积极追求自我价值的实现,其自我意识、进取精神、成就欲望较过去明显增强,实用主义、个人主义观念日益盛行,利他主义逐渐消减,大学生的价值取向呈现出务实多元化趋向。调查中,大学生对所属群体的人生价值观的评价普遍不甚理想。在对“你认为周围大多数人的思想追求”的看法上,有30.6%的大学生认为是“利己主义”,43.1%的认为是“主观利己,客观利他”,而选择“个人利益符合国家、社会利益”的仅有19.8%。不少大学生过分关注自己的现实利益,片面关心自身发展和命运,强调个人应首先努力创造实惠,丰富物质生活,其次再考虑关心他人、集体和社会。

对周围大多数人的思想追求的认识

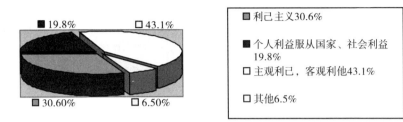

- 利己主义30.6%
- 个人利益服从国家、社会利益 19.8%
- 主观利己，客观利他43.1%
- 其他6.5%

面对社会生活日新月异的变化和多样化的价值评判标准,还有一些大学生表现出取舍的焦虑和选择的困难。在职业选择上,23.67%的大学生认为金钱就是进行职业选择最主要的标准,选择为社会做贡献的大小仅占13.3%,选择"实现自我"是进行职业选择最主要的标准的占到56.14%。在职业的选择上,12.2%的大学生认为"如果待遇好,会选择到基层、边疆工作",22.7%的认为选择到基层、边疆工作是"就业压力所致"。可见,价值认知模糊、价值认同失衡、价值观念错位等问题在青年大学生中十分突出,大学生在价值选择方面还存在着一些无奈与困惑,如集体主义和个人主义价值观的困惑,职业理想与现实处境的困惑等。

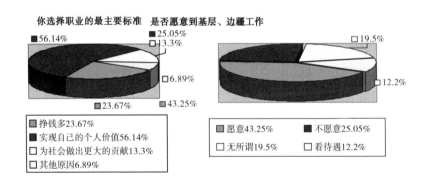

你选择职业的最主要标准

- 挣钱多23.67%
- 实现自己的个人价值56.14%
- 为社会做出更大的贡献13.3%
- 其他原因6.89%

是否愿意到基层、边疆工作

- 愿意43.25%
- 不愿意25.05%
- 无所谓19.5%
- 看待遇12.2%

三、影响当代大学生政治观的因素分析

当代大学生所具有的政治观特点与其感同身受的时代特征是一致的,全球化时代的变迁和我国改革开放的历史变革在他们的世界观、人生观、价值观形成中

烙下了显著的时代印记。大学生政治观状况不仅反映出其特定的人生阶段性,也反映了具体的时代性。大学作为当代大学生成长成才的主要场所担负着培养大学生良好政治素质的重要责任,对影响大学生政治观的社会性因素的准确把握是开展大学生思想政治教育工作的重要环节。本文试以宏观的视角,从积极因素和消极因素两个方面,对影响当代大学生政治观形成的诸多因素进行简要概括。

（一）积极方面

大学生正处在学习、适应成人社会的规则、文化的社会化关键阶段,也是身心极其活跃敏感的青春时期。在这一阶段,个体在生理上已经成熟,世界观初步形成,人格发展也基本定型,各方面知识技能也日趋完善,个体生活的范围得到拓展。[3] 处于青年期的当代大学生便具有其独特的心理,主要表现为:自我意识日趋成熟与完善、抽象能力大大增强、需要复杂,情感丰富、性意识趋于成熟。[4] 面对新奇多元的文化,他们乐于接受并及时学习,他们是社会人群中思想最活跃、反应最敏感的群体之一。同时,当代在校大学生几乎是改革开放时期出生的"90后",这一代青年出生在和平年代,伴随着改革开放巨变而成长。直接分享着改革开放所带来的一系列成果。和平自由的社会环境和不断发展的社会生产力使得他们开放胸怀、开拓意识和创新精神,崇尚平等、竞争,追求自由、民主,对市场经济有着天然的亲和力,是改革的坚定拥护者。在对待思想政治理论课方面,62.5%的大学生认为当前很有必要加强大学生思想政治教育,56.2%的大学生认为很有必要开设思想政治理论课,而"完善自身政治素养"是其首要原因。他们希望在大学生涯中能够尽快获得政治上的进步与成熟。时代和自身成长造就了他们敢想敢为,自主自由的精神风貌。

（二）消极方面

1. 社会剧烈变迁中大学生社会化程度不足

全球化时代的到来和我国社会的剧烈变迁过程中,一系列社会问题伴随着我国经济体制改革的深入而不断涌现,政治领域中诸如官本位等弊端和一些不合理现象依然存在,社会分配显失公平、贫富差距呈现日益增大趋势。由于这一群体社会阅历普遍尚浅、社会化程度不足,对社会发展中的诸多问题缺乏理性认识,容易做出错误判断甚至偏激的行为。因此,对于政治事件、社会问题的价值评判他们往往偏重于个人直观感受,对我国国家基本制度的合理性、国家政治生活以及政府治理行为的正确性、社会主义制度的优越性产生怀疑,并表现出对国家认同感的降低。

2. 西方发达国家掌握全球文化的话语权

美国等西方发达资本主义国家掌握着全球文化产业和大众传媒的控制权,他们通过多元化的文化产品和占绝对优势的文化信息量主导着当代文化的话语权,并向广大青年特别是大学生宣扬资产阶级意识形态,灌输西方价值观念,鼓吹政治多元化、经济私有化、军队非党化、领土分治化、生活西方化……并同时在世界范围内炮制"中国威胁论"等虚假论调。毫无疑问,西方发达国家这种霸权主义的文化渗透已对包括中国在内的发展中国家的政治社会思想观念构成了威胁,对大学生正确认识社会主义道路、树立爱国主义的理想信念起着十分消极的作用。

3. 当前思想政治教育面临严峻挑战

当前大学生思想政治教育的方式、内容受到了极大的挑战,思想政治工作的功能呈现出衰减的状态,新形势下高校的思想政治教育工作的难度和复杂性在加大。大学生对学校所开设的思想政治理论课的评价不甚理想,有50.8%的学生表示"不满意"或"无所谓"。相当数量的大学生对思想政治教育工作的现实不满,也必然会导致其主观态度的一些变化。例如,面对现实,部分学生便认为思想政治理论课"可有可无"(24.5%)或"不需要"(12.2%)。尽管这些认识并不能代表大学生思想状况的主流,但这也是一个不容忽视而应当高度关注的问题。

4. 青年期大学生心理矛盾与冲突

大学生正值青少年向成年的过渡时期,它是生理上的成熟与完全进入成人世界之间的一个不明朗时期。在这个时期,青年人到了可以参加选举、结婚、生孩子的年龄,但又经常依赖于父母、家庭以获得经济情感上的支持。由于大学教育在劳动力市场上的重要性,许多年轻人直到25岁左右还留在前成人阶段。[5]这就造成青年心理和社会角色上的一系列矛盾和困扰。如:理想与现实的冲突、情感与理智的冲突、内心闭锁与寻求理解的矛盾、心理独立与经济依赖的矛盾[6]等。种种矛盾和冲突交织,使大学生还不能很好地独立处理社会中一系列复杂事件。青年期的大学生往往好胜心强,而在遇到挫折时,往往又容易钻"牛角尖",并掺入强烈的个人感情色彩,遇事缺乏深思熟虑,往往产生偏激的言行,表现出过分自信、固执己见或极度自卑,悲观消极的倾向。

5. 现代家庭形式与大学生心理成长密切相关

由于时代的变迁和社会的转型,使得家庭结构、家庭形式、家庭生活以及家庭文化活动等青年生活的私人环境更趋多样,特别是独生子女家庭、单亲家庭、贫困家庭、失业者家庭的大量出现,都不同程度地影响着青年大学生的生活观念、人生选择、理想追求等思想、价值取向。例如，一些大学生由于从小娇生惯养，未受过生活的磨难，过分依赖父母，一遇到挫折便退缩或自我封闭起来，于是形成抗挫折能力弱、过分自大或自卑等个性特征。因而他们被称为"啃老族""草莓族"，等等。这些用于描述大学生群体的流行语从一个侧面反映出以家庭为成长背景的当代大学生在人生观、价值观中所存在的种种问题。

结 语

当代大学生的自我意识在增强的同时，也伴随着个人意识的膨胀；进取性道德意识在上升，功利主义、利己主义观念也在膨胀。时代和自身成长一方面造就了当代大学生敢想敢为，自主自由的精神风貌，而另一方面也使当代大学生在物质生活日益充裕的同时，内心世界却越发孤独空虚；他们是青春无敌，充满希望的一代，他们也是早熟敏感、压力沉重的一代。通过对当代大学生政治观状况的抽样调研，我们深刻认识到加强大学生思想政治教育的重要性和紧迫性。我们急需把握新的国内外形势、认识新的教育对象特征、运用新的教育工具和手段，按照人才培养目标，遵循大学生身心发展规律，采取大学生喜闻乐见的形式，做到硬化内容、活化资源、优化载体、规范化队伍，探索建立适应新时期大学生政治思想特点的思想政治教育体系，提高思想政治理论课的针对性，增强思想政治理论课的吸引力和实效性。

参考文献

[1][4][6]郭斯萍、刘建华等编:《大学生心理发展辅导》,暨南大学出版社2008 年版。

[2]张进辅编:《现代青年心理学》,重庆出版社2002 年版。

[3]黄希庭:《心理学与人生》,暨南大学出版社2005 年版。

[5]戴维·波普诺:《社会学》,人民大学出版社2007 年版。